全国革命老区县发展史丛书·广东卷

德庆县革命老区发展史

德庆县革命老区发展史编委会 编

SPH 南方出版传媒·广东人民出版社
·广州·

图书在版编目（CIP）数据

德庆县革命老区发展史／德庆县革命老区发展史编委会编. —广州：
广东人民出版社，2021.9

（全国革命老区县发展史丛书·广东卷）

ISBN 978-7-218-15196-0

I. ①德… II. ①德… III. ①德庆县—地方史 IV. ①K296.54

中国版本图书馆 CIP 数据核字（2021）第 163627 号

DEQING XIAN GEMING LAOQU FAZHANSHI

德庆县革命老区发展史

德庆县革命老区发展史编委会　编　　版权所有　翻印必究

出 版 人：肖风华

责任编辑：廖智聪
装帧设计：张力平等
责任技编：吴彦斌　周星奎

出版发行：广东人民出版社
地　　址：广州市海珠区新港西路 204 号 2 号楼（邮政编码：510300）
电　　话：(020) 85716809（总编室）
传　　真：(020) 85716872
网　　址：http://www.gdpph.com
印　　刷：广州市浩诚印刷有限公司
开　　本：715mm×995mm　1/16
印　　张：22.75　　插　页：12　　字　数：270 千
版　　次：2021 年 9 月第 1 版
印　　次：2021 年 9 月第 1 次印刷
定　　价：78.00 元

如发现印装质量问题，影响阅读，请与出版社（020 - 85716808）联系调换。
售书热线：020 - 85716826

广东省编纂《革命老区县发展史》丛书
指导小组

组　　长：陈开枝（广东省老区建设促进会会长）

副组长：林华景（广东省老区建设促进会常务副会长）

　　　　宋宗约（广东省农业农村厅二级巡视员、广东省老
　　　　　　　　区建设促进会副会长）

　　　　刘文炎（广东省老区建设促进会副会长）

　　　　郑木胜（广东省老区建设促进会副会长）

　　　　姚泽源（广东省老区建设促进会副会长兼秘书长）

　　　　谭世勋（广东省老区建设促进会副会长）

　　　　廖纪坤（广东省农业农村厅总经济师）

办公室

主　　任：姚泽源（兼）

副主任：韦　浩（广东省农业农村厅扶贫协作与老区建设处
　　　　　　　　处长）

　　　　柯绍华（广东省老区建设促进会副秘书长）

　　　　伍依丽（广东省老区建设促进会副秘书长）

《德庆县革命老区发展史》编纂委员会

顾　问：陈　元　江泽全　凌　云　何剑才
　　　　吴　亮　聂玉成
主　任：张建球　陈林海
副主任：刘雪梅　梁桂清　陈裕淼
委　员：朱万章　李永杰　石建芬　欧锦泉
　　　　陈礼钢　莫永强　董杰平　徐子材
　　　　霍好学　何汉标　龙小霞　陈水中
　　　　陈　强　崔杰汉　冯天贤　何美英
　　　　关永生　李深松　李灼坚

办公室

主　任：梁桂清
副主任：关永生　何美英　董志荣　龙志红

《德庆县革命老区发展史》编辑部

主　编：刘雪梅
执行主编：梁桂清
副主编：关永生　李深松
编写人员：董瑞基　徐社带　冯公任　谢建德

工作人员：黄龙姣　杨　辉　陈敏钰　吴芷芊

《德庆县革命老区发展史》审核小组

组　长：张建球

执行组长：温爱民

副组长：陈忠良　陈裕淼

组　员：姚福初　林盛彬　徐子材　石建芬　何美英

在举国欢庆新中国成立 70 周年前夕，中国老区建设促进会王健会长请我为《全国革命老区县发展史》丛书作序，作为一名在老区战斗过并得到老区人民生死相助的老兵，回首往事，心潮澎湃，感慨万千，深感义不容辞，欣然应允。

中国革命老区，是以毛泽东为代表的中国共产党人在领导人民推翻帝国主义、封建主义和官僚资本主义三座大山，争取民族独立和人民解放伟大斗争中建立的革命根据地，在这片红色的土地上，诞生了无数可歌可泣的革命英雄儿女，为后人树起了一座不朽的丰碑，她是新中国的摇篮，是党和军队的根。

在艰苦卓绝的战争年代，老区人民把自己的命运与中华民族的命运紧紧地联系在一起，与中国共产党和人民军队的命运紧紧地联系在一起，他们生死相依，患难与共。我曾亲历过战争年代，并得到过老区红哥红嫂的救助，切身感受到发生在身边的一幕幕撼天动地的革命故事，在那极其艰难的条件下，老区人民倾其所有、破家支前，不怕艰难困苦，不怕流血牺牲。"最后一碗米送去做军粮，最后一尺布送去做军装，最后一件老棉袄盖在担架上，最后一个亲骨肉送去上战场"，这是当时伟大的老区人民为建立新中国做出巨大牺牲的真实写照，它将永远镌刻在中国共产党、中国人民解放军、中华人民共和国的历史丰碑上。他们的光辉业绩永载史册，他们的革命精神必将影响一代又一代的革命新人，造就一代又一代的民族脊梁。

在社会主义革命和建设时期，革命老区和老区人民响应党的号召，面对落后的面貌、脆弱的经济、恶劣的生态环境，他们本色不变，精神不丢，自力更生，艰苦奋斗，干一行爱一行。始终坚持"革命理想高于天"，自觉做共产主义远大理想的坚定信仰者和忠实实践者，勇于向恶劣的自然环境和贫穷落后宣战，他们在各条战线上为国建功立业，用平凡的双手创造了一个又一个不平凡的奇迹，彰显了老区人的崇高精神和人格力量。

在改革开放的伟大进程中，老区人民解放思想，勇于创新，发奋图强，攻坚克难，老区的经济社会建设取得了辉煌成就。特别是在改变中国的面貌、中华民族的面貌、中国人民的面貌、中国共产党的面貌的伟大实践中发挥了至关重要的作用。老区人民既是改革开放的参与者，也是改革开放的推动者。

艰苦练意志，危难见精神。老区人民在近百年的革命战争、社会主义建设和改革开放的伟大实践中，孕育形成了伟大的老区精神：爱党信党、坚定不移的理想信念；舍生忘死、无私奉献的博大胸怀；不屈不挠、敢于胜利的英雄气概；自强不息、艰苦奋斗的顽强斗志；求真务实、开拓创新的科学态度；鱼水情深、生死相依的光荣传统。这是党和人民宝贵的精神财富、丰厚的政治资源，是凝心聚力、振奋民族精神的重要法宝，也是社会主义核心价值观的重要内容。

中国老区建设促进会怀着强烈的政治责任感和历史使命感，组织全国各地老促会人员克服困难，尽心竭力编纂《全国革命老区县发展史》丛书，记录老区的光辉历史和辉煌成就，传承红色基因，弘扬老区精神，是功在当代、利及千秋的一件大事。手捧这部丛书的部分书稿，读着书中的故事，倍感亲切，深感这部丛书具有资政、育人、存史的社会功能，有着重要的时代和历史价值。它是不忘初心、牢记使命的源头活水，是赞颂共产党、讴歌老区人民的一部精品力作，是弘扬老区精神、传承红色记忆的丰厚载体，是一项继承优秀传统文化、弘扬革命文化、发展社会主义先进文化，坚定"四个自信"的宏大文化工程。它必将成为一种文化品牌，为各界人士了解老区宣传老区支持老区提供一部有价值的研究史料。希望读者朋友们能从中了解并牢记这些为党和民族的利益不断奉献的老区人民，从中得到教益，汲取人生奋斗的精神动力。

新时代赋予新使命，新起点开启新征程。让我们更加紧密地团结在以习近平同志为核心的党中央周围，坚持以习近平新时代中国特色社会主义思想为指导，增强"四个意识"，坚定"四个自信"，做到"两个维护"，弘扬老区精神，铭记苦难辉煌。为实现"两个一百年"奋斗目标，实现中华民族伟大复兴的中国梦作出新的更大的贡献！

邓海田

2019 年 4 月 11 日

　　2017 年 6 月，中国老区建设促进会组织全国各地老促会启动编纂《全国革命老区县发展史》丛书，按照"建立中国共产党、成立中华人民共和国、推进改革开放和中国特色社会主义事业"三大里程碑的历史脉络，系统书写革命老区百年历史，深入挖掘革命老区红色文化资源，这对于充实丰富中国革命史籍宝库、在新时代传承红色基因、弘扬革命精神、强固根本，对于激励人们在新的历史条件下夺取中国特色社会主义伟大胜利，实现中华民族伟大复兴的中国梦具有重要意义。

　　丛书编纂以习近平新时代中国特色社会主义思想为指导，以《中国共产党历史》《中国共产党的九十年》等重要文献为基本依据，以党的领导为核心，以老区人民为主体，以老区发展为主线，体现历史进程特征，突出时代发展特色，坚持辩证唯物主义和历史唯物主义相统一、历史真实性与内容可读性相统一的原则，书写革命老区从站起来、富起来到强起来的光辉革命史、不懈奋斗史、辉煌成就史，把老区人民的伟大贡献、伟大创造、伟大成就、伟大精神充分展示出来，形成一部具有厚重历史特征和鲜明时代特色的精品力作。这是一部培根铸魂、守正创新，既为历史立言，又为时代服务，字里行间流淌着红色血脉、催生着革命激情的传世之作。丛书的编纂出版将成为讴歌党讴歌人民讴歌时代、传播红色文化、为革命老区和老区人民树碑立传的重要载体。

丛书按照编年体与纪事本末体相结合、以编年体为主的编写体例确定框架结构；运用时经事纬、点面结合的方式记述史实；坚持人事结合、以事带人的原则处理人与事的关系；采取夹叙夹议、叙论结合以叙为主的方法展开内容。做到了史料与史论、历史与现实、政治与学术统一，文献性、学术性、知识性相兼容。

为编纂好《全国革命老区县发展史》丛书，打造红色文化品牌，中国老区建设促进会认真组织积极协调，提出政治立场鲜明、史料真实准确、思想论述深刻、历史维度厚重、时代特色突出、编写体例规范、篇目布局合理、审读把关严格、出版制作精良的编纂出版总要求，力求达到革命史籍精品的精神高度、思想深度、知识广度、语言力度，增强丛书的权威性和社会影响力。各省（区、市）、市（州、盟）、县（市、区、旗）老促会的同志，以强烈的使命感、责任感和紧迫感，勇于担当，积极作为，认真实施，组织由老促会成员、专家学者等参加的十余万人编纂队伍。编纂工作主体责任在县，省、市组织协调、有力指导、审读把关。各方面人员以高度负责的精神和科学严谨的态度，满腔热情地投入工作，为丛书编纂出版做出了重要贡献。丛书编纂工作还得到了党和国家有关部委、地方各级党委政府及有关部门的大力支持和积极参与，社会各界也给予了热情帮助。中共中央政治局原委员、中央军委原副主席、原国务委员兼国防部长迟浩田上将，对老区人民怀有深厚感情，对革命老区建设发展十分关注，欣然为《全国革命老区县发展史》丛书作总序。

丛书由总册和1599部分册（每个革命老区县编纂1部分册）组成，共1600册。鉴于丛书所记述的史实内容多、时间跨度长和编纂时间紧，不妥之处，敬请批评指正。

中国老区建设促进会

中华人民共和国成立初期的
德庆县委、县政府（当时称
人民委员会）办公驻地

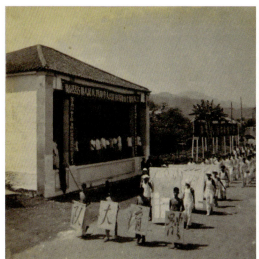

1959 年 10 月 1 日，德封县（德庆、封川合并县）各地群众欢聚县城，载歌载舞，在德城大操场（即现
德城镇第一小学大操场）隆重庆祝中华人民共和国成立 10 周年

1950 年时的县委、县政府
干部职工宿舍骑楼

1959—1964 年，德庆县治理水土流失的前后变化　20 世纪 90 年代的德庆县林产化工集团

1984 年，德庆县获评"全国水土保持先进单位"

德庆县新圩乡新新农业生产合作社（今新圩镇中垌村委会）被评为"农业社会主义建设先进单位"，图为 1958 年 12 月国务院颁发的奖状

1986 年 12 月，德庆县获中央绿化委员会颁发的"全国绿化先进单位"奖牌牌匾

1948 年 2 月 28 日，德庆成功举行"二·二八"武装起义，图为夺取据点的战斗之——高良乡公所战斗遗址

1956年，马圩改河场景

革命老区村山虾村原貌

革命老区村旺埠村原貌

1958年12月，为了改善生产条件，发展经济，新圩老区人民挖鱼塘，进行深翻改土工作

1982年12月，菲律宾水土保持考察团考察德庆水土治理情况

1988年2月28日召开了德庆"二·二八"武装起义40周年纪念大会，图为大会留影

1998年10月23日，在德庆的中国人民解放军原粤桂湘边纵队绥贺支队二团老游击战士、老堡垒户、老交通员、老苏区干部及有关部门负责人召开庆祝德庆解放49周年座谈会，图为会议合影

1999年4月4日，召开庆祝粤桂湘边纵队绥贺支队游击战士德庆联谊会成立5周年大会，图为会议合影

2001 年 2 月，老同志重访德庆老区（左起：叶向荣、匡吉、陈大良、林江），图为考察后了解、指导德庆老区发展情况

2003 年春节，老同志相聚看望德庆革命老区群众（从左至右：陈胜、李海、叶向荣、梁嘉、林锋、蔡雄）

2011年2月28日，绥贺支队司令部黄石降旧址修复完工庆典举行，图为庆典现场

2007年，德庆县被评为广东省"林业生态县"

2010年，德庆县获评"全国绿化模范单位"

1995年时的德庆康州港码头

高良大顶山风力发电
项目

1995 年时的德庆县
康蓝集团公司

1995 年时颇具规模的德庆县木材储木场

2018年，回龙建发新农村建设村貌

2018年，武垄双象乡村振兴示范村村貌

官圩沙旁的巢顶茶场

高良梯田

汕湛高速德庆段

1999 年，德庆西江大桥建成通车

肇云大桥

广佛肇高速公路德庆段

新农村建设文明样板路——官沙线 X453

（马圩）碧桂园贡柑产业园全景

德庆县人民医院

孔子学校小学部

德庆县香山中学

德庆县城龙湖岛

马圩老区的贡柑长廊

贡柑喜获丰收

2007 年 1 月，德庆 300 位果农包机赴北京

官圩的紫薇长廊

龙湖岛周边风貌

全国文物保护单位——德庆学宫

德城6千米沿江防洪大堤全景

广东省文物保护单位——三元塔

中国诗歌小镇——金林村

全国文物保护单位——德
庆悦城龙母祖庙

官圩红中村新农村建设村貌

广东省文物保护单位——永丰古蓬村镬耳楼

广东省文物保护单位——
三洲岩

德庆 4A 景区——盘龙峡
的烟雨瀑布

德庆城雕公园

德庆特色民俗活动——元宵爆竹攻狮子

2018年德庆元宵节夜景

2018 年德庆县城新貌

2019 年 1 月 11 日，
肇庆市革命老区发展
史编纂指导小组到德
庆指导编纂工作

2020 年 11 月，德庆县获评"全国文明城市"

微信扫描二维码
您立即开展本书的
延伸阅读。

德庆，一座岭南古郡，广东省历史文化名城，同时又是一个有着光荣革命传统的革命老区。在中国共产党领导下，德庆老区经历了新民主主义革命、社会主义建设发展、改革开放和中共十八大后的各个时期，她与全国人民一样，经历了从站起来、富起来到强起来。《德庆县革命老区发展史》就是翔实记载和深刻反映了这一伟大发展变化的一部史书。

在大革命和土地革命战争时期，德庆人民与外乱、战祸、苛政、天灾四大祸害进行了漫长的艰苦斗争，特别是对封建主义、帝国主义、官僚资本主义三座大山重重压迫的抗争，更是艰苦卓绝。在中国共产党领导下，建农会，斗土豪，开展不屈不挠的"抗山捐"斗争，掀起了一次又一次的农民运动，取得了一个又一个捍卫农民利益的胜利。抗日战争时期，德庆人民精诚团结，共赴国难。抗日救亡运动遍及城乡，各种抗日团体，大批爱国志士，谱写了抗日救国可歌可泣的革命篇章。解放战争时期，在中国共产党领导下，发动"二·二八"武装起义，创建三河游击根据地，挺进官马平原，挥师凤象山川，征战悦河上游，饮马西江河畔，最后建立新政权，德庆人民为此作出了巨大的牺牲与贡献。

中华人民共和国成立后，德庆人民翻身当家作主，满怀豪情投身到建设社会主义的大潮中去，向着实现国家富强、民族振兴、人民幸福的伟大征程迈进。改革开放后，古郡德庆重新焕发青春，工农业改革，对外开放，招商引资成效显著；"工业强县、农业稳县、旅游旺县、科教兴县"发展战略有效推进；各项建设事业欣欣向荣。特别是中共十八大后，以习近平同志为核心的党中央带领人民走进新时代，迈向新征程，继续深化改革，扩大开放，努力实施"脱贫攻坚、乡村振兴、农业富县、建设小康"的发展战略，工业发展势态良好，现代农业发展迅猛，旅游产业亮点纷呈，科教兴县成果辉煌，新农村建设成效显著，攻坚脱贫精准发力，城乡建设日新月异，到处呈现出一派兴旺发达的繁荣景象。

"浩渺行无极，扬帆但信风。"秀美的德庆河山，为全县百姓创造伟业铺就了广阔舞台；革命老区人民不屈不挠的革命精神和优良传统，为全县人民奋勇前进提供了强大的精神力量；七十年来取得的巨大发展成就，为德庆再创辉煌奠定了坚实基础。

重温革命发展历史，德庆人民始终不忘初心，牢记使命。德庆全县人民更加奋发有为，在中国共产党领导下，高举习近平新时代中国特色社会主义思想伟大旗帜，全面贯彻落实习近平总书记一系列重要讲话精神和中共中央的决策部署，增强"四个意识"，坚定"四个自信"，坚决做到"两个维护"，坚持以人民为中心的发展思想，以新担当新作为奋力开创德庆工作新局面。扬起前进的风帆，朝着"两个一百年"奋斗目标和中华民族伟大复兴的中国梦乘胜前进。

《德庆县革命老区发展史》编纂委员会

2021 年 6 月

1

第一章

县域基本概况

德庆县，位于粤中西部、西江中游北岸，是一个有2100多年历史的岭南古郡。面积2002.8平方千米。2016年末，人口40.26万，辖13个镇（街道）。这里气候温和、阳光充足、雨水充沛，农产品种类繁多，矿产资源丰富多样，文化底蕴丰厚，风光秀丽，景色宜人，生态旅游资源丰富。新中国成立后，在中国共产党领导下，经济社会成绩显著；改革开放后，伟大成就令人瞩目；特别十八大后，各行各业更是突飞猛进。老区建设、经济社会、文化教育、医疗卫生、脱贫致富、乡村振兴，决胜全面实现小康成就辉煌。

第一节 自然地理和历史沿革

一、自然地理

德庆县位于广东省中西部、肇庆市南部，西江中游北岸。地处东经 111°32′~112°17′、北纬 23°04′~23°30′之间。东连肇庆市高要区，南与云浮市云安区、郁南县隔江相望，西接封开县，北邻广宁县、怀集县。东距省会广州市 185 千米、肇庆市 92 千米，西距广西壮族自治区梧州市 75 千米。面积 2002.8 平方千米，县委、县政府驻地德城街道。2016 年末，全县户籍人口 40.26 万人。辖 1 个街道、12 个镇，193 个村（居）委会、1622 个自然村。①

二、历史沿革

德庆县已有 2100 多年历史，素有历史名郡西江明珠之称。古代为百越（粤）地，秦属南海郡，秦末汉初属南越王所辖。汉武帝元鼎六年（公元前 111 年），灭南越，开七郡设县。因境内有端溪，故名端溪县。县治设在德城镇，辖地包括德庆、郁南、云浮、罗定、信宜等地区，属交州苍梧郡。三国吴黄武五年（公元 226 年），苍梧郡属广州，端溪仍隶苍梧郡。西晋太康元年（公元

---

① 数据由德庆县第二次地名普查办公室提供。

280 年），分端溪县为端溪（县治设在德城镇）、元溪（县治设在悦城旧院）两县。永和七年（公元 351 年），分苍梧郡地置晋康郡。端溪、元溪均改隶晋康郡，郡治在元溪县。至南北朝梁代，撤销元溪县。隋开皇九年（公元 589 年），撤销晋康郡，置端州。端溪属端州。唐武德五年（公元 622 年），析信安郡置南康州，兼置总管府，唐太宗贞观十二年（公元 638 年）改名康州，属岭南道。天宝元年（公元 742 年），改康州为晋康郡（后复名康州）。宋绍兴元年（公元 1131 年），宋高宗赵构以康州曾为潜邸，诏升为府，易名德庆府，后又升为永庆军节度使，地位与肇庆、广州等同，属广南东路。元至元十七年（公元 1280 年），改德庆府为德庆路。明洪武元年（公元 1368 年），改德庆路为德庆府。明洪武九年（公元 1376 年），改德庆府为德庆州。清雍正八年（公元 1730 年），德庆州属肇庆府。1912 年，改德庆州为德庆县，此名一直沿用至今。1949 年中华人民共和国成立，是年 12 月 1 日成立德庆县人民政府，德庆县属广东省西江专署。1952 年，属粤中行署。1956 年，属高要专署、肇庆专署。1958 年 10 月 25 日，德庆县与封川县合并，称德封县，属江门专署。1961 年 4 月，德、封分县，恢复德庆县建制，至 1967 年，属肇庆专署。1968—1979 年，属肇庆地区革命委员会。1980—1987 年，属肇庆地区专署。1988 年起，德庆县隶属肇庆市。

第二节 自然资源和经济社会

一、自然资源

德庆境内地势北高南低，属低山丘陵区，间有山间盆地和河谷平原，东、西、北三面环山，南临西江黄金水道，是典型的"八山一水一分田"的山区县。西北部沙旁巢顶山，海拔1049米，为全县最高峰。年均降雨量1527毫米，平均气温21.5℃，日照1742.6小时，蒸发量1343.4毫米，无霜期330天。气候温和湿润，阳光充足，热量丰富，雨水充沛。全县有林地面积15.25万公顷，有树种72科231种，工业原料植物10种，药用植物65科134种。林农产品主要有稻谷、花生、甘蔗、薯类、蚕茧等。林产有松、杉、香樟、赤红黎、油茶、肉桂、首乌、巴戟、茶叶等，还有远销国内外的南方特色水果，如德庆贡柑、德庆砂糖橘，以及有"大红大紫"紫淮山、荔枝、龙眼等。矿产资源有花岗岩石、瓷土、石灰石、大理石、锡、铝、水晶。畜牧业以猪、牛、"三鸟"（鸡、鸭、鹅）为主。水产业以西江河鲜、水库鱼、塘鱼为主，塘鱼又以"四大家鱼"（青鱼、草鱼、鲢鱼、鳙鱼）为多。工业主要有林产化工、水泥、石（木）材深加工、酿酒、印刷、缫丝、农机等。旅游资源有闻名中外"古坛仅存"的悦城龙母祖庙、"蓬莱仙岛"三洲岩、"只新不旧"三元塔、"四柱不顶"孔庙（学宫）、香山神仙脚印、回龙华表石、官圩龙山宫、金林水乡、盘龙峡、沙旁巢顶、莫村三叉顶自然保护区等。

二、经济社会

1949—1978 年，德庆老区先后经历了社会主义改造时期、全面进入社会主义建设时期、"文化大革命"时期，以及徘徊转折时期。历经 30 年的风风雨雨，德庆老区人民始终坚信中国共产党的英明领导，沿着社会主义康庄大道携手前行，披荆斩棘，在建设的道路上不断总结经验与吸取教训，大胆正视并纠正错误，取得了一个又一个的显著成绩。改革开放后，更是取得了令人瞩目的伟大成就。据 2016 年统计，地区生产总值（可比价）127.5 亿元，工农业总产值 329.6 亿元，社会消费品零售总额 43.48 亿元，比 1949 年新中国成立初期的 0.4 亿元、0.72 亿元、0.06 亿元分别增长 318 倍、457 倍、724 倍；比 1978 年改革开放初期的 2.13 亿元、2.31 亿元、0.32 亿元分别增长 59 倍、142 倍、135 倍。2016 年，人均地区生产总值 37509 元；城乡居民可支配收入 18362 元，其中城镇居民收入 20811 元，农村居民收入 16558 元。① 中共十八大后，全县经济快速发展，"工业强县、农业富县、旅游旺县、科教兴县"战略取得成效，脱贫攻坚，乡村振兴，决胜全面实现小康成绩喜人。

1958 年后，德庆先后荣获"全国水土保持先进集体""全国造林绿化模范县""全国特殊教育先进县""全国义务教育发展均衡县""全国体育先进县""全县科技进步考核先进县""中国旅游名县""乡村振兴 631 工程示范县""广东省'五连冠'双拥模范县""广东省林业生态县""广东省教育强县""广东省岭南特色水果产业'双创'示范县""全国文明城市"等称号。

---

① 数据来源于《德庆统计年鉴（2016 年）》。

第三节 老区简况和老区建设

一、老区简况

1982 年，德庆县人民政府按上级评定烈士标准并报上级批复，全县被评为革命烈士 73 名，其中大革命、土地革命时期 41 名，抗日战争时期 4 名，解放战争时期 28 名。1989 年 4 月，高良、官圩、马圩、新圩、莫村、凤村、九市、永丰 8 个镇被广东省评划为抗日战争时期革命老区。1993 年 3 月，被广东省评定为抗日战争和解放战争时期革命老区村庄有 414 个，其中抗日战争时期革命老区村庄 50 个，解放战争时期革命老区村庄 364 个。这些老区村庄分别分布于新圩、官圩、马圩、高良、永丰、莫村、凤村、九市 8 个镇。革命老区村总人口 24.6 万人，占全县总人口 60%（2016 年统计数）。①

二、老区建设

根据老区发展需要，1988 年成立德庆县老区工作办公室（简称"老建办"），1989 年成立革命老区建设促进会（简称"老促会"）。老促会成立后，为老区的建设和发展做了大量工作，其中包括革命遗址的维护，解决了老区人民"看病难"、"行路难"、"饮水难"、"上学难"问题。对绥贺支队司令部黄石降旧址、德庆

———————

① 数据由德庆县老区工作办公室提供。

"二二八"武装起义纪念亭、德庆革命烈士纪念园、徐儒华故居，以及高良等 8 个老区所在镇的全部破危学校、卫生院等，分别投入大量资金进行全面改造和修葺，或升级改造，或重建。官圩、永丰、凤村 3 所中心卫生院门诊大楼还按照高标准、严要求实施重建。1993—1996 年，老建办投入 130 万元，接连开通了高良至凤村，全长 22 千米公路；开通了新圩下咀至马圩上彭，全长 11.7 千米公路。两条公路途经 11 个村委会，受益百姓 2 万人。1997 年，县政府再次投入 500 万元，把高良至凤村的沙土路改造为柏油路。1997 年 12 月，全县 65 个老区村委会已有 64 个村委会通公路。1996—2000 年，共投入 2344.1 万元专门建设老区公路，有 26 个村委会的公路由柏油路改造为三级水泥路，全长 39.7 千米；有 34 个村委会由机耕路改造为四级沙土路，全长 136.24 千米。新圩、官圩、马圩、高良、莫村、永丰、凤村、九市 8 个镇都在自家门口办起了一定规模的农特产品种植基地，总面积为 630 公顷。马圩、高良、凤村等老区镇先后创建了农林产品加工企业 35 家。1994—1997 年，高良老区镇引进 1000 多万资金办起年均产值 200 万元的青梅食品加工厂 2 间，年产值 400 万元的桂皮加工厂 3 间，桂油厂 2 间，年产值 500 万元的木雕工艺或木材深加工厂 11 间，为老区人民提供就业岗位 600 个。2016 年，老区镇村已有 86% 以上贫困人员减贫，贫困户由 1926 户减少至 186 户，老区人民人均年收入从 1978 年不足 3000 元，增加到 2016 年 10500 元。老区镇有 25 个行政村集体经济收入从 1978 年不足 5000 元，增加到 2016 年 11 万元。

中华人民共和国成立后，各级党委政府坚持每年为困难烈士后裔发放助学金、奖学金，并设立革命老区教育基金会。1995—1997 年，县对革命烈士后裔在校读书的贫困学生，实行每人补助 300~350 元，每年补助 1.1 万元。2002 年为 18 名困难烈士后裔发放助学金 7640 元，2004 年为 16 名烈士后裔发放 8000 元，2011

年、2012 年分别为 8 名烈士后裔发放 6400 元和 24000 元，2013—2016 年每年分别为烈士后裔发放 1.7 万～3.2 万元不等。至 2000 年，每个老区村委会都有一所楼宇式的小学校。

中共十八大后，更是加大了对老区建设的力度，稳步开展扶贫开发"双到"工程、"大禹杯"竞赛活动工程等；重点抓好新圩山咀崩泥垌排水渠基础设施，九市镇高村木棉陂工程，马圩古垒山水道路，新圩山咀乌石冲、冲口、冲里排灌渠，九市江尾垌社头陂 5 个示范工程建设。全面贯彻落实中共中央关于实施精准扶贫精神，坚持按照"产业＋商铺＋能人＋智力"路子，争取让老区人民早日脱贫致富。2019 年，全县 8 个老区镇的 3169 户贫困户 6717 人，除有 51 人纳入低保（五保）户外，其余已全部脱贫，同时，还有 312 户进行了危房改造，有 115 名残疾人办理了残疾证。至 2019 年底，已有 2641 人达到"有安全住房、有安全饮用水、有电用、有路通自然村、有电视网络信号覆盖、有教育、有医疗保障、有稳定收入"的"八有"目标。

三、老区（镇）村

德庆县有高良、新圩、官圩、马圩、永丰、黄村、凤村、九市 8 个老区镇，所属村委会 66 个，自然村 414 个。其中：高良镇所属村委会 23 个（属抗日战争时期 10 个，属解放战争时期 13 个），所属自然村 135 个（属抗日战争时期 49 个，解放战争时期 86 条）；新圩镇所属村委会 3 个，所属自然村 23 个（均属解放战争时期，以下各镇村皆属解放战争时期）；官圩镇所属村委会 5 个，所属自然村 44 个；马圩镇所属村委会 8 个，所属自然村 58 个；永丰镇所属村委会 4 个，所属自然村 25 个；莫村镇所属村委会 7 个，所属自然村 53 个；凤村镇所属村委会 10 个，所属自然村 38 个；九市镇所属村委会 6 个，所属自然村 38 个。

第二章

大革命和土地革命战争时期（1919—1937）

　　大革命和土地革命战争时期，外患、内乱、战祸、苛政、天灾让德庆人民苦不堪言。在地主阶级等封建势力统治下，占全县总人口90%以上的广大农村地区的贫苦农民，仅占有全县10%的耕地，而地主却霸占了90%的耕地。失去土地的农民，被迫沦为佃农。由于农民生产技术落后和种子质量低下等，农业产量极低，全年两造稻谷平均每亩产量仅200千克左右。佃农交纳租赋后，农民的口粮"早稻吃不到十四（农历七月十四），晚稻吃不到冬至"。冬至后的大部分时间，农民只能靠杂粮和野菜充饥。农民穿的是自种苎麻土纺土织的苎布，居住的是茅屋或破瓦房，低矮破漏，阴暗潮湿，蚊虫滋生。人民体弱多病，缺医少药，有病得不到医治，人均寿命不到40岁。如遇到天灾战祸，不少农民沦为乞丐，为了生存，有的农民甚至被迫卖儿卖女，人民生活在水深火热之中。正所谓"哪里有压迫，哪里就有反抗"。

第一节 五四期间青年爱国运动

　　1919 年 5 月 4 日后，全国各地青年发起了一场轰轰烈烈的反帝反封建爱国运动。

　　此时，在广州读书的德庆籍青年学生陆文博参加了广东省学生联合会。为传播五四精神，他被派回德庆县筹备组织学生会。陆文博回到德庆后，召集县立高等小学、三厢乡初级小学、基督教真理小学、何椒轩私塾学堂和梁俭身私塾学堂等学生 1000 人，到孔庙的露天广场集会。陆文博在集会上宣传五四运动的重要意义，拟订学生会条例草案，得到在场 1000 名师生的支持。会后，学生们公推陆文博为德庆县学生会会长。

　　集会后，陆文博、曾海澜（时任德庆商会会长）率领县城各私塾学生及附城各界爱国人士 1200 人，沿德城街道游行示威。他们手执五色三角小旗，高呼"打倒日本帝国主义""打倒丧权辱国的军阀""废除不平等条约""坚决做北京学生运动的后盾""释放被捕学生"等口号。

　　游行示威后，陆文博返回广州汇报德庆群众爱国运动的情况，得到广东省学生联合会会长陈殿邦赞许。此时，上海和广州已发动抵制日货运动。陆文博目睹了广州各商号将大量的日本劣货集中焚烧的情况，经广东省学生联合会同意，他把一大批日货的样品带回德庆后，立即召集各校学生代表开会，经过讨论，决定在东豪会馆开设日本劣货陈列馆，举行抵制日本劣货的游行示威活动。会后，各校迅速行动，派出人员组织开设日货陈列馆，组织宣传队、纠察队等。德庆县学生会经过紧张的筹备，发起了抵制日货的示威游行活动。新圩、登云以及另外三间启蒙私塾也加入游行队伍，游行规模比之前的爱国示威游行大得多。纠察队到经营日货的商号劝店主主动拿出日货交给游行队伍，共有广来、祥记、大兴、开元、大纶、义信、馥茂7间商号拿出一批日货支持本次活动。游行时，大家除手执五色三角小旗外，还有人举着身穿日本绸、耳挂日本红丝绳的大龟口、大蛇口、大水牛身、猪八戒等模型。游行队伍来到大码头河滩，依次围成一个大圆圈，将运来的日货付之一炬。陆文博带领全体学生及群众用铁筒广播喇叭大声高呼"打倒日本帝国主义""坚决抵制日货""坚决振兴国货"等口号，声震整个古埠。

这次运动使广大民众受到了深刻的爱国主义教育，为马克思主义在德庆的传播打下了坚实的群众基础。

第二节 马克思主义传播与中共德庆县支部成立

一、成立悦秀文社，宣传进步思想

刘文灿，德庆莫村人，参加第四届广州农民运动讲习所（简称"农讲所"）学习班，1925 年 9 月毕业后回到家乡，与刘翰平（莫村人，德庆县首批中共党员之一）等一批有志之士，在莫村圩大庙岗成立了悦秀文社。他们利用悦秀文社深入广大农村秘密宣传马克思主义，宣讲三民主义思想，倡导以文会友，借以文会友之机传播马克思主义，讲解五四精神。通过不断深入学习马克思主义基本知识，悦秀文社全体会员及部分农民骨干进一步了解到马克思主义思想的核心就是解放全人类，消灭剥削制度，改造旧社会。刘翰平、孔炎亭、梁义安、谢祝三等进步人士认识到帝国主义和封建主义联合压迫中国人民的实质，他们用马克思主义哲学中的世界观和方法论分析德庆的政治局势，认识到德庆地方反动势力的猖獗腐败。1925 年 9 月，他们与广东省农民协会（简称"农会"）特派员林焕文、郭剑华等一起到本县各乡村巡回宣传并组织农会，重点到高良等革命活跃地区宣传农会章程，宣讲革命道理，传播马克思主义。从此，马克思主义种子在德庆这块肥沃的土地上生根发芽，开花结果。

二、中共德庆县支部成立

1926 年 5 月初，中共西江地方执委派出共产党员高誉雄（广宁人）到德庆县高良镇，与当地农运骨干谢五昌、梁义安、谢祝三等一起组织农会。5 月末，高誉雄在高良镇召开各乡村农会骨干会议。会上传达了广东省第二次农民代表大会决议，认真学习了中共广东区委农委负责人阮啸仙《广东省农民一年来之奋斗》的报告，吸取了农民运动的经验教训，明确了农民运动方向。会上还根据《广东省农民运动决议案》的要求，拟订《高良农会章程》。章程总纲是"谋农民利益之增进；谋农民业务之发展；谋农民自治之实现；谋农民教育之普及；联络感情，交流知识，以增进团结之能力"。会后，高誉雄和农会干部挨家挨户深入群众中开展宣传工作。与此同时，高誉雄遵照上级党组织关于"把建党重点放在乡村农民协会上"的指示精神，一手抓组织农会工作，一手抓发展党员，并着手筹建德庆县地方党组织。经过一个月的考查和培养，按照"成熟一个发展一个"的原则，经向上级党组织请示汇报后，1926 年 6 月，吸收了德庆县农运骨干高良籍谢祝三、梁义安、孔炎亭和莫村籍刘翰平 4 人为中国共产党党员。同月，建立德庆县第一个中共党组织，即中共德庆县支部，该支部隶属中共西江地委，支部书记为高誉雄，临时办公地址为德庆县高良圩。从此，德庆人民在中国共产党的领导下，追求真理，不断探索救国救民的道路。

第三节 农民运动兴起

一、农民运动的兴起

随着广东省农民运动兴起，1925年9月，广东省农会任命广州农讲所学员郭剑华（顺德人）和林焕文（清远人）为特派员，在德庆籍广州油业工人聂秋荣的陪同下到德庆高良地区指导农民运动。高良很快成立了首批农会。据当时《中国农民》记载：德庆县乡村农民协会纷纷成立，其中有高良大寨、新围、双水、云屋、平治、罗阳、云贞、降底、高良圩、新江等乡村成立农民协会。

1925年11月，德庆县派出江少洪、陈敬希、董镜明、甘有敬、谢汝材、何宗时、唐国强、朱鼎宜等10名青年到肇庆西江宣传养成所学习。1926年春，他们学成归来，以政治宣传员的身份，在德城陆氏大夫祠（即中华人民共和国成立后德城镇朝阳中路县府办公楼后面祠堂）组建德庆县政治宣传员办事处。江少洪回到家乡马圩镇，与江泽林、江灼生、江贡亭、冯灼生、冯杰等人动员农民成立农会，先后在荣村、大宅、东升（大立庙）、罗横、云植等村成立农会。董镜明回到凤村镇禄村开展宣传活动，在董庆公祠召开了两次农民代表大会，附近的百步、棠下村也派代表参加。会上，董镜明讲述农会宗旨，发动农民参加农会。1926年6月，高誉雄、谢祝三、刘翰平在莫村成立了平岗、太宪等 7 个乡农会。是年 7 月 11 日，在农民运动中心高良圩，成立第三区农民协会。10 月，凤村镇禄村成立农会，接着棠下、保坪也相继成立农会。德庆农民运动蓬勃兴起。

根据毛泽东《中国社会各阶级的分析》的重要论述，运用马克思主义的阶级分析方法，结合中国社会各阶级的政治地位和经济地位、革命态度，正确区分中国革命的敌、我、友阵线。1926 年 6 月，中共德庆县支部成立后，把工作重心放在了组织农民运动的发展上，支部成员分别到各区乡领导农民运动。广东省农会西江办事处主任周其鉴也亲临德庆进行指导。1926 年 7 月 11 日，酝酿已久的第三区（高良）农民协会成立，区农会领导人由农民代表大会选举产生，谢五昌和中共党员梁义安、谢祝三为执行委员；谢有恒、陆运初、李文生、徐应麟（又名徐金泉）为委员；孔炎亭担任秘书长。加入农会的人员必须是佃农、雇农、自耕农、半自耕农和愿意为农民效力的其他职业者。区农会制定了农会章程，颁发会员证章，同时还发表了成立宣言。宣言全文如下：

亲爱的农友们！我们日日都在田间做"日晒雨打"的工作，可以说是：我们千辛万苦，然后仅可以生活，这实在是凄惨啊！

但是这凄惨的生活，还要加上受人压迫的痛苦，就是地主阶级之压迫；如果没有好的收成，便要把儿女变卖来交田租，这是我们亲爱的农友所深深知道的。所以，我们要改良我们的生活和解除地主阶级的压迫，我们团结才可以把生活改良和把地主阶级的压迫解除，这是我们农会成立的第一点。

同时，我们为着改良生活和解除地主阶级的压迫，便要拥护国民政府，因为国民政府是保护农工的，这是我们农会成立的第二点。

亲爱的农友们！现在分明指示出：团结便是出路，将来胜利定是我们的，我们高呼：

大家团结起来！

打倒地主阶级！

拥护国民政府！

德庆县第三区农民协会万岁！

国民革命成功万岁！

德庆县第三区农民协会
丙寅年六月二日

第三区农民协会是德庆县第一个区级农会，是德庆农民运动的一面旗帜。区农会以"为农民生活之改善"和"为农民教育之普及"为目的，创办了农民消费合作社，开办了农民学堂。合作社由农会会员以个人入股形式筹集资金，每股一元，经营油盐酱醋、针线毛巾等价廉实惠的日用小杂货。合作社的建立，让农民免受奸商的剥削。农民学堂则免费招收农民子弟入学，让家境贫寒的失学儿童入学读书。区农会还制定了"六寸六公斗"①，称为"农会正斗"。交租、纳粮，谷米交易，均以"农会正斗"为准，有效地限制了地主豪绅大斗入、小斗出的剥削农民的行为。区农会在组织农民开展反封建主义和官僚主义的革命斗争中，不断健全农会的工作制度，加强对农民的政治思想和组织纪律的教育，

---

① "六寸六公斗"：过去，用木板合成的四棱锥形的上口小、底面大的量器称作"斗"（市斗，均为市制，下同）。其计量单位进位及换算是：1市石等于10市斗，1市斗等于10市升，1市升等于10市两。1市斤等于16市两。1市升等于0.625市斤，1市斗等于6.25市斤。原来地主制作的斗容量每斗超过10市升。农会组织起来后，重新制作了公平合理的"新斗"。人们称这种斗为"正斗"。

提高了农会会员的自身政治水平，使区农会成为了一个有组织力、凝聚力、战斗力的革命群众团体。

二、建立农民自卫军

高良区农会根据省农会《农民自卫与民团问题决议》中"为保卫农民协会，保卫农民利益，防御外来侵略，须依照各级协会而组织各级的农民自卫军"的指示，1926 年 7 月，建立农民自卫军连，以保卫农民协会，保卫农民斗争胜利果实。农民自卫军（简称"农军"）编员 70 人，农会委员徐应麟任教练指导员兼分队长，谢炳枢任连长。农军头戴铜鼓帽，臂戴"高良区农民协会自卫军"的袖章。农军战士配备土枪土炮，连队以下设置有排、班。农军初建时，武器装备比较简陋，军事知识缺乏。为了提高农军的政治觉悟和军事能力，区农会分期进行政治教育和军事训练。规定每月轮训一周，每月政治学习 2 天、军事训练 5 天，由中共德庆县支部书记高誉雄负责政治辅导，农军分队长徐应麟负责军事培训。高誉雄向农军战士分析中国革命与农民问题，农民大众由于深受地主阶级的剥削压迫，因而最容易接受革命。在中国共产党的正确领导下，农民成为革命中的重要力量。同时，组织农军战士学习军事知识，每天早上集中在高良河滩操练等。经过培训，农军的政治和军事素质得到提高。斗争中，高良区农军担负起保卫农民运动、积极配合农民开展减租减息斗争的重任。高良农民在中共德庆县支部领导下，有力地冲击着地主阶级的反动统治势力。在高良区农军的影响下，德庆各乡农会纷纷成立农民自卫军分队或农民自卫军小组，为开展农民运动建立坚强后盾。

三、打击地主土豪气焰

农会的成立，遏制了地主的剥削，触动了地主的利益。高良区罗阳村的地主李璋莹、李鉴荣、李英伟等人对农会恨之入骨，扬言"农民协会越轨""不如数交租"，要求关闭农会，公开反对农民"二五"减租①，破坏农会。

根据阶级斗争的特点，1926年7月24日，高良区农会召开各乡农会干部扩大会议。会上分析了罗阳村地主反对"二五"减租的现状，揭露了对抗农民运动的行为及农村阶级斗争表现的实质，认为必须严厉打击地主的嚣张气焰，显示农会的力量。会议决定：开展"二五"减租，解决高良地区不肯减租减息的封建堡垒罗阳村；整饬农会和健全农军队伍等。

是年7月25日上午9时，高良区各乡农会会员、农军和一部分农民共2300人，扛起土枪土炮，拿着剑戟刀枪，集中高良区农会举行声势浩大的游行示威活动。游行队伍高呼"打倒帝国主义""打倒军阀""打倒土豪劣绅""农民联合起来""开展减租减息""农民协会万岁"等口号。游行队伍直奔高良罗阳村。地主见势不妙，便组织民团阻击，农军与地主民团双方发生冲突，地主民团不敌农军，迫使县长黄秉勋、县自卫大队大队长龙文舫到罗阳村谈判。经过谈判，罗阳村地主愿意接受"二五"减租。双方签字后，在后方的农民纷纷燃烧爆竹、举红旗，高呼战胜地主恶霸的口号，欢迎战斗队伍胜利归来。翌日，在高良河滩举行祝捷大会，高良区农会执行委员谢五昌在会上讲话，宣布这次在罗阳对地主斗争取得的胜利是由于农会和农军的行动符合最广大农民的根本利益。这次活动有农会撑腰，有农军支持，形成团结力量，被剥削者只有团结起来反抗地主才能成功。最后，鼓励全体农会会员和农军还要继续努力，将"二五"减租斗争进行到底。当晚设席宴会，庆祝农民革命高潮的到来。

---

① "二五"减租：按原定的租金降低25%缴交。

罗阳村一战，成了西江北岸农民运动深入发展的重要标志。它具有两个显著的特点：一是有组织、有系统地进行减租运动，在高良区甚至全县范围内取得成功；二是将减租运动与武装斗争相结合，树立了农会的威信，增长了农民的志气。这是中国共产党人领导德庆农民开展农村革命斗争的开端，有力地推动了全县农民运动的发展。

四、农民协会蓬勃发展

1926年7月13日，莫村镇平岗福善堂派刘华棣到高良区农会学习。学习结束后，高良区农会派谢祝三和刘华棣一起到莫村镇深入乡村宣传扩大组织农会。截至1926年7月22日，全县成立区农会1个，乡农会32个，有会员1800人。

1926年8月23日，德庆县设立政治宣传部，主任由教育局局长梁以毅兼任，政治宣传员由肇庆西江宣传养成所学员江少洪、陈敬希、谢汝材、何宗时4人担任。他们分赴各区宣传三民主义、五权宪法及中国国民党政纲，宣传国民党第二次全国代表大会决定和联俄、联共、扶助农工的三大政策。广东省农民运动迅速发展，德庆县各农会取得了合法地位。

省农会西江办事处特派员董镜明回到凤村镇组织农会，在禄村的董庆公祠召开了两次会议，参会的先后有禄村的董亚锐、棠下村的甘有敬、保坪村的陆武增、百步村的岑坤和岑有其等人。1926年10月，禄村农民协会正式成立。参加成立大会的有300人，他们都是加入农会的会员，每人交白银四毫。农会负责人有农会书记董少卿，农会会长董有才、副会长董乃枢和在广州油厂当工人的董亚锐。禄村农会成立时，七区（今悦城镇）派人送来锦旗，并在禄村举行游行示威，高喊"打倒大地主""打倒土豪劣绅""打倒贪官污吏"等口号，同时还张贴宣传标语，组织农军。

1926年11月，在凤村召开农民代表大会，包括禄村、棠下、百步、保坪等村约六七百人参加，农会的公章、胸章、犁头旗由董镜明到省农会领回。禄村农会的经费，由小地主董志庆、董云祥、董茂等共同负担。

1927年2月，百步村农民协会成立。高誉雄、董镜明、孔炎亭、何信记（凤村农会负责人）等人经过严密的筹备，发动村里200名农民加入农会，甚至地主梁之益也加入农会。入会的会员，每人交会费白银六毫。农会成立，门口贴有一副对联：农代开幕时，协会铲豪日。凤村、禄村、保坪共派出100人参加农会成立大会开幕仪式。会上选出岑有其、温彩云为农会负责人。董镜明、梁义安、甘有敬等在会上动员大家打倒土豪劣绅、打倒帝国主义、打倒资本家。会后，举行游行示威活动，大家戴着铜鼓帽、佩戴农会胸章，高唱打倒土豪劣绅的歌。

1927年1月，第四届广州农讲所学员刘文灿回到九市镇任农运宣传员，宣传发动农民组织农会。3月初，广州油业工会德庆籍工人共9人回乡支援农民运动。他们很快便在留村、榄山、江尾、云朗、扶号等乡村组织成立农会。

1927年2月底，第六区（莫村）农民协会成立。农会负责人是刘翰平；农会干部有冼亚书、冼年华、刘华棣、刘尚志、刘尚创等。

1927年3月28日，第二区农民协会在筹备工作完成后，经省农会西江办事处批准，在马圩文武宫（斌山）操场举办成立大会，会后举行巡游。至此，在高誉雄、谢祝三、梁义安、孔炎亭、刘翰平等一批中共党员的直接领导下，德庆县的农民运动迅速发展。截至1927年3月底，德庆县正式成立了区农会3个，乡（村）农会60个。

区农会包括：第二区农会（458 人），负责人江少洪；第三区农会（921 人），负责人谢五昌、梁义安、谢祝三；第六区农会（223 人），负责人刘翰平。

乡（村）农会包括：第二区 9 个，分别为荣村、马圩、新围、六宅、东升、双水、罗横、云屋、云植；第三区 28 个，分别为大寨、高良、马鹿湖、上宅、新江、塘边、连宅、古串、平治、白石、旺埠、罗阳、棚村、云利、江南、云贞、社劳、社豪、双马、大同、钵湖、替马、利目岗、军屯、永福、旺村、平南、长垠；第五区 9 个，分别为棠下、百步、禄村、保坪、凤村、云替、罗花、镀口、竹村；第六区 7 个，分别为富源、双栋、益村、平岗、古宪、古蓬、大罩；第七区 2 个，分别为罗洪、里村；第八区 5 个，分别为扶号、江尾、榄山、云朗、留村。

区、乡（村）农会的成立，提高了各区、乡（村）广大农民的政治思想觉悟，为日后德庆开展大规模的武装斗争奠定了坚实基础。早期德庆县各区、乡（村）的农会还处于各自为战状态，随着各区、乡（村）广大农民政治思想觉悟的提高，农民逐渐认识到成立全县农会组织的迫切性。为了加强对全县 60 个乡（村）农会和 3 个区农会的统一领导，中共德庆县支部研究决定建立德庆县农民协会，筹备处设在德城镇高街谢氏大宗祠。

1927 年 3 月 15 日，德庆县在高良召开全县区、乡（村）农会干部会议，协商县农民协会筹备处领导人选，制定筹备工作方案。会议的内容是：成立德庆县农民协会筹备处，负责人高誉雄，筹备员谢五昌、梁义安、谢祝三；县农民协会成立时间定于 1927 年 5 月 1 日，会址设在德城镇高街谢氏大宗祠；具体分工：高誉雄负责全面工作，梁义安到广州办理成立县农民协会事宜，谢祝三等在德城镇做准备成立大会事务工作；筹备资金：会上各区、乡（村）农会自愿认捐白银 500 元，大米 1000 斤（1 斤＝500 克，下同）；制定县农民协会章程。会后，筹备处成员做了大量工作，1927 年 3 月底，德庆县农民协会筹备处在德城镇高街谢氏大宗祠挂牌成立。筹备处成员草拟了德庆县农民协会筹备会宣言。宣言全文如下：

　　农友们，大家想想我们居什么地位？我们中国是以农立国的，全国的农民占人口四分之三，为什么要被那帝国主义、军阀、贪官、污吏土豪之种种剥削与压迫呢？因为他们看见了我们不能团结，没有力量去抵抗，所以他们就肆意横行。试看，前年"五卅""六·二三"惨案及上海军阀孙传芳惨杀革命群众，举不胜举，我们要知道这样必有类推啊！

　　我们要从速觉悟起来，组织农民协会，以作模范农村的县份，然后将农民力量扩大到全国去，以促总理①遗下的三民主义之实现，继续努力以求贯彻必达革命未来的胜利，以慰总理在天之灵，消灭上述的种种大敌，解放我们农友四千年的痛苦与积弊，我们希望列位农友踊跃入会，实为我们扩张团结与解放。让我们高呼：

　　全县农民联合起来！

　　反对帝国主义武力干涉中国！

　　打倒贪官污吏劣绅土豪！

　　拥护国民政府！

　　拥护农工政策！

　　拥护农民协会！

德庆县农民协会筹备处
民国十六年（1927）二月二十七日

---

　　①　总理，指孙中山。

五、农民运动惨遭扼杀

正当农民运动蓬勃发展和德庆县农民协会筹备工作有条不紊地进行之际，1927 年，蒋介石发动了震惊中外的四一二反革命政变。国民党广东省执行委员会发出《通告各县市党部检举共党分子》布告，通令全省所有农运特派员停止职务撤回广州。接着派出"改组委员"到各地去"改组"共产党领导的工农群众团体。1927 年 4 月 16 日下午 6 时，国民党军队驻肇庆十三师派兵包围了广东省农民协会西江办事处和高要县农民协会，逮捕了正在开会研究应变措施的农会干部 30 人，大有"黑云压城城欲摧"之势。

德庆县县长黄秉勋在接到省府"清党"的密令后，立即部署行动，指派国民党德庆县党部筹备员梁砺果到高良，指挥李璋莹、张德堂、李镜秋、邓式如等民团头目，向各地农会发动进攻。当时，坐镇都城的广东守备军第一团团长严博球也派出第三营到德庆驻扎，德庆的李均伟出任副团长、谢鹤年为少校指导员，由他们指挥第三营配合德庆各地反动民团进攻农会。一场血雨腥风的灾难即将降临在德庆农民身上。

1927 年 4 月 19 日清晨，高良地主恶霸李璋莹、李镜秋、李英伟，都洪地主郭惠慈、邓式如、郭赞初和旺埠张丽荣等指挥各自的反动民团与广东守备军第三营进攻高良区农会。高良农军奋起抵抗，但因准备不足，仓促应战，敌我力量悬殊而失败。农民自卫军队员徐蛤十、李棣芳、李芝华、梁义汝等光荣牺牲，农会执行委员谢五昌不幸被捕。反动民团摧毁了高良区农会之后，继续围攻高良地区各乡（村）农会。一天之内，高良地区被反动民团捕杀的农会骨干和农军达 31 人，死伤惨重。整个高良地区一时陷入毒泷恶雾之中。反动民团大肆抢劫财物，敲诈勒索农会干部家属。全区农会干部家属和会员不同程度被勒索：勒索白银 51 ～

150 元的有 62 人；10～50 元的有 180 人；2～9 元的有 245 人，总共 487 人被勒索。当年，国民党德庆县党部筹备员梁砺果自述："民国十六年三月十七日攻打高良区农会时，我与黄秉勋入乡，抢去高良农会执委谢五昌、谢祝三（共产党员）的家产。这天，打死徐蛤十、陈九、李芝华、李棣芳等。"国民党的暴行证据确凿。

德庆农运革命活动中心地区高良的农会遭受严重破坏后，其他各区的农会也相继遭到地主阶级反动民团的残酷镇压。1927 年 4 月 19 日下午 3 时，德庆县反动民团头目梁砺果和高良旺埠反动地主张德堂，勾结莫村大地主刘子庄、董贡初等，带领反动民团围攻莫村区农会，抓走了从事秘密工作的中共德庆县支部书记高誉雄、莫村区农会负责人刘翰平。随后，他们又围攻莫村各乡（村）农会，古楼村的冼亚书、扶赖大罩村的冼年华、平岗村的刘镜洪等农会骨干也不幸被捕。

同日下午，马圩大地主潘逊霞指挥徐桂攀、孙翥香、冯佐、潘冠华等率领反动民团破坏马圩农会组织，当场枪杀了江泽林、冯灼生。后来，江少洪、江灼生、江贡亭、高誉雄、谢五昌、刘翰平被押往肇庆，除江贡亭获释外，其余于 9 月 1 日英勇就义。马圩各乡农会全部遭破坏。

此外，德庆县县长黄秉勋还带领罗剑波、陆渭全的地主武装攻打凤村、播植地区各乡农会，在播植捕杀了高良区农会秘书、共产党员孔炎亭。同样在 4 月 19 日，"西江老虎"朱礼堂和覃伟伦、唐美南率领反动民团进攻九市留村、榄山、扶号及悦城地区各乡农会。

在此次国民党反动派镇压德庆农会组织的"四·一九"事件中，德庆农军虽然与敌人展开浴血奋战，但由于敌强我弱，实力悬殊，全县各区、乡（村）农会被毁，中共德庆县支部被迫解散，第三区农民自卫军连、县农民协会筹备委员会等组织均遭到严重的破坏，中共党员高誉雄、孔炎亭、刘翰平及农会骨干、农军成员共 42 位同志被杀害，德庆县农民协会被扼杀。德庆县的农运随着全国革命形势的恶化而陷入低谷。但是，农民运动的蓬勃发展在德庆历史上留下了光辉灿烂的一页。

第四节 中共三河支部建立

中共德庆县支部在德庆"四·一九"事件中遭到严重的破坏。幸存的党员谢祝三、梁义安为保存革命力量，根据严峻的斗争形势，和李棣林、谈贤良等农运骨干潜伏到香港，在香港继续开展地下活动。

在敌人的高压政策下，高良罗秋村优秀农运分子聂秋荣秘密到达香港，参加当地工会活动。1927年12月中旬，他与谢祝三、梁义安等从港返穗，参加由中共广东省委书记张太雷和叶挺、叶剑英等组织的反对国民党反动派屠杀政策的广州起义，聂秋荣不幸牺牲。高良云利村梁棣荣在大革命失败后到达香港，并很快与梁义安取得联系。梁义安安排梁棣荣和地下党员陈启熙见面，后经陈启熙介绍，梁棣荣加入中国共产党。其间，高良罗阳村的李炎荣和官圩江村的江苟也加入中国共产党。1928年2月3日，中共广东省委制定的《西江暴动工作计划》提出：西江暴动的主要任务，就是要实行土地革命，扩大各县暴动，形成西江割据局面，逐渐形成全省总暴动。暴动突出两个中心，西江以北，以广宁为中心，扩大到高要、德庆、四会一带，成为一个割据局面；西江以南，以罗定为中心，扩大到郁南、云浮、新兴等县，成为另一个割据局面。该计划还提出：高要、广宁等县党组织要从基层支部到县委实行改组。德庆有一定的农民基础，事变以后农会与豪绅进行了多次斗争，迅速恢复了党的工作。1928年4月，中共广东省委召开第一次扩大会议，作出《党的问题决议案》。会议强调要加强党的无产阶级意识，要吸收工农分子到党的领导机关中来。11月，省委决定恢复中共西江特委。1929年1月，中共广东省委根据所处斗争局势的需要，决定西江特委属下的党组织收归省委直接领导。

其间，谢祝三、梁义安与党保持密切联系，并先后在德庆、肇庆、广州、香港等地开展秘密联系，利用地下活动联络了许多外地党员和本地积极分子，不间断地领导德庆的农民武装斗争，为后来领导德庆人民把"抗山捐"斗争推向新的更高的阶段准备了条件。

中共广东省委驻香港机关根据德庆革命基础较好的高良"三河"（云利河、黄姜河、涩田涌河）地区的群众能自发开展"斗土豪、抗山捐"斗争的特点，在1932年春派出共产党员黄义康与原潜往香港的共产党员梁义安一起来到高良开展地下党活动。黄义康与梁义安到达高良三河地区之后，按照中共广东省委对西江的指示精神，针对农村普遍存在党的领导力量薄弱的问题，认为必须发展一批党员以适应斗争的需要。在高良区涩田涌河一带，他们在深入调查农民"抗山捐"斗争时，认识了黎永钦、何沛生等一批农运骨干。其中，黎永钦长兄黎连庆因领导农民进行"抗山捐"而被恶霸地主郭惠慈打死。黎永钦勇敢接过哥哥的革命重任，继续领导农民进行"抗山捐"斗争。因此，黄义康、梁义安两人支持黎永钦开展工作，并把他作为入党培养对象。经过一段时间的教育和考察，1932年10月，黎永钦、何沛生、陈文雄，由梁义安、谢祝三两人介绍，经黄义康批准，光荣加入中国共产党，入党宣誓仪式在太平田村陈文雄家里举行。德庆县第一个农村党支部——中共三河支部在高良旺埠对面最偏僻的小山村太平田村成立，黄义康为三河支部书记。德庆人民在党的领导下又迎来了新的曙光。

第五节 "抗山捐"斗争

在"四·一九"事件中遭受重创的高良区，民不聊生，许多村民家破人亡，人心惶惶。地主阶级还乘机增加租税，变本加厉对农民进行掠夺、压迫。

高良土豪恶霸李鉴莹（花名"黑面老虎"）任国民党第三区委员会主席，张德堂（花名"白面老虎"）任国民党第三区区务办事处主任。他们互相勾结，先借用"清乡"之名，巧立名目，擅设关卡，收受赃贿巨款，滥征"山货出口税捐"，对高良一带的农民进行残酷政治迫害和经济剥削，高良"断炊缺食者比比皆是"，阶级矛盾日益激化。从1929年起，具有革命传统的高良农民自发性地开展了"抗山捐"（抗山货捐税）的斗争。1929年，国民党当局作出"抽山货出口捐，因事拂民意（不合民意），已作罢论"的决议，取消"山捐"。

然而，1930年4月，国民党高良区委主席李鉴莹，区务办事处主任张德堂，委员李英伟、郭惠慈（花名"赤面老虎"）等唯利是图，擅自恢复抽收山货出口税，每担山货（薯莨、桂皮等）征收8角以上。不仅如此，他们还要追缴上一年的山货捐税。4月23日，悦城商人钟某等买入薯莨一批，因未交额外款项而被禁止放行，钟某被告"抗税"，他及船主严同利一并被锁押区内黑牢，遭受酷刑拷打，在缴纳数倍罚金后获释，钟某因该船薯莨延误日期而蒙受巨大损失。从此以后，各客商不敢到高良购买山货，这导致高良山货失去销路，农民生活更加艰难。

1930年7月7日，各村父老推选冯运泰、黎帝生等6人代表村民到高良区委请愿，抗议滥征"山捐"，要求免收山货出口税。"黑白二虎"对冯运泰一行无休止地谩骂，污蔑他们是"反动分子"，"势将暴动"，请县府调兵拘押。7月10日，国民党德庆县政府派出冯鹄到高良镇压，将冯运泰、黎帝生、邓四、冯汉、冯增、冯林6人拘回该区监禁。第二天适逢高良圩日，各村父老又派出10名代表到区委查问拘押情况，招来群众的围观。张德堂、李鉴莹等见势不妙，便命令李亚镜、"郭大口金"等爪牙开枪射击，当场打死无辜农民黎苟妹，黎连庆受伤。当天半夜里，恶霸郭惠慈又将黎连庆活活打死。地主恶霸的暴行进一步激起民愤，"斗土豪、抗山捐"的斗争越来越激烈。

在尖锐、复杂的斗争中，经过第一次国内革命战争洗礼和经历农民运动锻炼的高良地区农民深深地感受到：要取得这场"抗山捐"斗争的胜利，就必须依靠群众的力量，尤其是要依靠共产党的领导。在大革命时期受共产党影响的进步农民谢龙慈等联合寄信香港，把农民"抗山捐"的斗争情况告知曾在德庆领导农民运动、参加广州起义活动并潜伏到香港暂避的共产党员谢祝三、梁义安等人，希望他们回到家乡领导农民"斗土豪、抗山捐"的斗争。1932年春，中共广东省委驻香港机关指派共产党员黄义康和梁义安秘密回到高良，组织和开展地下党的革命武装活动，同年10月，成立中共三河支部。

中共三河支部成立后，根据上级的指示精神，结合德庆县当时的实际情况，决定集中主要力量领导农民阶级在政治、经济领域开展斗争。同时，加强对骨干分子进行马列主义和党的基本知识教育。德庆党组织的恢复，有力地推动德庆人民的革命斗争，尤其是有力地领导和组织人民起来反抗剥削斗争。

三河支部领导和组织农民"斗土豪、抗山捐"的活动肩负新的使命、新的内容，焕发新活力。在敌强我弱的形势下，地下党已从大革命时期的公开组织转为秘密组织，尽量少正面公开斗争，避免不必要的伤亡。梁义安等秘密回乡后，一方面注意隐蔽发动群众，积蓄力量，秘密发展地下党组织；另一方面尽最大努力，充分利用一切时机与敌人进行斗争。但他的行动很快引起了土豪恶霸的注意。张德堂企图暗害梁义安，却又没有理由下手，便假冒农民谢龙慈之名诬告梁义安"通匪"，并把梁义安扣押起来。

梁义安被捕后，被押往肇庆受审，受尽逼陷，要求原告作证。谢龙慈被县长传令到堂作证，他否认曾有控告梁义安其事，指出是"土豪冒名诬告"。反将了土豪一军。县府既无实据，又无旁证，只得将梁义安无罪释放。这是地下党进行坚决斗争的一大胜利。

1932年春，"抗山捐"开始由地下党领导，地下党员何沛生、黎永钦，党外进步人士王佐龙、陈维谦（地下党员陈瑞华祖父）等，领导以他们为骨干的三河"抗山捐"力量，和以"黑白二虎"李鉴莹、张德堂两个为首的土豪恶霸进行了长期的斗争。在这场斗争中，有无辜农民被土豪恶霸枪杀，黎永钦和王佐龙、何沛生等以"德庆县第三区全体民众"的名义写了《呼吁书》和《控告书》，发至西江两岸各县，揭露李鉴莹、张德堂一伙非法设卡，滥收山捐，擅杀农民等种种暴行。广大农民纷纷起来拥护"抗山捐"活动。中共三河支部发动三区和二区农民捐款控告"黑白二虎"，同李鉴莹、张德堂"打官司"。国民党德庆县县长谢鹤年偏袒"黑白二虎"，意欲灭案封冤。农民不服，派黎永钦作代表上诉到省民政厅。经过三年的斗争，省民政厅、西北区公署终于下令撤销滥收山捐的非法关卡，李鉴莹受到处分，停止征收山货出口税。这是"抗山捐"斗争的一大胜利。

1935 年 4 月底，王佐龙派黎永钦、黎宜彬等农民乡团成员到旺埠村镇武庙缉拿枪杀无辜农民的凶手"郭大口金"、张亚更等归案，但凶手在太平乡乡长、土豪恶霸梁柳芳和副乡长张德堂三儿子张丽莹的保护下逃脱。过了不久，梁、张等故意毁坏该乡的《田亩簿册》，诬告王佐龙、何沛生"通匪""抗田税"，使他们惨遭逮捕。黎永钦因到省里告状未回，免遭拘捕。地主恶霸的恶行进一步引起公愤。三河农民据理力争，继续向西北区公署、省政府、省民政厅、省高级法院提出诉讼，以大量证据和事实证明王佐龙、何沛生为民除害，剿匪无罪，张德堂擅杀诬良，纵匪确凿。省高级法院立案查处，王佐龙、何沛生获释出狱。后来，王佐龙、黎永钦率领群众上山打土匪，当场抓获由张德堂派去给土匪送鸡、猪肉、酒、米的张树妹（张德堂侄）、张亚四两人，缴获土匪的枪支（枪头上刻有张德堂的别名"润庭"字）。群众据此控告张德堂勾结土匪。1937 年 1 月，纵匪行凶的豪恶张德堂终于被拘捕究办。不久，张德堂在狱中畏罪自杀。

至此，高良人民在中国共产党的领导下，取得持续 6 年的"抗山捐"斗争的胜利。王佐龙获释后，组织建立三河农民乡团队伍，黎永钦任总指挥。乡团常备武装 30 人，预备队员 300 人，负责保卫胜利果实，维护山区治安。这支队伍后来加入抗日除奸、剿匪斗争中。

第三章

抗日战争时期（1931—1945）

　　1931年9月18日，日本帝国主义发动震惊中外的九一八事变。国民党执行蒋介石的不抵抗政策，不到半年时间，日军就占领东北地区，这强烈地震动了中国社会，抗日救亡运动迅速在全国各大中城市和乡村兴起。1937年7月7日，卢沟桥事变揭开了全面抗日战争序幕。面对日本帝国主义的入侵，中国共产党向全国人民发出了"全中国同胞、政府与军队团结起来，筑起民族统一战线的坚固长城，抵抗日军侵略，国共两党亲密合作抵抗日军的新进攻"的号召。

第一节 宣传抗日救亡

　　1931 年九一八事变至 1937 年，德庆县处于抗战宣传工作阶段。中共德庆县地方组织负责人黄义康根据上级共产党组织指示，与中共三河支部书记黎永钦研究，确定"三管齐抓"：一抓抗日宣传工作；二抓民众抗日自卫队组织建立和军事训练；三抓农会组织，维护农民的切身利益。黄义康与中共三河支部的党员分工合作，采取入户宣传、任命各级民众组织负责人等形式，开展宣传和自卫武装工作。黄义康主要负责德城、新圩、官圩、回龙、九市；黎永钦主要负责高良、马圩、悦城。

　　黄义康以抗日宣传员的身份，在德城考查和培养了一批先进青年，组成德庆县抗日救亡先锋队青年抗日会、学生抗日会、学生抗日救国读书会、妇女抗日会等。这些组织在中国共产党全面抗日路线的推动下，抗日锋芒席卷全县各地，德城镇学校的教职员工和部分进步知识分子组成抗日文艺宣传团体钢盾剧团。该剧团以县商会经费作保障，剧组成员自导自演，在晚上排练抗日节目，利用星期六、星期日进行巡回演出。节目种类有话剧、小品、快板、唱歌、诗朗诵等。如演唱歌曲有《松花江上》《大路歌》《毕业歌》等；快板有《无国则无家》，其唱词主要内容是："日本鬼，野心狂；九一八，侵东北；沦陷处，烧杀抢；国如破，则无家；全民族，同敌忾；齐救亡，众成城。"与此同时，党组织在高良三河、高良罗阳、马圩诰赠村、官圩江村等地组织抗日武装民团，总数 2000 人。这些民团开展以抗缴非法杂税，保护农民买卖自由、确保度量衡公平公正和保障农民人身安全等为主要内容的各项活动。

1937 年，毛泽东在洛川会议上作关于军事问题和国共两党关系问题的报告。会议通过了《关于目前形势与党的任务的决定》和《抗日救国十大纲领》。会议明确："必须坚持抗日战争中无产阶级的领导权。在敌人后方放手发动独立自主的游击战争，以游击战争配合正面战场，开辟敌后战场，建立敌后根据地。在国民党统治区放手发动抗日的群众运动，争取人民应有的政治经济权利，以减租减息为抗日战争时期解决农民问题的基本政策。"

中共三河支部根据中央会议精神和上级党组织指示，动员全体党员和广大群众，开展广泛的抗日救亡运动和大规模的宣传活动，从县城至官圩、高良及悦城河一带，到处张贴着"全民抗战""打倒日本侵略者"等抗日标语，抗日积极分子在德城码头的高楼墙壁上绘制了两幅巨型彩色抗日壁画，壁画两旁写上"树无枝干哪有花，国不存在哪有家"的对联。声势浩大的宣传活动，唤起了人民的爱国热忱，德庆人民纷纷投入到轰轰烈烈的抗日救亡洪流中去。

第二节 重建中共德庆县支部，组建中共德庆县工委

1926 年成立的中共德庆县支部，被国民党反动派发动的"四·一九"事变破坏，3 名党员牺牲，剩下 2 名党员，不具备支部构成的人数条件。当时，上级有意重建中共德庆县支部。1938 年 6 月，在广州中山大学读书的德庆籍学生徐儒华，经中共广东省委青年委员会副书记梁嘉介绍加入中国共产党。8 月，徐儒华受梁嘉派遣，以"抗日自卫团统率委员会政训员"身份回到德庆县，开展抗日救亡活动。徐儒华回到德庆后，与中共三河支部取得联系，和中共党员梁义安、谢祝三、黎永钦、何沛生等研究，决定筹备重建中共德庆县支部。9 月，中共德庆县支部重新组建，徐儒华任支部书记。党支部建立后，为加强共产党对抗日救亡工作的领导，支部成员做了分工：徐儒华以德城和城郊为重点，支部其他成员以乡村为重点，开展抗日宣传活动，号召全县人民联合起来反抗日本帝国主义的侵略。同时，徐儒华在德城还开展对国民党德庆县执政人员和各界人士的抗日统一战线工作，在抗日救亡运动中注意培养有觉悟的抗日救亡工作积极分子作为发展党员的对象。经过一段时间的培养和考查，发展了林国华、郑富耀等人为中共党员，成立了城东支部。中共德庆县支部的重建，进一步加强了党对城乡人民群众抗日救亡工作的领导与城乡人民之间的联系，使城乡人民群众抗日救亡活动蓬勃发展。

1939 年 1 月，国民党召开五届五中全会。会上蒋介石提出了

"溶共""防共""限共""反共"的反动方针，全方位对共产党及其领导的抗日力量进行限制，又一次掀起反共高潮。面对妥协、分裂、倒退的反共逆流，中国共产党与国民党顽固势力针锋相对，同步提出"坚持抗战、团结、进步"的方针。这时，中共广东省委在韶关召开第四次执委扩大会议，传达了中共中央六届六中全会决议，总结工作经验，分析广东形势，确定四大任务：广泛发展敌后游击战争，配合正规军打击敌人；扩大动员组织群众；建立统一战线；建立强大的党的基础。

国民党德庆当局面对国内形势，开始关注共产党在德庆的各种活动，并监视徐儒华，把徐儒华当成"赤化"和"异党"分子。针对这种情况，中共西江特委组织部部长梁嘉及时派人前来德庆，要求德庆党组织转入地下活动。针对西江地区出现的紧张局势，西江特委号召各县党组织对顽固派进行反击，坚持团结抗战，反对分裂倒退，揭露国民党"假抗日，真投降，压迫进步"的丑陋行径；进一步加强和巩固党组织，对暴露了身份的党员实行转移或调离原地。坚决执行中共中央、广东省委关于"坚持抗战，反对投降；坚持团结，反对分裂；坚持进步，反对倒退"和"长期积蓄力量"的指示。

1939 年夏，西江特委在新兴白羊田召开西江区各县党组织领导人会议。徐儒华代表德庆地下党组织参加了会议。会议分析了当时西江出现反共逆流的形势，决定进一步巩固党组织，对出现的反共逆流在政治上进行反攻，并开展必要的反逆流斗争；对抗日救亡的群众工作实行由城市转到农村，争取乡村小学教师参加保甲乡村一级政权的工作，同时利用参加国民党壮丁训练和开展农村经济工作的身份，秘密保存党的有生力量。德庆党组织根据西江特委会议精神，对当时的抗日救亡工作做了重新部署，党支部成员采取个别联系和隐蔽活动的方式开展工作；其他各项抗日救亡工作暂由高良三河地区陈瑞华、江亚昌、谈四等积极分子负责联系；三河地区的党员继续秘密保持和群众的联系。徐儒华则在马圩小学以教师身份作掩护，以关心地方治安、生产为名开展统一战线工作，秘密进行活动。德庆抗日救亡活动暂时转入更隐蔽活动的阶段。

为加强对德庆党组织的领导，1939 年 10 月，中共西江特委派新兴县工委副书记黄万吉（黄老吉）到德庆筹备成立中共德庆县工作委员会（下称"县工委"）。黄万吉到达德庆后，先后与徐儒华、城东党支部取得秘密联系，居住在以保长身份为掩护的中共党员林国华家里。随后，黄万吉到马圩、高良一带，与这里的党组织和党员取得联系，着手开展建立县工委的工作。11 月，中共西江特委又先后调派王顺之（王芝桢）、李瑞云（李云）等到德庆协助黄万吉开展筹备工作。12 月，中共德庆县工作委员会成立，黄万吉任书记，王顺之任组织部部长，白萍（伍更生）任委员。

县工委成立后，根据德庆山区的特点，就如何维护抗日民族统一战线和救亡工作进行了研究部署，决定把工作重点放在高良、马圩、凤象及沿江的晋康一带。为便于开展工作，县工委成员也做了分工：书记黄万吉到马圩小学当教务主任，负责高良、悦城镇一带的抗日救亡工作；王顺之负责官圩一带工作；白萍负责服务团工作；李瑞云在德城负责机关日常事务兼城镇工作，同时保持与马圩的联系。县工委下辖三个党支部：中共三河支部，书记黎永钦；广东省银行德庆乡村服务团中共支部，书记白萍；中共德庆城东支部，书记蔡虎文。

县工委把工作重点从县城转到农村后，着手组织广大农民群众开展抗日农运工作。在农村抗日救亡运动中，县工委培养了一批抗日农民骨干，打下了深厚的群众基础。1940 年 2 月，徐儒华不慎暴露了行踪，党组织为保护他，决定将其暂时调离德庆，到罗定县泗沧中学任教。1940年夏，国民党顽固派在西江大肆逮捕共产党员和抗日骨干。1940年9月，黄万吉在马圩小学的行踪被国民党发现，遭到国民党德庆县政府的便衣密探跟踪。黄万吉和王顺之先后被党组织调离德庆。

1940年11月，中共西江特委调林根立（林惠谋、林巨）到德庆任县工委书记、林媛（林静如）任组织部部长。12月底，县工委在高良镇都杰村召开第一次扩大会议，会议根据当时西江各县出现国民党顽固派的反共逆流和压制共产党抗日救亡情况，决定德庆的抗日救亡活动必须采取更加隐蔽的形式进行；纠正省银行乡村服务团在都杰村容易暴露身份的做法，转为通过发放农贷工作来掩护抗日救亡活动；安排上级增派来的党员潘达到服务团高良服务点当雇员；把服务团机关从县城郊迁到马圩。

1941年5月，林根立、林媛调离德庆。上级党组织派邓俊贤来德庆任县工委书记。邓俊贤到德庆后，为便于开展工作，以小学教师身份在远离县城的高良镇都杰村开展革命工作。他白天教书，晚上和服务团人员到高良镇三河村、马圩镇等地去开展工作。7月，县工委在都杰村召开第二次扩大会议。会议由县工委书记邓俊贤主持，参加会议的有李曼君、崔建邦、宋兆真、潘达。当时国民党德庆县当局与国民党三十五集团军互相配合，共同反共，迫害进步人士，使抗日救亡工作陷于困境。会议分析了当时形势，决定以后的抗日救亡工作要采取更加隐蔽的方式进行，撤销都杰村工作点，邓俊贤和宋兆真到高良镇鲍垌村继续以教师身份作掩护开展革命工作。

第三节 广东省抗日团体在德庆抗日救亡活动

一、广东省 134 战工队

在全国抗日高潮的影响下，1938 年 1 月，广州多间学校学生抗日团体等联合学生成立了广东青年抗日先锋队，分成多个战工队奔赴全省各地积极参加抗日救亡活动。其中 134 战工队孔昭銮任队长，谢启明任副队长，共 15 人。建立了中共党支部，有党员 4 人，支部书记孔昭銮，支部委员赵启良、丁烈辉，还有一名普通党员。1938 年 10 月底，134 战工队被派往德庆县，肩负在德庆农村开展抗日救亡运动的重任。

134 战工队党支部带队到达德庆县后，遵照中共广东省委关于各地党组织要独立自主开展群众性的抗日救亡运动的指示，积极动员国民党德庆县当局上层人士开展统一战线工作，主动与国民党德庆县党部和国民党德庆县政府接触，争取地方上层人士在工作上、生活上对他们的支持。战工队向国民党德庆县当局和各界群众宣传"精诚团结，共赴国难"的思想。他们多次在德庆发表演讲，大力宣传中国共产党关于"全中国人民动员起来，武装起来，参加抗战，实行有力出力、有钱出钱、有枪出枪、有知识出知识"的主张，号召大家团结起来，一致对外，共同抗日。

134 战工队还组织唱抗日歌曲、创作和演出抗战话剧到学校、村公祠等人们聚集的地方，以演讲、办墙报、开办民众夜校等多种形式，宣传抗日主张，使抗敌救国思想深入人心。

134 战工队积极而卓有成效的工作，使德庆的抗战力量进一步发展壮大。1938 年 5 月，成立抗日自卫团，总人数 307 人。自卫团邀请了赵启良、吴应仪、李永桢等战工队员担任连队政训员。同年 8 月，徐儒华回乡后开展抗日救亡工作。与战工队一起团结城乡的进步青年，逐渐交汇聚成一股强大的抗日救亡洪流。他们先后成立了"青抗会""妇抗会"等抗日团体，团体成员有 5000 人。

二、广东省银行乡村服务团

1939 年 9 月，广东省银行乡村服务团白萍等 16 人在中共党员马铁锋的率领下到达德庆。他们借办理乡村贷款之名，组织广大农民开展敌后农村抗日民主运动。

广东省银行乡村服务团机关设在德城镇下路粮仓，下设德城、马圩、高良三个服务点。服务团全体成员通过深入乡村调查农户生活情况、发放农贷开展抗日宣传工作。在德城镇广泛开展抗日统一战线工作，团结进步团体。在高良都杰村办起妇女夜校和儿童识字班。通过组织妇女、儿童学文化，传授革命道理，列举国民党反动统治的暴政和当地人民的困苦生活，揭露国民党顽固派在国难当头，消极抗战、积极反共、镇压人民抗日力量、鱼肉百姓、大发国难财等罪行。

1941 年 3 月，服务团主任马铁锋奉命调回省银行。省银行党组织派遣李曼君到德庆接任服务团主任一职。李曼君到达德庆县后，立即召集各服务点负责人开会，按照抗日统一战线的方针，决定利用公开合法的方式开展活动，重新部署了工作：一是做好农贷发放工作。1939—1941 年，共贷出国币 121.9 万元，有效地帮助了农民发展生产。二是兴办民校。主要是办夜校和少年识字班，通过办夜校，向农民灌输文化知识，宣传抗日救国思想。服务团在马圩、高良、九市等地办民校、夜校和儿童识字班共6所，入学人数达5000多人。三是利用诗歌、戏剧等文艺形式到各地宣传抗日救亡。四是服务团出版团刊，每月1~2期，宣传抗日前线的抗日战绩和党的抗日方针、政策，号召人民团结起来，打败日本侵略者。

中国共产党和人民抗日力量的发展壮大，引起国民党顽固派的仇视和恐惧。蒋介石反革命集团掀起了第二次反共高潮。服务团中共德庆支部根据中共广东省委（粤北省委）关于"对国民党的反共逆流进行反击、坚持团结抗战、反对分裂倒退、坚持抗日统一战线"的指示，对抗战工作实行战略转移，服务团的工作重点从城镇转向农村，转移至高良都杰村办点。他们到都杰村后，发动农民开展生产自救，发放农贷解决生产用款，开办夜校和识字班，使这个山村又沸腾起来。由于反共逆流的影响，高良都杰村妇女夜校的活动受到国民党德庆县政府特务的监视，服务团随后把工作点转移到高良三河的鲍垌村。服务团驻在中共三河支部书记黎永钦家里，这一驻就是一年。服务团采取隐蔽的工作方式，以乡村教师身份为掩护，白天在校教书，晚上以家访形式向农民宣传抗日主张，就这样，他们在三河山区工作了一年，后因革命工作需要，1942年6月才撤离德庆。

第四节

建立地方抗日团体和地方武装

1937 年，抗日战争全面爆发，各地抗日团体纷纷建立起来。

1938 年 10 月，广东青年抗日先锋队 134 战工队到德庆县后，德城和高良迅速成立了一支抗日先锋队，人数 100 人。在中共德庆县支部的领导下，先后成立了"青抗会""妇抗会"等抗日团体，这些抗日团体与广东省 134 战工队一起，在德庆城乡各学校组织抗日学生会、抗日读书会等，积极开展抗日救亡宣传活动。

在中国共产党全面抗日路线的号召下，在中共德庆县支部书记徐儒华的支持和广东省银行德庆乡村服务团的配合下，德城镇学校的部分教职员工及进步知识青年成立了钢盾剧团，在城乡开展各种抗日救亡宣传活动。1940 年，国民党顽固派掀起反共高潮，消极抗日，禁止各个团体宣传抗日，钢盾剧团也受到国民党德庆当局的干扰。团员分散到悦城、高良等山区，继续坚持组织小型的抗日救亡文艺宣传活动。

1944 年 9 月，德庆县沦陷，日军铁蹄践踏德庆乡土，无恶不作，人民遭受劫难。日军在武垄、永丰一带强抓 200 多个农民做担夫，100 多人被杀害、饿死。永丰一儿童院共 10 多名儿童被日军强行带到广西后下落不明。在日伪疯狂暴虐的影响下，日伪汉奸、地痞、土匪等趁机四处滋扰，人民遭受重大劫难。根据实际情况，中共德庆县临时党小组决定改组平和乡（今高良镇、三河一带）公所，推选能带领群众抗日的乡公所人员。县临时党小组在旺埠村顺郭祠召开平和乡辖下的三河地区乡民代表大会，大会一致通过罢免张润荣平和乡乡长职务，推举徐儒华为平和乡乡长，谈瑞朝、王佐龙、黎启云为副乡长；明确提出抗日、锄奸、肃匪的任务，号召乡民建立人民武装，保卫乡土和人民群众财产；建立平和乡抗日自卫中队，徐儒华任总指挥，徐少雄为中队长，黎焕宝、苏文章为副中队长。抗日自卫中队成立后，副乡长黎启云回到鲍垌村，劝说村中族长把族中20支公家枪支捐给抗日自卫中队。梁楚臣原本是广州K电池厂老板，广州沦陷后，他回到家乡诰赠村，成立自卫队。徐儒华到马圩诰赠村和梁楚臣商议抗日保家的工作后，梁楚臣当即表示愿将诰赠村自卫队交给徐儒华指挥，从而壮大了抗日武装力量。

德庆沦陷后，官圩江村成立一支抗日自卫队。1945年2月12日，日军一支小分队从县城来到江村抢劫牲畜等财物。江村抗日自卫队奋起反抗，在江村寨头与日军小分队激烈战斗两小时，因敌强我弱，日军小分队包围了村庄，抓捕了12名自卫队员，将他们押至德城郊区登云亭沙田柚园集体活埋。

1939年初，肇庆中学师生为躲避日军袭击，把学校迁至德庆县金林村，到1944年9月德庆县沦陷，在金林办学6年。其间，学生会积极组织抗日宣传队和抗日民众夜校。利用五四运动纪念日、卢沟桥事变纪念日、校庆、元旦等节日，以粤剧、话剧、小品、歌咏、演讲等形式宣传抗日救国。到官圩、马圩等圩市开展街头抗日宣传活动。

1941年，广东省立肇庆师范搬迁到德庆县播植鹿鸣书院。师生积极组织抗日救亡宣传队，印发宣传单张，绘制抗日壁画，张贴抗日标语，向人民群众宣传抗日爱国思想。

中共西江特委迁德庆

1939 年 3 月，隶属粤北省委的中共西江临时工委改设中共西江特委。中共西江特委书记先后由王均予、刘田夫、冯燊担任，委员有梁嘉、梁威林、杨甫、龙世雄、唐章等。

1940 年 8 月，西江特委机关迁来德庆，驻德城惠积街谢道源家。在德庆期间，西江特委副书记梁威林到高良三河与中共三河支部书记黎永钦研究工作，了解山区人民生活状况，指示德庆县工委和三河支部要组织农民开展生产自救。1940 年 12 月，中共德庆县工委在高良都杰村召开工委扩大会议，会议根据西江特委的指示，决定帮助农民实行生产自救。1941 年 1 月，西江特委机关在德庆的活动被国民党当局发现，特委机关决定撤离德庆，迁往三水。

西江特委机关在驻德庆期间，举办了两期由西江各县共产党员参加的训练班。1940 年 8 月，西江特委机关在德城东豪东街建立新记（又记）联络站。联络站负责人邓英华，孔泉夫妇以经营烟草为掩护秘密开展交通联络工作，负责接通上级与西江特委机关的联系。

第六节 罗阳抗日战斗

1943 年，辞去高要县县长职务的李炯，倡议从李氏祖偿庙产中拨出租谷兴办樵云中学，校址设在县城李氏鹤泉祠，在马圩开办斌山中学。中共地下党员徐儒华、谢道源分别任斌山中学、樵云中学校长，自此，两人获得公开职业，站稳了脚跟。在这段时间，他们以校长身份把从外地转来的共产党员吴耀枢、李育才、梁彤辉、周钊等安排到樵云中学、斌山中学从事教学工作。

1944 年 9 月，日军为打通大陆交通线，实施豫湘桂会战第二期西进作战计划，驻守在广东的日军第二十三军二十二师团和一○四师团以及海军第二遣华舰队，分三路沿西江水陆并进。驻防西江的国民党第三十五集团军闻风撤往广西桂平。9 月 22 日，德庆沦陷。日军占领德庆后，在城乡各地建立军事据点和汉奸"维持会"等组织，对德庆人民实行残暴的法西斯统治。国民党党员李槐新当上德庆县"维持会"会长，听命于驻德庆的日军独立混成第二十二旅团①驻德庆独立步兵第一二六大队大队长小屋迫要。此时，德庆的日伪汉奸、土匪恶霸、别动队、密侦队互相勾结，横行乡里，奸掳烧杀，使德庆人民陷入外辱内患的悲惨境地。沦陷区大片田园荒废，但奸商却囤积居奇，致使物价不断上涨，广

---

① 日军独立混成第二十二旅团：此名出自耿成宽、韦显文编：《抗日战争时期的侵华日军》，春秋出版社，1987 年版，第 334 页。

大人民生活困难，食不果腹，苦不堪言。德庆人民为了反抗日军残暴的法西斯统治，纷纷自发组织了自卫队或联防队，实行村村联防，以维护乡里安宁。这些武装组织为保卫群众利益发挥了重要作用，有的还在抗击日军的武装斗争中立下战功。

德城沦陷当天晚上，中共党员徐儒华从德城赶回高良旺埠村召开党员会议。参加会议的有中共党员谢道源、黎永钦、谢祝三、何沛生、陈瑞华等。会议根据中共中央南方局关于沦陷区党组织可照常活动的指示精神，决定恢复德庆党组织的活动。会上成立了中共德庆县临时党小组，组长徐儒华，副组长谢道源。

1944年11月下旬，占领德城的日军独立混成第二十二旅团步兵一二六大队，纠集日、伪军310人进犯罗阳村。中共德庆县临时党小组组长徐儒华在平和乡获悉这一情况，马上动员军民抗击入侵罗阳的日军。他调动平和乡抗日自卫队和民兵1100人，分两路奔赴罗阳抗击日军：一路由抗日自卫中队中队长徐少雄率领，占领了罗阳村对面的山根顶山头；另一路由徐儒华率领，埋伏在罗阳村后山，等待时机袭击日军。两路队伍对日、伪军形成了夹击之势。日、伪军刚进入罗阳村，立刻遭到了抗日自卫中队的阻击。日、伪军慌乱间只好跑往罗阳村后山的橘子岭，架起机枪向罗阳炮楼扫射，却遭到守在榄根山和林村洞山的抗日自卫中队的迎头痛击，日、伪军只得放弃橘子岭，强攻林村洞山。徐少雄率队抢先登上榄根山，和正在登上林村洞山的日、伪军交火。此时，徐儒华率队到降底后山猛攻日、伪军背部。抗日自卫中队和民兵用自制的土炮"迫马长龙"和"猫尾"猛轰日军，爆炸声宛若雷鸣，炮弹在敌军中接连不断爆炸。弹片在空中呼啸飞过，把日、伪军吓得魂飞魄散，惨叫不断。此时，浩赠村自卫队106人赶来投入战斗。不久，大同村自卫队也赶至加入战斗。日、伪军四面遇敌，经过3小时的激战，日、伪军仓皇溃逃。此战，击毙日、伪军共 10 人，缴获枪支弹药一批。抗日自卫中队队员梁买、黎帝奴、陆进谦 3 人在战斗中英勇牺牲。罗阳抗日战斗的胜利，打击了日、伪军的嚣张气焰，极大地鼓舞了德庆人民的抗日斗志。

驻守德庆的日军推行"以华制华"方针，在城乡设立"维持会"，网罗汉奸特务，建立伪武装，残酷杀害群众。日军一二六大队大队长小屋迫要任命李槐新为德庆县"维持会"会长。这个向来反动的李槐新摇身一变成了日本汉奸，当起日军的走狗。德庆县"维持会"成立后，日军又在官圩、马圩、悦城、九市等乡镇设立了"维持会"，收罗当地亲日分子和土匪，纠集成立了别动队。他们横行乡里，屠杀抗日群众，致使当地鸡犬不宁。德庆人民对这些汉奸恨之入骨，在高良和马圩等地组织了"打狗队"，专门打击日本汉奸。1945 年 5 月，抗日自卫中队配合"打狗队"，一举捣毁了官圩、马圩、桐油根"维持会"，捉拿马圩"维持会"会长潘逊霞，从而斩断了日军的"手臂"，使日军处处碰壁。驻在马圩河口的日军跑到龙窟村抢劫群众财物，被龙窟人民自卫队打得抱头乱窜，最后逃回县城。

1945 年 8 月，世界人民反法西斯斗争取得决定性胜利。8 月 15 日，日本天皇裕仁通过广播宣读《停战诏书》，宣布无条件投降。中国人民经过 14 年的艰苦斗争终于取得了伟大胜利。8 月 17 日，驻德庆的日军部队撤离，德庆光复。

4

第四章

解放战争时期（1945—1949）

　　抗日战争胜利后，中国人民迫切需要和平稳定的社会环境休养生息，重建家园。然而，国民党政府为了攫取抗战胜利果实，维护其反动统治，无视人民渴望和平民主的愿望，悍然发动内战。1945年10月，国民党德庆当局奉命在全县举办"统一运动宣传周"，进行反动宣传，为发动内战制造舆论。德庆县党组织按照中共西江特委确定的"一面巩固原有地区、原有部队；一面积极大胆开辟新区，发展党员和组织群众，为坚持较长期斗争做好准备"的指示，推动德庆革命斗争进入新的历史阶段。

第一节 恢复中共三河支部

抗日战争时期，德庆地方党组织负责人徐儒华因组织过抗日武装斗争，受到国民党德庆县政府的政治怀疑。抗战胜利后，他毅然带领部分武装人员转移到德（庆）封（川）边境地区，开展群众思想政治教育工作，同时设法寻找并联系上级党组织。为了尽快恢复德庆党组织活动，1945年9月下旬，西江北岸的广宁中心县委书记王炎光派黎百松等到德庆接收与恢复当地党员的党组织关系。黎百松和司徒明到达德庆当天便与县私立樵云中学校长、共产党员谢道源取得联系，并被安排借住在谢道源岳父李桐（时任国民党德庆县党部书记长）家的闲置房里，以做生意为掩护，秘密开展党的工作。为了进一步加强党的组织力量，广宁中心县委宣传部部长谭丕桓奉命到德庆，以樵云中学教师的身份为掩护开展活动。

自此，李桐家的闲置房便临时成了中共德庆地下党的联络站。随着斗争的不断深入，为了秘密安全地开展工作，联络站被转移到附近温氏一间空屋。在谢道源的帮助下，黎百松与高良三河地下党员黎永钦取得联系，并以商人的身份活动于高良三河区域。

1946年10月中旬，广宁中心县委负责人王炎光、欧新等来到德庆，秘密召集德庆党组织成员传达上级指示精神，决定德庆党组织实施特派员制，并宣布谭丕桓兼任特派员，黎百松任副特派员。黎百松继续以"行商"为名深入高良、马圩等乡村开展活动，司徒明则留在站里做交通工作。其间，黎百松接收了高良乡鲍洞村黎永钦等几位党员的组织关系。

1946年11月初，为了更好地领导和开展当地的革命工作，在已中断三年党组织活动的高良三河地区，重建了中共三河支部。支部书记为黎永钦，委员有梁义安、何沛生、陈瑞华、谢仲龙等。此后，高良三河地区及其附近广大人民群众在党的领导下，有组织有纪律地开展活动。

第二节 "二·二八" 武装起义

一、筹备武装起义

1946 年 10 月间,根据广东区党委的部署,"三罗"(罗定、云浮、郁南地区)特派员谭丕桓到香港请示了梁嘉,接受新任务回到郁南都城,决定在郁南党组织中抽调陈家志到德庆负责党组织工作,其主要任务是组织群众发动武装起义。12 月底,陈家志到达德庆后,很快便与谢道源、徐儒华取得联系,并到高良、三河以及郁南县连滩等地接收了黎永钦、陈瑞华、何沛生、谢仲龙、梁义安、谢祝三等人的组织关系,这为发动武装斗争创造了有利的条件。

1947 年 2 月,西江地方党组织提出"集中力量,拟在挺进据点和交通线上发动群众,组织武装起义,配合挺进部队"的发展方针。谭丕桓与陈家志结合德庆实际制订出德庆武装起义的计划。谭丕桓把梁嘉拨给的 1000 元港币交由陈家志作为活动经费,并增派李平(李保康)、李朋(李绍文)两名党员军事干部随陈家志到德庆,加强德庆革命武装斗争的领导力量。为深入开展群众工作,李平、李朋分别被安排在高良的云利小学和冲口小学任教,徐儒华被聘为斌山中学校长。按组织分工,徐儒华和谢道源分别依托斌山中学、樵云中学作为阵地,以校长和国民党德庆县参议员的身份为掩护,秘密开展情报工作和统战工作。同时,德庆党组织对三河支部的工作重新进行调整，由黎永钦任支部书记，李平任副书记，何沛生为组织委员，陈瑞华为宣传委员，下设云利党小组和涩田涌党小组。陈家志带上1000元港币到高良，以陈国华（陈家志化名）、陈瑞华的名义在高良圩开了一间双华烟铺，以经营烟叶、烟丝，兼营钨砂、山货等为掩护，深入高良、马圩等村庄进行革命宣传和革命游击战组织发动工作。

同年3月初，梁嘉根据广东区党委新的指示精神，连续召开会议，传达有关发动群众、开展游击战争、建立游击根据地的会议精神。此后，广宁、怀集等地连续取得几次战斗的胜利，大大鼓舞了当地干部和人民的斗志，并创建了乡政权和森膺洞游击根据地，为开辟广德怀新的游击根据地打下了坚实的基础。

5月后，中共中央香港分局书记方方传达了中共中央批准关于建立粤桂湘边区工委的决定。梁嘉任工委书记，钱兴任工委副书记，李殷丹、周明、王炎光为工委委员。

7月底，梁嘉在广宁寮炭岗村召开边区工委第一次扩大会议。会后经中共中央香港分局批准，成立中国人民解放军粤桂湘边纵队。其中梁嘉任司令员兼政委，钱兴任副政委，李殷丹任政治部主任，李海任司令部参谋处主任。

8月，王炎光代表边区工委到郁南都城召开三罗地区和德庆党组织负责人会议。会议上，王炎光传达了边区工委第一次扩大会议精神，并宣布北岸的德庆等县划归粤桂湘边区工委领导，德庆地方党组织负责人陈家志详细汇报了德庆党组织的工作情况。王炎光在听取汇报后对德庆工作作出指示，要求放手发动群众，在加紧武装起义准备工作的同时，还应尽快与叶向荣、林锋率领的广德怀挺进队取得联系，共同筹备策划发动德庆武装起义。

陈家志回到马圩斌山中学后立即向徐儒华传达了王炎光的指示，并初步研究出计划，通知谢道源等人赶到旺埠参加三河支部会议。与会者经过认真讨论研究，做出以下具体分工：徐儒华、谢道源两人继续抓紧做好各界上层人士的统战工作，多方发动和组织进步人士参加武装起义，密切注视敌情的变化，保障情报交通工作的畅通；陈瑞华、何沛生、谢仲龙、梁义安等农村党员则继续在乡村中发动和组织群众，激发农民群众的革命热情，同时分头摸清三河地区各村的祖偿及地主富农手中的武器情况，并设法筹资购买枪支弹药，充实起义的武器装备。

在中共三河支部全体成员的共同努力下，山虾、旺埠、鲍洞等有群众基础的村庄快速行动起来，武装起义的准备工作也有条不紊地进行。云利河以李平、李朋、陈瑞华的党小组为核心，组织谈四、吴仲强等 13 名农民秘密参加武装小组活动；涩田涌的黎漱金、黎甲、何金容等农民积极分子协助黎永钦、何沛生、谢仲龙等党员在本乡发动群众进行反"三征"①活动；平和乡抗日自卫中队的徐少雄、徐镜泉、徐宝莲、徐炎芬、徐盛、徐叶芬、徐庚年等人也在旺埠村里秘密地联系，随时准备参加武装起义。与此同时，布置和安排了一些群众骨干打进国民党乡保基层政权组织，为武装起义做内应准备。平和乡抗日自卫中队的徐镜泉，潜伏在高良乡公所当副乡长，掌握政权，保护地下工作人员的人身安全，为起义夯实基础；黎漱金、谢仲龙掌握保甲政权，利用他们的保甲长身份到邻保侦察反动势力及武装情况，并做好其他保长的统战工作，争取获得他们对武装起义的支持；派当地人潜入高良粮仓，控制粮仓和变卖粮食，购买武器，筹集活动经费。

武装起义的准备工作并非一路坦途，其间出现过一些意外情况。1947 年 6 月，由于梁义安的工作疏忽，双华烟铺的异常及其老板陈家志的行踪，被当地坏人发现且立即向国民党警察局密告。

---

① 反"三征"：反对征税、征粮、征兵。

警察局得知后，局长立刻赶往高良准备逮捕陈家志。德城地下党员谢道源得知情况后，迅速派人通知在马圩斌山中学教书的徐儒华。徐儒华一边派人火速到高良通知陈家志转移，一边派人在马圩设宴招待德庆县警察局局长一行，以拖延其时间。因此，当警察局的人员到达高良的时候，陈家志已经安全转移到边远的山虾村。警察局人员在双华烟铺翻箱倒柜，四处搜查，一无所获，便将双华烟铺查封后悻悻而去。为应付突如其来的变化，陈家志转移到山虾村陈瑞华家继续开展工作，还把李平、李朋转移到黄石降村隐蔽起来继续开展活动。

二、四进六龙坑

筹备武装起义期间，陈家志在旺埠村秘密召开了一次全体党员会议，会议总结了几个月来的工作。经过讨论，大家一致认为，为打开三河地区的斗争局面，应尽快落实粤桂湘边区工委委员王炎光的指示，与广德怀挺进队取得联系。为此，决定由德庆地方党组织负责人陈家志到怀集六龙坑，寻找广德怀挺进队的领导人叶向荣、林锋，并尽快与他们取得联系，争取挺进队指导和支持武装起义。

第一次进六龙坑：1947年秋，陈家志与高良三河支部书记黎永钦和山虾村群众骨干谈四，请原在六龙坑附近教过书的德庆籍王佐龙带路，一起从云利村向六龙坑出发。他们翻山越岭，克服重重困难，黄昏时分终于到达离六龙坑不远的怀集边境小山村——上桌村。陈家志先派王佐龙去找昔日的学生，但由于敌特风声紧，国民党到处抓人，学生不敢出来接头，只好让其母亲出来见面，但不敢留人。这时已是入夜时分，四处漆黑，陈家志心想情况不明，如果继续前行，难免会遇到不测，便决定当夜返回德庆。

第二次进六龙坑：事隔十天，陈家志又带上谈四、徐庚年、黎珠一行4人再进六龙坑。途中，黎珠找到居住在封川怀集边境的姐夫植起元带路。当天，沿着上次所走的崎岖山路一直前行，过了上桌村，遇上一位曾在植起元家里留宿过的叶向荣部队交通员。简单说明来意后，陈家志一行人待交通员下山摸清情况后再一同去六龙坑。两个多小时过去后，交通员仍未归来，大家焦急万分。此时，冷静的陈家志与同伴商量，果断离开原地，躲在密林中等候并察看动静。不多时，发现这个人是叛徒，只见他带着两股敌人，兵分两路向山上包抄。陈家志等人见势不妙，迅速退回德庆境内。

第三次进六龙坑：陈家志等人去六龙坑途中遇敌返回后，下定决心，即使赴汤蹈火也要寻到上级部队，找不到部队决不罢休。不久，他决定再次进六龙坑。为避开敌人的封锁线，此次改由四会往怀集南面方向走。在经过四会石狗村时，便在交通站陈松家休息，不料夜间出门遭遇老虎，只好撑开雨伞将其吓走，然后无奈退回陈松家。由于第二天仍未能与广德怀挺进队取得联系，只好再次撤回德庆。

第四次进六龙坑：撤回德庆后，陈家志不甘心，又带领黎珠和植起元，3人横渡西江来到郁南都城，向中共三罗中心县委负责人谭丕桓汇报了前三次寻找广德怀挺进队情况，并请示如何安全又能快速找到他们。谭丕桓得知此情，马上派陈锋作为向导直奔六龙坑。于是陈家志等人从都城乘船往东向禄步方向行走，经乐城进入广宁县境内。陈家志等人顺利地找到了欧新部队，欧新派人将陈家志等人送至广宁与怀集交界处，然后与刘乃仁部队取得联络，后又由刘乃仁部队派人把陈家志等人送到六龙坑。经过多方协作与努力，陈家志终于找到了上级主力部队，见到了部队首长叶向荣。陈家志向叶向荣汇报了德庆武装起义的准备情况。

听完汇报后，叶向荣指示：为了组织武装起义以及今后开展武装斗争的需要，根据边区党委的决定，德庆党组织转归部队党委领导，并研究决定了起义的方案要点。要求陈家志回去后立即落实起义计划，并表示到时将派出部队到德庆支援起义。

三、成功举行武装起义

陈家志等人回到德庆后，在山虾村陈瑞华家里召开三河支部会议，并向参会全体党员传达了叶向荣的指示和部队党委的决定。会后，继续由徐少雄、谈四陪同陈家志一起连夜赶到马圩斌山中学，向徐儒华作了汇报，共同商定了起义方案。大家分头检查落实各项准备工作，尤其对高良、都洪、旺埠、罗阳等敌人据点及动态进行密切监视。

在怀集南区人民武装起义胜利的影响和鼓舞下，德庆武装起义时机日趋成熟，计划于1948年3月1日发动武装起义。为顺利发动起义，2月26日广德怀挺进队进入德庆境内摸清情况。因部队领导人林锋患病不能随部队前去，就由叶向荣、吴腾芳率领98人的部队，从六龙坑上桌村出发，经两天一夜急行，于27日晚抵达德庆高良山虾村隐蔽。当时正值深夜，徐镜泉从高良乡公所里的内线获悉，沙水村的反动保长莫森庆把部队进驻的消息向高良乡公所密告。徐镜泉、徐少雄得知后，马上向叶向荣报告，并商定提前发动起义，且迅速做出战斗部署：由挺进队和地方革命武装人员组成起义部队，首先智取旺埠，然后兵分两路攻打罗阳、高良。

1948年2月28日下午，各部的准备工作全部就位，徐镜泉、徐少雄奉命赶到高良和旺埠，傍晚时分，起义部队整队向旺埠出发。旺埠地霸张润荣、梁汉勋、梁彬华、张炎华等分别武装把守4座炮楼，互成犄角之势，傍晚时分便紧锁铁门，不许人员出入。

徐少雄赶到旺埠后，立即将平和乡抗日自卫中队 10 名队员和一些热血青年进行编队，共编成 4 组小分队，每组 4~6 人，配备 1~2 支驳壳枪，分头负责配合部队解决 4 座炮楼的地方反动武装。

夜幕降临，各小分队开始行动。进攻旺埠的小分队先派出一名本乡自卫队员，气喘吁吁地跑到炮楼门前，向哨兵假说有一农民的耕牛被山贼偷走了，要迅速进山追贼，需要向炮楼卫兵借枪，哨兵信以为真，便打开了闸门。起义部队抓住机遇，趁敌不备，4 个小分队分别同时冲入 4 座炮楼，当场俘获敌方自卫队员 54 人，缴获机枪 2 挺、驳壳枪 3 支、长枪 40 多支，初战告捷。

智取旺埠后，起义部队即兵分两路向罗阳、高良进军。吴腾芳、林安率领起义队伍共 36 人由谈四、黎永钦、黎珠引路，绕道向罗阳地霸李宝林家光裕堂进发。午夜，起义队伍包围了罗阳，林安率突击队直奔李光裕堂。李光裕堂四周筑有高大的围墙，后有两座炮楼加持，戒备森严，易守难攻。起义部队决定派出爆破手郑容坤用炸药包炸开围墙，让起义部队直捣敌巢。郑容坤接到任务之后，右手举着炸药包，涉过水塘，迅速接近围墙。郑容坤发现围墙四周没有安放炸药包的地方，于是急中生智，将附近每块重约 15 千克的石头搬到围墙边堆砌成小塔形，小心地把炸药包放在石头上，点燃导火索，随后转身潜入水塘离开爆破现场。随着一声巨响，围墙被炸开。林安带领起义部队，在李胜机枪组的火力掩护下，飞速冲进炮楼，大声吆喝："缴枪不杀！"顿时，李宝林之子李唯一被吓蒙了，见大势已去，为了保命，只好带着队伍慌忙缴械投降。这场战斗，缴获机枪 1 挺，长、短枪若干支。随后，部队又在罗阳街逐一搜捕其余敌特残余，地主恶霸被全歼。

另一支由刘超明率领的起义队伍共 78 人直奔高良乡公所，到达高良圩后，立即封锁街口。徐儒华也迅速从马圩斌山中学赶到加入起义部队。午夜时分，听到罗阳方向的爆破声一响，高良的起义队伍立即冲进高良圩，在副乡长徐镜泉的接应下，直奔乡公所，把刚从梦中惊醒的反动乡长郭剑锋、副乡长李守洁等人一并抓获。随即又在圩内搜捕了反动地霸分子李锦云、李尚文、李宝英等人，并缴获一大批枪支弹药。

这次武装起义，仅用了 4 小时 20 分便成功摧毁了旺埠、高良、罗阳 3 个国民党反动据点，共歼灭地方反动武装 64 人，缴获机枪 3 挺，长、短枪 70 支，一大批弹药及其他物资。挺进队及起义部队无一伤亡，起义大获全胜。

同年 3 月 2 日，起义队伍宣布改组成广德怀人民抗暴义勇总队德庆区队，由徐儒华任队长，刘超明、陈家志任副队长。

第三节 创建三河游击根据地

德庆"二·二八"武装起义的成功，狠狠地打击了西江国民党反动派的嚣张气焰，极大地鼓舞了人民武装反抗国民党反动统治的斗志。这次起义，对开辟广德怀游击根据地，推动西江南北两岸人民武装斗争的发展，有着重要意义。

面对革命形势的迅速发展，国民党当局非常害怕，慌忙抛出绥靖计划，继续加紧对起义部队的军事进攻。德庆县参议会散发《告民众书》，大力扩充地方反动武装，命令各乡保甲长加强联络，组织情报网，严密情报传递，组织自卫队等。

面对越来越复杂严峻的斗争形势，武工队为了巩固和扩大革命成果，坚持武装斗争，着手创建游击根据地。高良三河地区位于德庆、封川、怀集三县交界，群山起伏，河谷纵横，林密路隘。这里东有蛰雪岭，山高路陡，形成天然屏障；北有黄岗大山，方圆百里，既是通往封川、怀集的捷径，又可经象牙山脉蜿蜒直往西江边，且地势险要，迂回地域大，远离县城和大圩镇，是国民党反动统治的薄弱地区。早在1926年，三河地区便已有党组织活动，土地革命时期曾发动过"抗山捐"斗争，抗日战争时期又开展过抗日剿匪武装斗争，有着光荣革命传统和良好的群众基础。"二·二八"武装起义前，中共三河支部就组织和发动当地群众进行了一年多的准备工作。"二·二八"武装起义后，经过一个多月的努力，初步打开了三河地区的斗争局面。鉴于三河良好的地理环境和牢固的群众斗争基础，广德怀人民抗暴义勇总队德庆区队决定在三河地区建立游击根据地。

1948年3月下旬，刘超明执行广德怀人民抗暴义勇总队德庆区队的决定，率35人返回德庆三河地区开展活动。在黎永钦、陈瑞华、何沛生、梁义安等当地党员的大力协助和徐少雄、徐镜泉武工队的密切配合下，加强宣传工作，领导群众开展反"三征"斗争，打"灰条"（地方反动分子），除匪患，很快便在三河地区站稳了脚跟。4月，陈胜、叶向荣率广德怀人民抗暴义勇总队主力及德庆区队返回三河地区，在三坑村处决了国民党密探"跛森"和"孖指"等人，在南源、旺埠、龙村、替马等村庄开展武装宣传，向地主、富农筹粮帮助群众救荒，得到农民群众的欢迎和拥护。同月底，广德怀人民抗暴义勇总队德庆区队改编为中国人民解放军粤桂湘边纵队绥贺支队二团。国民党反动派对绥贺支队二团在三河地区大张旗鼓地组织活动感到恐慌，于是出动省保安队十四团一营一连、德庆县保警队及各乡地方反动武装100人对根据地进行"围剿"。国民党广东第三"清剿"区司令官陈文也亲自到德庆督战，企图将二团一举消灭。绥贺支队二团及其他队伍得知消息后，为避敌锋芒，争取主动，迅速转移到德庆、封川边界，先后在封川和白石坑尾、黑石顶山区、杨梅岭、石头圩等地积极开展反"三征"斗争活动，帮助农民反霸锄奸，打击地方反动武装。4月18日，西江南岸的郁南地方党组织领导发动了武装起义。此时，正在德庆进行"围剿"的国民党反动派得知消息后，又慌忙把进攻矛头转向郁南，渡江"围剿"郁南起义部队。针对这一突发情况，5月3日拂晓，绥贺支队二团乘虚突袭了设在封川县莲都圩的国民党文东乡公所，俘虏反动乡长欧学鹏等人，缴枪6支。数日后，陈胜、叶向荣率绥贺支队二团一支队伍回到怀集南部六龙坑休整。刘超明、徐儒华率二团另一支队伍经稔鱼、平垌、大界返回德庆三河地区开展活动，进一步加强三河游击根据地的建设。

国民党反动派对游击队在三河等地区的活动感到恐慌。为了落实"联剿"部署，1948 年 6 月 1 日，国民党两广十一县联合的反动军队对广德怀边区发动了震惊两广的"六一联剿"。在怀南六龙坑的绥贺支队司令部及二团、三团，由于缺乏准确情报，对国民党反动派这次大规模的"联剿"估计不足，缺乏提防与必要的准备，仓促应战。当日清晨到午间，反动军队蜂拥而来，攻势甚猛。陈胜、叶向荣率队及民兵 200 人奋力应战，因敌众我寡，处境被动，被迫率队撤出战斗，转至广宁石咀火烧迳区域。他们与反动军队周旋了 5 天后，于 6 月 5 日转移至三河地区，保存了绥贺支队领导机关和支队主力。

8 月 13 日，反动军队进攻矛头转向广宁来"围剿"革命队伍。绥贺支队及其随军家属在广宁古兴坑被困了七昼夜，其间由于严重缺水缺粮，只能吃野果野菜充饥。就在同一天，江炎、江二苟两位队员下山接江二苟的母亲时不幸被敌人杀害。时隔 3 天，即 8 月 16 日，徐儒华的母亲也惨遭敌人杀害。

8 月 18 日晚，隐蔽在古兴坑的绥贺支队，由战斗员带领着后勤人员尝试突围，但在不远处的山头遭遇敌人，部队在缺粮缺水的状况下被敌人围困了几天几夜，被困得口干舌燥，饥渴难耐。敌人为了逼迫绥贺支队及其随军家属下山，连续放火烧山搜山。敌人搜山不成佯装撤退，在山上隐蔽的队伍见状，立即派人下山寻找食物，了解敌情。狡猾的敌人在半路设下埋伏，跟踪下山人员到山上，把何丽清（徐金华妻子）、徐金华（徐儒华胞弟）、徐汝坤（徐金华之子）、谢焕清（徐儒华弟媳）、徐秉容（徐儒华父亲）、陈国香以及陈教官妻子等人抓去。敌人严刑拷打他们，想从他们口中得知徐儒华家属的下落，但每次都一无所获。

9月22日11时许，敌人见拷问无果，便叫徐儒华家乡旺埠村的地主张亚八（又称"老虎八"），前来指认了徐儒华的父亲、弟弟、二婶、三婶、侄儿等人。于是，徐儒华的家属个个惨遭毒手，被打得遍体鳞伤。9月24日中午12时许，徐金华、谢焕清、徐秉容、陈国香以及一些广宁籍的游击队员，被敌人捆绑着拉出监狱。何丽清含泪仰首望着亲人，悲痛欲绝。不一会儿，传来让人撕心裂肺的枪声，亲人们的鲜血洒在了广宁南街城郊的土地上。不久后，何丽清及其子徐汝坤被敌人释放，母子俩沿路乞讨，历尽艰辛才回到家乡。为了抗击敌人的两广"联剿"行动，众多战士与群众作出了巨大贡献，甚至牺牲了自己与亲人的生命。徐儒华一家在此次"联剿"中5位亲人殉难，包括65岁的父亲徐秉容、63岁的母亲何三妹、35岁的弟弟徐金华、24岁的弟媳谢焕清以及刚满月几天的侄子徐小弟。面对敌人的疯狂"联剿"，绥贺支队及各武工队不断与敌人周旋，不时打击敌人的地方武装，消耗敌人的力量，振奋人民的斗志。绥贺支队二团自"六一联剿"于六龙坑遭受挫折后的几个月反"清剿"斗争中，在上级党组织领导下，紧紧依靠当地人民群众，英勇善战，据统计，当时的大小对敌作战就有13次。革命前辈和人民群众面对强敌不畏艰难、无畏牺牲，用生命和鲜血才换来如今的和平与安稳。

第四节 挥师凤象山川

绥贺支队二团经过黄石降整训后，依托三河地区的有利条件与国民党反动军队周旋 46 天，终于在三河地区得到巩固和发展。此时，绥贺支队一团在广宁绥江扶罗口伏击国民党反动军队的军火船，取得重大胜利，迫使正在德庆"进剿"的反动武装移师广宁救急。驻守德封、德怀边境的反动驻军撤走后，驻德庆的反动军队兵力不足，只能孤立暂守县内几个较大的圩镇。绥贺支队二团抓住这一有利时机，以三河游击区为基地，放手东向凤村九龙、南向西江河边拓展，逐步实施从边远山区向西江沿岸地区扩展。绥贺支队二团在九龙地区召开保长和士绅会议，进一步阐明共产党、解放军的政治主张和政策，进行思想教育。会后，许多保长纷纷交出武器，声明要脱离国民党，拥护共产党，积极配合与支持游击队的斗争。

一、攻占下朁窟村

1948 年 4 月，绥贺支队二团团长刘超明带领部队挺进凤象地区（原凤象、晋康、永平范围，即今凤村、九市、悦城等区域），开辟新的游击根据地。

部队进驻凤象地区，必须占领下朁窟前哨阵地。下朁窟村位于凤象地区西部前沿，与高良三河游击根据地相邻。峒坑坪反动保长龙凤昌极力阻止游击队进入该地区，在下朁窟村设立岗哨。

1948年4月初，刘超明带领先遣小分队30人，从高良涩田涌河的金板塱村出发至下㙟窟村。凌晨部队在大雾缭绕中艰难前行，天还未亮，部队便到达下㙟窟村。为了不惊动村中群众，小分队待在村边休息，当时有人突然发现在雾色苍茫中能隐约看到有一排人影晃动。小分队立刻提高警惕，经仔细观察，发现是敌人正向他们慢慢围拢过来。刘超明立即命令小分队冲出村口，不料却遭到敌人开枪封锁。刘超明沉着冷静地指挥队伍边战边退，乘机杀出重围，越过小山包，摆脱了敌人的围攻，迅速退回到三河驻地。这次遭遇战，小分队的陆树才、徐八两位战士不幸牺牲。

初进下㙟窟村受挫，大家并不气馁。为了准备再战，大家及时总结经验教训，重整旗鼓。刘超明派出队员化装成农民，秘密潜入下㙟窟村进行侦察。经侦察发现，上次围攻游击队的敌人是垌坑坪反动保长龙凤昌引来国民党德庆兵团总队的一支武装，当时这支武装已撤离九龙地区。在下㙟窟村前哨的龙凤昌武装只有3人放哨站岗，这是攻破敌人前哨的最好时机。绥贺支队二团派中队指导员何涛和武工队队长刘季生带领武工队20人，连夜跋山涉水，穿过密林，来到下㙟窟村口设下埋伏。武工队迅速潜入村庄，把龙凤昌所设的哨岗团团包围，冲上哨岗时敌人正酣睡，武工队迅速占领了岗哨，一枪未发便占领下㙟窟村。

二、连续出击，控制九龙地区

占领下㙟窟村后，武工队立刻向当地群众宣传共产党的政策，发动青年成立护村战斗组。经过武工队一段时间的宣传，下㙟窟村民思想觉悟不断提高，积极配合武工队的工作。阵地得到巩固后，武工队决定趁势组织兵力攻打垌坑坪龙凤昌的老巢。1948年5月中旬，刘超明带领20人的队伍与驻扎下㙟窟村的武工队会合，集中力量攻打垌坑坪。队伍在九龙㘵村籍游击队员苏树秀的引领下，秘密潜入龙凤昌的驻地。即使武工队尽量轻手蹑脚，还是引来了狗的狂叫，龙凤昌被惊醒后立刻如丧家犬般弃家逃亡。峒坑坪便被武工队轻易占领了，这大大鼓舞了当地群众的革命斗志，沉重打击了敌人的嚣张气焰。尔后，游击队在峒坑坪召开群众大会，附近村庄的群众踊跃参加，热情高涨。武工队在大会上向群众再次大力宣传共产党政策和部队纪律，发动群众积极投身革命。

1948 年 6 月下旬，林安带领武工队到象口河区域，与新寨村的陆耀冬、陆焕开建立联络站，并驻扎在西门坊、昆山公祠，开展革命宣传发动工作。在武工队的动员下，董旭南、董楚声、董章邦、董海泉等禄村村民加入了游击队，在禄村建立由董镇河任会长的农会，发动群众开展"二五"减租活动。林安武工队的活动扩展到九市的榄山、江尾区域，使象口河与九市的东北部山区连成一片，成为游击队的活动范围。

1948 年 6 月中旬，刘超明率领主力部队 52 人进入九龙前沿，消灭了峒坑坪反动武装，打开了九龙的屏障。然而，武工队的活动经常受到驻扎在匝村的反动自卫队阻挠。针对这一情况，绥贺支队二团决定打掉匝村这股顽敌，为匝村百姓创造一个安定的社会环境。驻扎在匝村的飞翰公祠堂的匝村自卫队共 40 人，自从游击队进入九龙之后，他们戒备森严，派出士兵日夜站岗放哨，对村民严加管制，一入夜就紧闭村内闸门，命令村民晚上不得出村。二团根据敌人的布防情况，决定夜袭匝村自卫队。6 月 12 日夜 11时，刘超明带领主力部队和刘季生武工队包围了匝村。先派出少数兵力占领村前敌人的岗哨，活捉了哨兵，强制其打开村内闸门，让主力部队进入村庄，迅速围住飞翰公祠堂。敌人发现已被包围，立即从后门逃走。主力部队马上开枪扫射逃窜的敌人，迫使被困在祠堂内的自卫队员纷纷缴枪投降。战斗中，毙敌 1 人，俘敌 3

人，缴枪 17 支。

歼灭垌坑坪、匜村敌人后，二团在凤村大村召集九龙地区的保长和士绅开会。二团团长刘超明和武工队队长刘季生在会上反复阐明共产党、解放军的政治主张。会后，匜村的开明士绅陆卫成表示愿为民众做点有益的事，他愿意将其合成商店改造成游击队的粮食保管站和交通站。经过军民共同努力，二团进驻九龙地区，建立起游击根据地。二团领导机关设在凤村大村清任书室。1948 年 7 月中旬，绥贺支队司令员陈胜、政委叶向荣在清任书室召开武工队长会议，研究消灭双郭村自卫队的作战计划。7 月底，刘超明带领部队 70 人突然袭击双郭村，全歼反动自卫队 30 人，俘获了反动保长陈家谦和陈崇鑑，缴获 30 支长、短枪及一批弹药等物资。部队进驻双郭村后，马上发动群众反"三征"，实行"二五"减租。地主陈家谦因抗拒减租，加之平时作恶多端引起极大民愤，终被处决。地主陈崇鑑则交出其叔父陈德旺收藏的短枪 2 支，上交稻谷 2500 千克。为了庆祝胜利，绥贺支队在清任书室门前的广场召开来自九龙地区 1200 人参加的群众大会，叶向荣在会上宣讲革命斗争形势和共产党的主张，群情激昂，会场内响起了雷鸣般的掌声。为尽量避免流血牺牲，打开武装斗争局面，刘超明带领部队推进凤象乡的九龙和象口河地区之后，对九龙、凤象一带的保长进行正面教育，做耐心细致的转化工作。绥贺支队在清任书室召开 7 名保长会议，除垌坑坪保长龙凤昌逃跑外，其余 6 名保长都参加了会议。刘超明在会上讲述了当时革命斗争形势和共产党的政策，敦促他们放弃反动立场，投靠人民才是唯一出路。会后，6 名保长都表示愿意接受共产党改造，拥护共产党政策，支持革命斗争。此时，九龙地区的基层组织已被共产党控制，绥贺支队便可以腾出更多的精力和时间去打击、消灭其他顽敌。1948 年 8 月 7 日，绥贺支队在清任书室召开青年大会，叶向荣向青年群众宣传党的政策，号召广大青年参军入伍，打倒地主恶霸，推翻国民党反动政权。同时，还在村里成立了大村民兵中队。

三、军民合力反"围剿"

1948 年 12 月，国民党广东省当局宋子文提出"肃清平原，围困山地"的"清剿"计划，命令国民党德庆县政府 10 天内"清剿"完毕。德庆县县长华文治按照广东省的部署要求，实施"围剿"游击根据地的行动。12 月 21 日，华文治指派县自卫队队长刘富南带领一支反动队伍，直扑高良三河和凤村九龙，对游击根据地实行"围剿"。12 月 24 日，自卫队进入九龙地区，驻守匪村，着手恢复地方反动势力，重新起用原来的保甲长。然而，原来的保甲长大多数积极拥护共产党。反动自卫队只好强迫当地群众实行联户联保、防共防变。反动自卫队历来与人民为敌，不得民心，他们不仅在九龙地区四处搜捕游击队员，还趁机抢掠农民财物，致使民愤四起。绥贺支队二团得知这一消息后，为避开与敌人的正面冲击，部队决定暂时转移。武工队队长刘季生决定安排梁国英留在大村负责保护群众、通知群众疏散财物、防止敌人进村扫荡抢劫等工作。

国民党刘富南自卫队一进村，便如狼似虎扑向农户，逐家搜索，并且捉了 107 名群众到村头集中，团团围住，厉声吆喝："谁是游击队员？"即使敌人大声咆哮，群众始终默不作声。一个敌兵气势汹汹地抓住一名中年妇女的发髻喊："谁是你的丈夫？"中年妇女冰冷地回答："我的丈夫已经去世。"另一个矮个子敌兵又厉声问一位大叔："你的儿子呢？"大叔泰然自若地说："我儿子被国民党抓去当兵了！"敌人因问不出结果，气急败坏，就用枪口威逼另一名中年粗壮男子并问道："你是不是游击队员？"男子更是不屑一顾。敌人见阴谋未得逞，便站成一排，举起几十支枪对着人群。为首者凶神恶煞，声嘶力竭地叫喊："不供出谁是游击队员就打死你们！"眼看群众就要遭受不幸，在这危急关头，为了保护群众，梁国英挺身而出，昂然走到敌人面前，对敌人说："我就是游击队员！"此时，所有群众都深情地看着梁国英。敌人捉住梁国英，威胁其供出其他游击队员。然而，梁国英怒目相对，大声说："要杀要砍由你们，要从我口中得知其他队员，休想！"凶残的敌人对梁国英严刑拷打，威吓追问游击队下落，把他打得遍体鳞伤，梁国英宁死不屈。敌人气急败坏，凶狠地用枪柄砸向梁国英头部，把梁国英活活打死，并将其尸体抛入水塘。在场的乡亲无不掩面失声痛哭。

绥贺支队二团从德封边境转战回到九龙，趁着国民党刘富南自卫队在九龙立足未稳，于1949年1月2日突然偷袭匝村的敌人驻地。武工队兵分三路，同时冲向敌人据点，当场毙敌3人，俘敌8人，缴获敌人枪支11支，毁机枪1挺。刘富南犹如惊弓之鸟，慌忙逃出九龙，带着残兵退回县城。刘超明、刘季生带着武工队乘胜追击，将华文治在九龙地区刚刚建立的保甲组织全部捣毁，镇压了一批顽固不化的反动团队头目，重新夺回了九龙游击根据地的控制权，进一步巩固了九龙游击根据地。为了防止敌人再次侵犯九龙地区，绥贺支队二团在匝村建立民兵组织的同时，还加强了站岗守卫，恢复了匝村圩市的正常秩序，保障了农民群众的生产生活。

四、夜袭凤象乡公所

凤象乡公所是凤象地区乡政事务机关。武工队深刻认识到革命要取得人民的信任，就必须狠狠打击与人民为敌的敌人。凤象乡由冯文新任乡长，其兄冯瑞谦是国民党德庆县政府参议员，兄弟俩在凤村合开一间均安堂百货商店，拥有不少资产。冯家兄弟一向横行霸道，经常派出团丁到处欺压百姓，还禁止九龙的群众进入凤村，全权控制了凤象乡的政治和经济命脉。1948 年 7 月下旬，刘季生率队夜袭凤象乡公所，活捉了乡长冯文新之兄冯瑞谦，责令其交出驳壳枪 2 支，稻谷 1500 千克。同时警告他以后不要再与人民为敌，然后释放回家。冯文新慑于革命斗争的攻势，只好辞去乡长职务。8 月上旬，由何昌炽接任乡长。何昌炽及其兄何昌海均为教师出身，经游击队何涛和刘季生教育后政治觉悟不断提高。何昌炽思想更有较大的转变，他经常以回家为由主动接近游击队，为游击队办事。武工队在征得何昌炽的同意后，安排了一位游击队员进入乡公所工作，收集国民党三乡（晋康乡、永平乡、凤象乡）联防队的活动情况。

绥贺支队二团主力进驻凤象乡象口河的吉利村，建立游击根据地，开展游击战争。游击队在吉利村动员广大青年积极参军参战。40 多岁的陆杏芳几番要求参军。游击队考虑到陆杏芳年纪较大，且已有妻室儿女，没有批准他参军。但他还是三天两头来到游击队驻地，坚决要求参加游击队。游击队领导被陆杏芳参军参战的满腔热情和坚决的态度所感动，终于批准他参加游击队，并将其编入绥贺支队二团。陆杏芳参军入伍之后，英勇杀敌，屡立战功，多次受到部队的表扬。1948 年，陆杏芳被编入封川特派队。因参加封川县鲶鱼坑的战斗，陆杏芳在追歼敌人的过程中壮烈牺牲，充分展现了农村青年的大无畏精神。陆杏芳牺牲后，其妻子化悲痛为力量，对革命的胜利充满信心。她看到儿子也已长大成年，便带着儿子多次找到游击队，要求让她儿子加入游击队。游击队经过再三研究，同意了他们母子提出的要求。陆杏芳儿子陆卓林入伍之后，继承父亲遗志，接过父亲枪杆子投入了新的战斗。

五、新寨交通联络站

绥贺支队二团准备在象口河地区开辟新的游击根据地，武工队来到新寨便与进步人士陆焕开商量关于设立交通联络站的事情，希望通过联络站收集情报，以及实现与三河地区游击队联络站的联系。商量决定后，由陆焕开负责联络站的具体工作。为了解决联络站的选址问题，武工队队长林安从军粮中拨出 500 千克稻谷，在新寨村村口建了一间小商店，并选派陆焕开以老板的身份潜伏于此负责交通联络工作。店铺开张营业之后，陆焕开经常以进货为名进入敌占区凤村圩了解敌情。有一次，陆焕开与往常一样，挑着箩筐到凤村圩赶集，正好遇上了在凤村街口执勤搜查进入圩市群众的敌人。他们的搜查目的是为了防止游击队员进圩。当查问陆焕开时，陆焕开镇定自如，并顺手塞了一包香烟给守卡的哨兵。哨兵打量了一下陆焕开，觉得他不像游击队员的模样，于是放他进去。此后，陆焕开每次进入凤村都能顺利过关，并到游击队在凤村开设的肇发染布铺联络站收取情报。另外，陆焕开平时还利用老板的身份监视当地保长、地主及恶霸的活动情况。经过一段时间，联络站还是引起了敌人的怀疑。1949 年 7 月 3 日，林安带领 25 人到新寨筹粮借枪。当晚有一位名叫何艾的队员得了重感冒，正在店铺休息，不巧被新寨坎底村保长陈炳熙发现。陈炳熙立即派其儿子到凤村圩向联防队队长罗剑波通风报信，并带着一伙敌人前来搜捕游击队员。坎底村的民兵得知这一危急情况，立刻告知陆焕开。陆焕开马上派人让林安迅速组织游击队员分散隐蔽到后山的密林深处，同时迅速把患病的何艾背到九市浦田，将其转移到最安全的地方。当敌人进入村庄的时候，扑了个空，只好灰溜溜地撤回凤村圩。

10 天后，敌人再次突然进村。林安等人正在联络站开会时，护村民兵紧急报信称敌人正走进村。由于事发突然，林安即刻安排队员火速将放在店铺的 10 支枪带走，转入深山密林。林安与陆焕开已经来不及撤离，幸好陆焕开急中生智带着林安躲进了村边的破瓦窑里。敌人搜捕游击队，再一次扑空，恼羞成怒的敌人竟一把火将联络站烧掉。后来，林安再拨稻谷重建联络站，继续安排陆焕开以做生意为名从事地下交通联络工作。反动保长陈炳熙父子多次与人民为敌，给游击队造成极大威胁。为解除后顾之忧，游击队抓捕了陈炳熙父子，并押往九龙游击区处决。这不仅为当地群众除害，更是狠狠打击了当地反动武装的气焰，震慑了罗剑波反动团队。

1949 年 6 月，盘踞凤村圩的罗剑波反动团队 40 人，由双林村保长何乃坤引路至罗陇村，企图消灭这里的游击队。他们进入村庄后，逐户搜查，搜了半天不见游击队的踪影，还威胁村民如不交出游击队员就拉走其耕牛。罗陇村民并没有被敌人吓倒，始终没有说出游击队的下落。面对毫不畏惧的村民，敌人只好从村民的家中拉走了 15 头耕牛。民兵李旭堂压不住心中的愤怒，挺身而出上前拦截耕牛，想阻止罗剑波反动团队把耕牛拉走。何乃坤仗势指着李旭堂大骂。敌人企图激怒群众，即当场开枪打死了一头牛。李旭堂见状，更是火冒三丈，飞快地跑到双林村找到林安汇报了情况。林安得知后，立即率领武工队翻过小山抄近路追赶敌人，追到大埌村时遇见敌人。敌人见武工队追到，非常害怕，为保性命只好丢弃耕牛，仓皇逃跑。反动保长何乃坤来不及逃跑，被武工队抓获且于象口庙前处决。武工队不仅为村民夺回了 14 头耕牛，还进一步巩固了象口河地区的游击根据地。

六、崩眉头村群众无畏斗敌人

自罗剑波出任三乡联防主任后，一直盘踞在凤村为非作歹，称霸三乡。当地百姓对此敢怒不敢言。国民党一八六师五五七团进驻凤村期间，罗剑波有恃无恐，为虎作伥，经常带兵袭击武工队，危害百姓。国民党五五七团有 600 人，他们分别驻扎在河东凤村大寨南楼、福善堂、志万祠、玄武祠和耀轩祠等地。罗剑波部 50 人则驻扎在河西圩南的乡公所。基于敌人两股反动武装分驻凤村河两岸，夜战难以策应的弱点，绥贺支队司令部在峒坑坪召开军事会议，研究决定调集二团、六团攻打凤村，铲除三乡联防队。

1949 年 8 月 15 日，绥贺支队二团在九龙大村清任书室门前召开九龙地区群众大会，对外正式公布了中国人民解放军粤桂湘边纵队绥贺支队第二团番号，同时宣布二团总部设在清任书室。此时，中国人民解放军已取得节节胜利，湖南长沙已经解放，南下大军已迫近广东。8 月 30 日，二团又在清任书室召开重要的军事会议，决定攻打反动武装驻地凤象乡公所。

1949 年 8 月，国民党德庆县县长严博球垂死挣扎，派出自卫队到游击根据地进行"清剿"，妄图一举消灭游击队。各个地方的反动武装见状也蠢蠢欲动。匝村自卫队队长梁志林集结永丰富林村尾地区的土匪 50 人，于同月的一天傍晚，偷袭崩眉头村。敌人兵分四路，将崩眉头村包围，挨家挨户搜查。搜捕一无所获，梁志林恼羞成怒，粗言秽语大叫大骂，他下令把全村的群众赶至村边空地，软硬兼施威逼群众说出游击队的去向。然而，农民群众饱尝国民党反动派横征暴敛的苦头，对敌人早已恨之入骨，他们相信共产党，拥护游击队，谁也没有说出游击队的下落。梁志林捉不到游击队员，难以向上级报告。于是继续迫害百姓，下令将 20 岁的龙亚新和只有 9 岁的儿童陆锦信捆绑示众。任凭敌人如何严刑拷打，他们两人都没有说出任何有关游击队的消息。敌人见拷问无果，便丧心病狂地将他们杀害。敌人的搜捕行动再一次扑空，抓不到游击队员，撤退时还气急败坏地抢走了村中 2 位妇女和 4 头耕牛。

崩眉头村群众虽然惨遭国民党反动武装的野蛮洗劫，但他们不仅没有被敌人的暴行所吓倒，反而更坚定了推翻国民党反动统治的决心，积极支援游击队的热情空前高涨。游击队回来后，村民把埋藏在地下的粮食以及节衣缩食筹集到的 2200 千克粮食都送给游击队。陆福深和陆树辉等富裕大户人家在敌人洗劫时也蒙受了很大的损失，这激发了他们对反动自卫队的仇恨，对共产党游击队的拥护与感激。于是，他们也主动把 6 支枪和 120 发子弹全部送给游击队。

从此之后，崩眉头村的农民群众更加团结一致，坚决反对国民党的反动统治。为了防止敌人再次进村行凶扫荡，崩眉头村在游击队的帮助下自发成立了护村队。这支护村队一直顽强地与敌人作斗争，一直坚持到德庆推翻旧政府为止。

七、攻打凤象乡公所

1949 年 9 月 1 日下午，绥贺支队二团、六团共 190 人集中峒坑坪，陈胜、叶向荣分别作了战斗动员。傍晚时分，陈胜、刘超明率队向凤村进发。二更时分，行军到云替茶亭附近稍作休息。翌日凌晨，天还没亮，部队便下山，迅速到达各自的作战位置。陈胜在凤村河边设立指挥部，刘超明按约定的时间发起进攻。郑容坤点燃炸药包炸开凤村的南闸门，突击队边射击边向前冲，一下子冲进了敌乡公所楼下和粮仓。首先解决了驻守的联防队，然后冲上二楼，惊醒了正在酣睡的三乡联防队员。被吓得鸡飞狗跳的敌人，逃得快的退上了三楼，动作慢的成了俘虏。突击队猛烈向楼上射击，打得三楼的联防队员拼命往楼顶瓦面上钻，企图向外逃跑。突击队立即集中火力封住瓦面四周的退路。此时，驻河东的国民党五五七团听到爆炸声和枪声，慌忙向外射击，但遭到埋伏在河西沿岸的林安阻击队强大的火力压制。敌人不明真相，不敢出来，只好缩头乌龟似的在各自营地内胡乱向外射击。面对落在乡公所瓦面上的一排排子弹，爬上瓦面的联防队员也被吓得举手投降。突击队又用枪逼迫被俘的罗剑波大声喊话，劝说其属部投降。于是，躲藏在乡公所周围的联防队员一个个乖乖地缴械投降。绥贺支队二团、六团全歼三乡联防队之后，迅速撤离凤村，凯旋峒坑坪。这场战斗仅用了 40 分钟，便全歼以罗剑波为首的三乡联防队 56 人，毙敌 1 人，缴获机枪 3 挺，长、短枪 40 余支，弹药一批。绥贺支队战士龙三、梁彬泉在战斗中不幸牺牲。次日天亮后，国民党五五七团仓皇退至悦城。

凤村战役大捷，彻底粉碎了国民党一八六师和严博球的"清剿"计划。同时，成功开辟和巩固了凤象游击根据地，为解放军长驱进入德庆县城奠定了基础。

第五节 挺进官马平原

1948 年 7 月中旬，绥贺支队二团在高良与永丰交界的陈裔村召开武工队长以上干部会议，通报了全国解放战争的形势。中国人民解放军已经由防御阶段转入了全面进攻阶段。为配合全国形势，会议决定向敌人主动出击。根据会议精神，同年 10 月上旬，二团政委陈大良带领匡吉、李昌（宋为昌）、徐镜泉、徐宝莲、徐佐儒等武工队，奔赴官马平原，发展新的游击根据地。陈大良带领的武工队从象牙山脉、柑子坑进入大安乡（今新圩附近）的上彭大降底建立指挥所，亲自指挥武装斗争。

官马平原的武工队灵活机动，他们积极配合主力部队的军事行动，在乡村中广泛开展政治宣传，号召群众反"三征"及要求地主实行"二五"减租，发动群众支持游击队，推翻反动政权的统治，迎接解放战争的最后胜利。由徐镜泉、李昌率领的两支武工队分别在西和乡（今回龙镇附近）的宾陈、大塘附近和上彭、古垒、大益附近开展活动。由匡吉带领的一支武工队直闯马圩河口西江边开展革命活动。由黄世旭、徐宝莲带领的一支武工队向大广乡（今马圩镇附近）的马圩、罗横、东升、诰赠、直安、金林挺进。由徐佐儒带领的一支武工队则活动在马圩附近的官村附近。赵俭生武工队向东和乡（今官圩、沙旁等地）的官圩、沙旁附近挺进。几支武工队就像几支利剑直插官马平原敌人的要害之处。

　　徐镜泉、李昌两支武工队挺进马圩上彭、古垒之后，按照陈大良的指示深入群众中，向贫苦农民宣传中国共产党的方针政策。为保证宣传工作的顺利进行，武工队将一名被群众举报平日打家劫舍、打探游击队活动情报的土匪捉到大降底当场处决。这不仅震慑了当地土匪恶霸，还赢得了当地群众的称赞与拥护。为了保证部队粮食的供给，徐镜泉、李昌在陈大良的指挥下，组织李芬、何庚、李伟等古垒村骨干分子建起了古垒粮仓，并派出民兵日夜守卫，严防敌人破坏。12 月底的一天傍晚，有 3 个敌人偷偷摸摸到古垒粮仓旁，点起火堆准备烧毁粮仓，恰巧被正在巡逻的民兵发现。民兵发现后立即冲上前制止，并将一个慌忙逃窜的敌人捉住，才使得粮仓内 10 吨谷物颗粒无损。

　　1948 年 12 月，李昌带领武工队员唐新、黎辉、林国雄、何三梅、吴亚岳等在上彭村开展政策宣传和筹粮活动。当武工队准备将筹集到的粮食运进上彭粮仓时，反动分子郭明熙勾结国民党县警队共 40 人，突然包围了上彭村。武工队由于武器简陋寡不敌众，只能分散转移。武工队员唐新冲出村口时不幸被敌人开枪击中牺牲。李昌组织黎辉等 5 名武工队员开火还击，边战边退，但由于敌强我弱，尝试了几次都冲不出村口。李昌只好伏在村边开枪引开敌人，掩护战友向后山撤退，子弹打完后赤手空拳与敌人肉搏，最后光荣牺牲。武工队员们面对强敌，不畏牺牲、英勇奋战，一次次挫败敌人的诡计。

　　1949 年 4 月 18 日，国民党县警第一中队中队长梁桂标带领地方反动武装 20 多人在马圩土地庙扎营休息。绥贺支队二团得知情况后，团长刘超明与政委陈大良立即组织马圩各武工队兵分三路，夜袭梁桂标部。当晚，徐镜泉和孔昭武工队在马圩东面伏击可能会前来增援的国民党县警第二中队。郑容坤、李胜突击队绕道莲塘进入马圩万福门，从侧面袭击土地庙。祝章带领小分队从社步之侧进入圩内，负责封锁反动武装的退路。突击队刚接近土地庙就被敌人发现，战斗立即打响。激战 30 分钟后，突击队在机枪班的火力掩护下，冲进土地庙，地方反动武装为了保命慌忙弃枪投降。梁桂标则在楼上顽抗，并开枪打伤了游击队战士巫桂章。当突击队集中火力向楼上猛烈扫射时，梁桂标无计可施，最终俯首就擒。这次战斗，共俘虏中队长梁桂标及特务长等 29 人，缴获 29 支长、短枪，14 枚手榴弹，500 余发子弹等。当时驻守在江家祠的国民党县警第二中队虽听到枪声，但不敢贸然增援，次日天亮后得知梁桂标部被歼，立刻仓皇逃回县城。此役歼灭了国民党县警第一中队，解决了后乡通往县城的一个重要路障。

自从武工队挺进官马平原后，大安乡乡长何挺芬经常秘密协助中共地下党工作，与地下党负责人保持密切联系，并以合法身份巧妙应对国民党上级交办的各项工作。当反动当局指令他调集地方民团、乡自卫队镇压游击队活动时，他就以经费不足、枪支弹药少、枪支坏烂为由，或拖延时间，或按兵不动。当绥贺支队二团提出要把红旗插到西江时，他积极配合，并派出向导，使游击队顺利到达马圩河口，建立了青榕税站。何挺芬的行为引起国民党德庆当局的怀疑，指控他"通共"，并撤掉其大安乡乡长之职。被撤职之后，何挺芬在县城开米行，依然为游击队搜集情报，经常拿粮食援助游击队，为德庆人民的解放事业作出了较大贡献。

1949 年 5 月，严博球再度出任国民党德庆县县长。他上任伊始，便重新网罗县内的反动武装，以加强县城及主要圩镇的联防。在大安乡，免去了何挺芬的乡长职务后，严博球立即委任得力帮凶梁荣泰为大安乡乡长。梁荣泰上任后，无视当时大安乡已属游击根据地这一形势，竟然为虎作伥，到处搜集游击队的活动情况。他不仅欺压群众，还破坏、镇压游击队活动。面对这一情况，陈大良与徐镜泉商量，决定将梁荣泰这只"拦路虎"除掉。同年 6

月初，徐镜泉和几名武工队员化装成商人来到马圩联益商店，通过该店老板徐芳（地下党工作人员），找来开明士绅斌山中学校董徐锡松商议计策。决定以请梁荣泰来联益商店饮酒、抽大烟为由，然后趁机将其捉拿，将他押到罗横处决。之后，大安乡乡长由绥贺支队二团的何钊华担任。

在官圩附近，赵俭生带领的武工队以官圩江村为中心，在巩固游击根据地、开展武装斗争的过程中异常艰难。1949 年 5 月间，一个打扮成收破烂的人到江村的大街小巷向当地群众打听游击队人数、枪支、活动等情况。同时，还偷偷跟踪监视游击队员。驻守在江村的游击队员发现此人行踪可疑，当场将其抓获。经审讯，武工队发现他是国民党派来的特务，专门搜集游击队的活动情况。为了杀一儆百，压制敌人的嚣张气焰，游击队当晚就把他押到官圩街头枪毙。

事隔几天，游击队又发现另一个村的村民江福田是特务。江福田专门为垠尾村敌方自卫队队长陈世聪搜集游击队情报。发现后，武工队队长赵俭生立即带领队员将其捉拿。经审讯，江福田将自己如何为陈世聪搜集游击队情报的实情全盘供出。而后，武工队也将江福田押到官圩街头枪毙。武工队还在街头贴出"与人民为敌是没有好下场的"标语，极大地震慑了当地的反动分子。

游击队两次严惩特务，敌人仍不死心。1949 年 6 月中旬的一天，陈世聪派出一名便衣乔装成收买破烂的人，挑着一担竹箩，到江村梁志荣家门前，监视经常到梁志荣家的游击队员。此时，赵俭生等正在梁志荣家木板楼上开会。一个名叫黎牛的人发现有陌生人担着竹箩在屋门前站着不走，觉得此人可疑，立即下楼查问其来历。此人吞吞吐吐，前言不搭后语，显得有些慌张。他看见赵俭生等人从屋里出来时，立即逃走，纵身跳下鱼塘跑向稻田。赵俭生等人见状，马上追到河边将其捉住。经审讯，原来他是陈世聪派来的特务，武工队即刻将其枪毙。

三次除奸之后，武工队乘势广泛教育并发动群众，开展筹粮借枪，建立民兵组织等活动。以江村为中心的官圩游击根据地形势向好。而丧心病狂的敌人却不断采取向游击根据地进行疯狂的破坏、袭击和"围剿"行动。马圩古垒游击队员何国柱、何新桓等人，也遭到国民党一八六师李荣梧部的"围剿"，不幸被捕。何新桓被杀害于新圩桃子庙，何国柱则被监禁在肇庆，直到肇庆解放。另外，大安乡副队长罗国辉勾结县警队，不间断地破坏游击队的联络站。1949 年 8 月 26 日，河口地区各联络站的联络员集中到冲源陈炉家开会，布置关于搜集国民党一八六师部在德城活动情况的工作。会议期间，派出陈炉 10 岁的女儿到村边的菜地边摘菜边放哨。中午时分，正当开会人员做饭时，罗国辉带人"围剿"游击队。陈炉女儿一看到这伙敌人，马上向村内用暗号呼喊："牛食稻禾啦!"但是，狡猾的敌人早已分成两路包围了村庄。她不知道从村后来的一股敌人已经靠近了自己的家，叫喊传话已经来不及了。当时，陈炉女儿仍然边喊边飞快地跑回家通知开会的联络员，可是一到家门口，便被敌人捉住。屋内的联络员陈炉、梁晚等 7 人被敌人控制。联络员陈子荣趁敌人不备，突然抓起一只碗掷向敌人，正中一个敌人的脸部，敌人一时回不过神，陈子荣乘机逃脱。敌人见状马上开枪，碰巧枪哑火了。陈子荣向后山方向逃跑，才脱离险境。其余 6 人不幸落入敌手。敌人临走时还烧毁了陈炉的房屋。陈炉等人被押到官车龙窟村敌营部，他们遭受敌人的严刑拷打，受尽皮肉之苦，但还是咬紧牙关，宁死不屈，始终没有说出游击队的情况。最后，敌人无可奈何，只好将陈炉女儿放了，将其他 5 人转押到肇庆监狱。面对敌人的猖狂"扫荡"，联络站遭受极大损失。此后，武工队主动反击，逐步将敌人嚣张的气焰压制下去。

第
六
节

饮马西江河畔

一、建立西江护航大队

为打通三河游击区至西江边的通道，开辟新区，需要创建一个重点为二团解决给养（军需）的绥贺支队西江税站，其公开番号为广东人民解放军西江护航大队。为接通河口至德城的情报交通线，团长刘超明带领 100 人，于 1948 年 9 月 17 日袭击了象牙山的地主武装，击毙反动保长邱仕攀父子，拔掉了敌人安插在象牙山脉的"钉子"。尔后，刘超明带领 70 人，于 1948 年 10 月间沿象牙山脉挺进西江边，协助匡吉武工队在马圩河口、青榕附近的沿江两岸打开战斗局面。二团通过发动群众，组织民兵，开展反"三征"斗争，严厉打击顽固的匪首，争取愿意改邪归正的匪众加入武工队，平定了这些区域的匪患活动。1949 年 1 月，终于在马圩河口的青榕村创建了西江税站，匡吉任站长，邵权分工管军事，陈洪负责税收财务。税站公开挂出广东人民解放军西江护航大队的番号开展工作，刘伟生（匡吉化名）任大队长。

二、护航大队反"围剿"

国民党广东省政府调省保二师两个营的兵力，配备两艘炮艇开进西江上游，分别驻守南岸的郁南县南江口、云浮县六都和北岸德庆县的悦城 3 个镇，企图扼杀游击队等人民武装。省保二师派驻悦城的一个兵营沿江岸陆路西上，企图袭击新圩河口游击根据地。正在罾排上打鱼的杨帝静，看见北岸远处山路有一支队伍正往西行，他估计这是敌人的部队，便立即告知罗三，由罗三的妻子上岸向游击队报告这一情况。游击队得知消息后，立即召集部队和民兵做好战斗准备。由于游击队和民兵有所准备，当敌人进入河口时，便被西江护航大队和河口的4个民兵大队打得丢盔弃甲，仓皇逃跑。为了消灭驻新圩河口的游击队，国民党德庆当局勾结省保二师，派出两艘炮艇封锁江面，同时还派出德庆县保警大队150余人以及九市的朱礼堂反动自卫队，联合对西江北岸的西江护航大队和游击队实行"围剿"，企图出其不意击溃游击队。岂料，当他们到马圩河口时，被罾排上的罗三等人发现，罗三妻子立即手提鱼篮上岸，将来敌情报告知匡吉。匡吉立即带领游击队转移到洞坑山尾，严阵以待，迎击来犯之敌。敌人在江边找不到游击队踪影，便直扑洞坑山尾。敌人见四面山高林密，不敢贸然上山，只是用机枪盲目向山上扫射。停在江面上的敌炮艇也用炮火轰击洞坑山尾。瞬间，整个洞坑山头被炮火的浓烟笼罩。隐蔽在山上的游击队沉着等待。趁敌人炮火暂停时，游击队立即前移进行反击。攻击一会，又潜回隐蔽处。敌人像无头苍蝇，无计可施，后放火烧山。黄昏时分，敌人仍无法将游击队逼下山，只好悻悻作罢。直至晚上19时天黑，护航大队的队员们趁机冲出火圈得以脱险。

为了及时掌握敌情打击敌人，促进游击根据地的发展和巩固，匡吉与青榕村的罗三商量，征得大家同意后，拨出资金买来竹木，编扎成一个打鱼罾排。平时，由罗三夫妇和杨帝静3人，一边在罾排上张网捕鱼，一边监视敌人动向。若遇敌情立即提上鱼篮，扮作上岸卖鱼，将情报传送给匡吉或游击队其他队员。西江税站建立后，匡吉带领全体队员积极组织和发动群众，在西江北岸德庆县的河口、青榕、西演、龙目、塘口，西江南岸云浮县的欧塘、响水、大河、田围等地组织了 6 个秘密农会和民兵组织。继平定匪乱后，队员们对沿江的各种人物和集团，按照不同的政治情况区别对待，或教育、改造、争取，或分化、瓦解。他们团结一切可以团结的力量，建立起最广泛的反蒋、宋统一战线，集中力量打击反动官僚资本的轮船老板，保护一般轮船的航行安全和旅客的旅途安全。他们对"东安渡"（国民党官僚资本）给予武力警告和经济上的惩罚，对"胜利渡"（民营）则进行保护、利用。在北岸的洞坑口、南岸的响水村等地设立收税点，征收西江轮船的货物税，为部队补给、交通、情报开辟重要渠道；利用船只过往频繁的有利条件，经常向来往客商宣传，以扩大共产党和解放军的政治影响。同时，时刻警惕敌人对游击根据地和西江护航大队的"围剿"。

三、协同控制西江

西江护航大队还与粤中第四支队三团在云浮县泽水村设立的云北税站保持联系，相互策应。

西江是连贯两广的水上交通要道，战略地位十分重要。西江上游的南北岸，地处粤桂边。控制西江，切断两广敌人的运输线，是中国人民解放军解放华南的重要战略部署之一。中共中央香港分局在 1949 年 1 月《我们当前的方针任务》指示中明确指出："粤汉路以西，小北江（连县、阳山一带）及英德、清远巩固工作，恢复广宁工作，巩固德庆工作。来与西江南岸的新高鹤边区及三罗边区打通，逐渐发展到控制西江。"根据这一部署，1949 年 4 月 5 日，西江南岸的粤中军分委主席冯燊指示粤中第四支队司令员李镇靖、政委唐章"向沿（西）江地带发展，使粤中军分委更了解西江的情况，以配合上级行动"。中共粤桂湘边区工委书记梁嘉布置绥贺支队尽快派人与粤中部队联系，研究制定联合控制西江的行动方案。绥贺支队司令员陈胜渡江先到三罗游击区与唐章、李镇靖联系，再到高明县宅梧圩会晤粤中纵队冯燊等领导，经初步商定，采用工作联席会议的形式，统一指挥控制西江的行动。1949 年 5 月，陈胜平安回到德庆并向有关领导作了汇报，梁嘉、叶向荣均对此表示十分赞同，并建议：一是请冯燊就近多加指导此项工作，二是属于行政上的问题与群众组织的领导，则各归原建制负责。属西江河边沿岸的军事行动（特别是敌人撤退时的行动），由该联席会议商定，统一指挥；各地区派出一名负责人参加。

国民党广东当局为保障其西江供应线的安全，派省保二师两个营驻守六都镇，并先后 8 次对沿江两岸的大河、郁南南江口响水、德庆新圩青榕、云浮都骑泷水等村庄进行联合"清剿"。匡吉率领的护航大队在群众掩护下一直坚持护航税收。敌人施计不成，又派军统特务葛肇煌到六都镇建立据点，对外挂出云城锡矿公司的招牌，实质是纠集反动势力秘密搜集解放军情报进行反控制。1949 年 5 月间，西江护航大队的李池、陈炳两人奉命前往广州，向两广轮船公司征收西江的税款并采购医药物品，归途仍搭"胜利号"轮船。李池、陈炳在船上向旅客演讲宣传，被化装成便衣的敌保二师排长发现。当轮船靠泊六都站时，敌排长即令船长不要开船，并上岸带来保二师的 15 人到船上捉人。在捉人过程中，李池临危不惧，英勇地与敌人展开搏斗，最后紧抱一名敌兵扭打跳下西江河，不幸被敌人开枪击中身亡，随身携带的税款 1 万元也遭损失；陈炳则被敌人抓捕。

为了与敌人争夺西江交通线的控制权，进行反"清剿"的斗争，1949 年 6 月初，绥贺支队在云浮县都骑镇举行首次联席会议，绥贺支队二团政委陈大良和粤中纵队第四支队三团团长兼政委麦长龙在会上互通情报，交换了意见，就两岸部队的交通、情报、税站等工作进行了详细讨论与分工负责事项，决定绥贺支队二团负责控制从南江口至六都河段，粤中部队三团负责控制从六都至禄步河段，南北两岸部队进一步密切配合，遥相呼应，共同控制西江沿岸南江口到禄步近 60 千米的航道，给敌人在西江的运输供应以极大的威胁。

二团团长刘超明也带领小分队和西江护航大队精干队员，决定夜袭六都，拔除云城锡矿公司与警察所这两颗"钉子"。1949年 6 月初，部队从云浮扶卓村出发，经黄湾沿西江而上，到六都圩后，兵分两路行动。一路队伍包围袭击云城锡矿公司，但因围墙坚固未能炸塌，洪门会道徒、特务闻声而逃。另一路队伍袭击警察所，全歼敌警察所所长及警员 20 人，缴枪 10 余支，这给驻守西江沿岸的敌人当头一棒。夜袭六都，奏响了西江两岸游击队联合控制西江航道的胜利序曲。然而，国民党反动派不甘失败。6月中旬，出动了省保二师两个营沿六都西上，郁南县警队沿南江口东下，云浮县警队从南胜乡往江边靠拢，德庆县警队沿北岸往东而下，共计兵力 1500 人，企图从南北两岸配合实行"大围剿"，其打击重点是青榕、大河、响水等村庄。由于西江护航大队和当地群众及时撤离，敌人的行动扑空后，抢光了村民的猪、牛、鸡等财物，对于带不走的物品，或砸烂，或丢进粪坑，离开时还纵火烧大河村。敌人走后，匡吉带领队员和群众及时赶回奋力救火，才不致全村烧光。敌人在短短几个月里连续多次对西江两岸游击区进行袭扰，大肆烧杀抢掠，给游击队控制西江的斗争带来极大的困难，也使当地人民群众蒙受了巨大的损失。对此，西江护航大队及时慰问受害群众，并拨款救济，为群众购回耕牛、农具、种苗等，帮助他们重建家园，恢复生产，渡过难关。

第七节 征战悦城河上游

悦城河，从发源地古有至下游的悦城水口，全长 79 千米。整个流域包括莫村、永丰、武垄、播植、凤村、悦城等乡镇。悦城河上游的莫村，新中国成立前已是整个流域的政治文化中心，同正乡（今莫村、古有等地）政府就设在莫村圩。

为进一步发展游击根据地，绥贺支队决定向悦城河重要区域发展、建立根据地。绥贺支队广宁区队长刘乃仁（后为绥贺支队六团团长），以同宗关系写信给莫村平岗的进步人士刘炫基，希望他在悦城河区域组织人民武装，并委派刘庆余到平岗大寨会见刘炫基，与其商量筹备建立悦城河人民武装的具体事宜。刘炫基受共产党为民办实事好事的事迹所感动，非常乐意接受任务，听从党的引导，并积极开展筹备工作。接到任务之后，他首先争取地方力量的支持，联结当地进步士绅刘介眉。他说服刘介眉要认清当前时势，共产党是为大多数人谋利益的政党，人民解放军将开展全面反攻，共产党很快就会夺取全国胜利，建立新中国，人民当家作主。做通刘介眉思想工作后，刘炫基又通过刘介眉做通其儿子的工作。刘介眉大儿子刘勖勤任同正乡乡长，小儿子刘师俭任同正乡粮仓主任，兄弟俩掌握着同正乡的政治经济命脉。刘氏兄弟在父亲的劝说下，愿意与游击队合作，支持革命行动。此后，刘炫基又动员了刘娇等 50 人，成立平岗青年民兵队，刘炫基任队长。这支队伍成为同正乡第一支革命武装队伍。1948 年 8

月，刘炫基派民兵刘土到高良三河游击根据地，找到游击队领导人徐儒华，并汇报了平岗青年民兵队的情况。徐儒华听了汇报之后，立即派中队长林安化装成客商到平岗，协同刘炫基一起工作。9 月初，刘炫基动员和吸收了百川农校（后为莫村中学）师生与青年民兵骨干 20 人，成立了悦城河人民抗征队，归属中国人民解放军粤桂湘边纵队绥贺支队第二团领导，其队长为刘炫基。不久，刘炫基还通过刘介眉召集刘勖勤、刘建基（同正乡副乡长）、刘师俭等秘密开会，商谈后达成协议：平岗青年民兵队归属游击队领导；乡政府出面做各保长工作，为游击队筹集粮食；乡政府所掌握的武装力量用于维护群众利益；乡政府对国民党当局表面应付，对游击队保持密切联系。同时征得刘勖勤的同意，派游击队员到乡政府任职员。

悦城河人民抗征队在莫村地区积极组织民兵和农会，开展"二五"减租活动，有力地打击了地方反动势力的盘剥，受到了人民的拥护。当地人民为游击队开展筹粮借枪工作，支持游击队开展革命斗争活动。面对悦城河上游的革命声势日益扩大的形势，国民党德庆县县长华文治感到非常害怕，想方设法镇压游击队。1948 年 12 月 21 日，华文治带领反动武装百余人直扑莫村，企图一举消灭悦城河人民抗征队。得知华文治的反动阴谋后，刘炫基迅速组织各村民兵做好迎战的准备，号召队员到处张贴标语。当敌人进入莫村境内，看到沿途各村已贴满了"打倒华文治""华文治反动武装滚出莫村去"等标语时，惊慌失措，只好待在乡公所。当天晚上，敌人在乡公所周围设置重重岗哨，夜间不时地施放冷枪来壮胆。次日清晨，华文治灰溜溜地带着他的队伍退回县城。

1949 年 2 月 22 日晚，绥贺支队二团团长刘超明带领部队 200 多人夜袭了悦城河中游的金郡乡公所，缴获乡公所自卫队枪支 20

多支和弹药一批。次日，二团部队开进永丰，与悦城河人民抗征队一起，打开永丰粮仓济贫。25 日，二团部队和悦城河人民抗征队转移莫村，在刘勖勤的支持下，收编了同正乡公所人员，刘师俭开仓济贫。悦城河人民抗征队的声望威震悦城河上游，极大地鼓舞了当地人民的革命斗志，也巩固了莫村游击根据地。

国民党德庆当局对失去莫村这个重要据点极不甘心，时刻盘算着要把它夺回来。1949 年 4 月，华文治派出亲信龙六曾到同正乡公所任职，同正乡乡长刘勖勤和副乡长刘建基接待这个"新副队"的同时，马上派人通知悦城河人民抗征队。队长刘炫基得知后，立即布置刘勖勤邀请龙六曾去关家祠抽大烟。龙六曾受到这样的"热情邀请"，当天晚上，准时来到关家祠伏床抽起大烟。此时，刘炫基已派出抗征队队员刘娇、龙家新、刘德裕等人悄悄地包围了关家祠。正当龙六曾沉浸在吸大烟的极乐世界时，几个抗征队队员突然冲进来将其捉拿。当他醒悟过来的时候，已是"人为刀俎，我为鱼肉"的局面。第二天，悦城河人民抗征队将龙六曾押到平岗河边处决，从而斩断了华文治伸向莫村的黑手。

随着革命斗争形势的稳定与好转，游击队开始向悦城河下游进发。刘超明率部于 1949 年 4 月的一天晚上袭击播植乡公所。当部队接近播植圩头时，惊动了驻守播植的县警队，部队的行踪被发现了，双方展开激烈的战斗。由于天黑，加上惊动了敌人，游击队只好边战边退，向永丰富林尾方向撤退。途中被县警队追尾炮击，战士麦穗（贝朝准）和陈树庆不幸中弹牺牲。游击队决定暂时放下向悦城河下游进军的计划。此后，绥贺支队二团主力转回三河，黄世旭武工队和悦城河人民抗征队留在莫村、古有等悦城河新区里坚持战斗，林安、何艾等武工队则奉令从象牙山脉向晋康九市挺进，继续开辟新的游击根据地。

解放军进驻德庆

　　中国人民解放军粤桂湘边纵队绥贺支队二团，利用德庆山高林密的特定地理环境，将部队化整为零，分成 13 支武工队（直属中队），采取平时分散为主、战时适时集中的策略。武工队由党委统一指挥，独立作战，既是战斗队，也是宣传队、工作队。较大的战斗则适当调集若干支武工队，速战速决。部队坚持开展党的统一战线工作，重点争取国民党地方政权的乡、保基层组织的当权人物来投靠、支持共产党。徐儒华利用自己在家乡的声誉，游说分化敌人，最终说服了国民党德庆县第二区（今官圩、马圩地区）区长徐锡松，大安乡、凤象乡、同正乡的前后 5 位乡长，凤村九龙片的 6 个保的 9 位正、副保长弃暗投明，支持、拥护共产党的领导，说服了国民党广州绥靖公署西江指挥所第三"清剿"总队第二大队（驻德庆）200 人投降。国民党地方政权人物和武装人员共 400 人被徐儒华劝说投靠共产党，这一功绩在西江中游地区较为突出。倒戈过来的国民党基层政权人物，共同为游击队筹集枪支、子弹、药物和一大批生活物资等，其中还筹集到粮食 150 吨。中国人民解放军粤桂湘边纵队绥贺支队二团，严格执行"三大纪律，八项注意"，走到哪里就和哪里的人民群众结合起来，与群众打成一片，形成军爱民、民拥军，军民团结一家亲的局面。部队发动群众支前筹粮，群众积极响应。部队在凤村新星地区筹粮时，当地农民陆郁华一马当先，利用晚上的时机挑了 215 千克稻谷借给游击队。其借粮单据使用番号是广德怀人民抗暴义勇总队德庆区队，借粮人署徐儒华名字，经手人签徐庚年名字。这充分说明了部队在群众中的威信，证明了人民群众对中国共产党的信任。部队积极发动群众参军参战，广大群众踊跃报名。在凤象战区仅两个多月，就有 58 名青壮年入伍，出现了哥送弟、父送子、叔送侄、妻送夫的积极参军热潮。

1949 年初，为响应毛泽东在新年献词中发出"将革命进行到底"的伟大号召，绥贺支队二团在高良云利河的黄石降召开了干部会议。出席会议的有叶向荣、陈胜、刘超明、陈大良、徐儒华、何涛、何砺锋、匡吉、陆仲天、林安、林江、郑容坤、李胜、韩新、梁光、植于天、祝章、徐少雄、徐宝连、徐镜泉、黄世旭、赵飞、刘浪、林今灵、邓军等中小队长以上的地下党组织领导和军队干部。会上，叶向荣作报告，与会人员学习了《将革命进行到底》等重要文献，并结合德庆的斗争实践，展开了认真的讨论。大会作出如下决定：第一，加强党的领导，加强思想政治工作，进一步健全部队党组织，在中队建立党支部，在小队建立党小组，充分发挥党员在战斗中的先锋模范作用。第二，加强建立政权工作，在游击区建立人民民主的区、乡政权。在武工队活动过的地方创造条件建立革命的两面政权（即"白皮红心"的区、乡、村政权）；加强统战工作的领导，继续深入开展反"三征"和减租减息的群众运动。第三，广泛发动青壮年参军入伍，投身革命，迅速扩大革命队伍，把原有部队人数扩大一倍。第四，主动出击，实行从山区转向平原的战略。同年 3 月，三河乡人民政府成立，陆仲天任乡长。

毛泽东"将革命进行到底"的伟大号召吹响了解放全国的进军号，人民解放军以雷霆万钧之势，摧毁国民党蒋家王朝。华文治看到革命斗争形势的良好发展，只好辞去国民党德庆县县长的职务。1949年5月18日，严博球出任国民党德庆县县长。严博球一上任就重新调整全县的反动武装，加强县城以及主要圩镇的防卫，一面指派亲信罗剑波出任三乡联防主任，带兵驻守凤村要地；一面向上请兵求援，作垂死挣扎。8月中旬，国民党一八六师师长李荣梧率残部从清远撤至德庆，与德庆县县长严博球相互勾结，重新部署对游击区的进攻计划，妄图消灭绥贺支队二团。8月底，反动武装出兵进犯三河游击根据地，结果遭到二团的重重阻击，反动武装损失惨重，最后只得败守在几个重要圩镇和交通要道。

1949年秋，中共粤桂湘边区工委和粤桂湘边纵队向各地发出《关于迎接胜利解放到来》的指示，绥贺支队二团在德庆县境内加紧动员群众行动起来，配合南下大军沿西江追歼敌人。10月18日下午，人民解放军进入肇庆城，肇庆和平解放。当天晚上，李荣梧和严博球闻讯仓促率部渡江南逃。10月22日，国民党广州绥靖公署西江指挥所第三"清剿"总队第二大队见大势已去，大队长梁本盈率部200多人，携机枪5挺、电台1部以及其他武器、弹药等物资，从悦城河下游撤至响水、旧院，向绥贺支队二团投降。10月23日，陈胜、叶向荣率领绥贺支队总部及二团沿德高公路经文昌街、公路头进入县城，接管警察局、消防局、粮仓、自来水厂、供电所、广播电台、学校、档案馆、看守所等重要机关部门。全城群众兴高采烈，夹道欢迎人民解放军进城，国民党德庆县反动政府宣告灭亡，德庆人民从此站起来了。

第五章

建设发展时期（1949.10—1978.12）

中华人民共和国成立后，德庆党组织在上级领导下，迅速组建党委班子和各级政府机构，开展剿匪反霸、清除反动势力、支援前方、抗美援朝、土地改革等一系列运动；贯彻党在过渡时期的路线、方针和政策，逐步实现对农业、手工业和资本主义工商业的社会主义改造，探索建立社会主义基本制度；贯彻党的八大路线，高举"三面红旗"①，开展工业学大庆、农业学大寨，在曲折徘徊中砥砺前行。

---

① "三面红旗"：指"大跃进"、人民公社、社会主义建设总路线。

第一节 设置党政机构，巩固新生政权

一、建立各级政权，恢复国民经济

1949 年 10 月 28 日，中共德庆县委员会组建，陈大良任书记，徐儒华、刘超明为委员。县委相继设置县委秘书室（办公室）、组织部、宣传部、纪律监察委员会、统战部、政法委员会、文秘部、党校、直属机关党委、县委机关报社、农村工作部、农业办公室、林业部、工业部、交通部、公交政治部、工业办公室、财贸部等，同时任命了各部门负责人。1949 年 12 月 1 日，经广东省西江专署批准成立德庆县人民政府，徐儒华为县长，黄炎为副县长。县政府内设一室（秘书室），六科（民政科、财政科、教育科、建设科、工商科、卫生科），之后增设县法院、公安局、税务局，并制定了各科室（局）工作职能。工、青、妇、少年先锋队、农会、民兵等组织相继建立。1949 年 12 月起，逐步建立区、乡（镇）政权。全县划分为 2 区 1 镇 11 乡。1950 年 1 月，调整为 4 个区。1950 年 4 月，废保甲，成立村农会、居民小组。

县委、县政府在完成各级机构设置后，党委和政府工作转入正常运作，所有党支部的组织活动已从秘密活动转为公开，县委、县政府直属各部门、各区乡村都依照党章慎重发展党员，以乡为单位建立党支部，党组织迅速壮大。到 1952 年底，全县共组建党支部（含党总支）16 个，其中农村支部 14 个，机关支部 2 个，中共党员 232 人。① 相比中华人民共和国成立前的中共党员 27 人，增加了 205 人，党支部从原来的 2 个，增加到 14 个。

二、剿灭残余反动势力，稳定社会秩序

中华人民共和国成立初期，县内仍遗留有两股负隅顽抗的匪徒尚未肃清。一股是以同正乡（莫村）平岗寨刘保庭为首的匪徒；另一股是以德庆与封开边界处西和乡（回龙）陈村、西基塘一带莫辉、陈世聪、戴娇为首的国民党反动残余势力。还有五股潜匪，分别是"反共救国军""讨共救国军""中美合作站""西江指挥所覃飞支队""浔梧支队"。这些匪徒对新生政权和社会安定构成严重威胁。为此，县委仅用两个月时间，就把这些匪徒歼灭掉。

1. 歼灭平岗寨刘保庭

中华人民共和国成立后，以刘保庭为首的匪徒不甘失败，企图做垂死挣扎，盘踞在平岗寨内，戒备森严，在寨外铺设地雷、筑碉堡，在主要路口设置路障，埋下竹签等暗器，严重危及新生政权。德庆人民决不让敌人卷土重来，积极配合绥贺支队司令部全歼这股匪徒。1949 年 12 月 20 日，绥贺支队二团发出《为清除匪患告人民书》，警告匪徒放下屠刀，投降自首。布告发出一段时间，盘踞在平岗寨的匪徒依然毫无动静，更无投降之意，仍在修筑工事，坚持与人民为敌。

1949 年 12 月 26 日，由绥贺支队二团团长刘超明率领 3 个连共 300 人开赴莫村圩镇，驻扎在平岗寨四周，准备全面围攻平岗寨。围攻期间，部队战士一方面采用政治攻势，挂起高音喇叭向

---

① 德庆县地方志编纂委员会：《德庆县志》，广东人民出版社 1996 年版，第 537 页。

匪徒喊话,宣讲解放军优待俘虏的政策;另一方面集中兵力从平岗寨四周向匪徒据点攻打。因据点坚固,防守严密,同时又要顾及平岗寨百姓安全,不能使用杀伤力重大的爆破式武器,只好组织突击队轮番强攻。经三天两夜的轮番对峙攻打,战果甚微,始终不能攻下。在战斗中,绥贺支队二团有9位战士英勇牺牲,20位战士负伤。① 面对凶残的匪徒及复杂的平岗寨地形,县委和绥贺支队决定请求上级派兵增援。

1950年1月2日,部队暂时放松了对平岗寨北面包围,让群众及时疏散。就在部队对匪徒放松包围时,刘保庭、刘廷泰等匪首、匪徒也趁当晚大雾天气之机,混进群众中向怀集南靓山潜逃藏匿。部队发现后,随即跟踪追剿,刘保庭、刘国干等5名匪首在部队的追踪堵截下,又仓皇潜回到莫村双栋沙利背坑的大蕉山,随后被群众发现举报。2月14日,部队组织开展围剿,匪首刘国干被当场击毙,刘保庭及其他4名匪首被活捉,平岗寨匪徒最后全部被肃清,围剿平岗寨匪徒大获全胜。莫村百姓拍手叫好,纷纷拿着农特产品前往部队驻地慰问解放军战士。

2. 枪决逃匪莫辉、陈世聪

德庆县各级政权刚建立时,国民党政府的残余势力与陈村、西基塘的土匪互相勾结,狼狈为奸,活动猖獗。尤其以沿沙头莫辉为首的土匪更为顽固,他们日夜出没在西江边及陆地一带,拦截道路,鱼肉百姓,劫掠村庄和过往商船,给刚建立的回龙乡村带来不稳定因素。为歼灭这股土匪,1950年2月11日,中国人民解放军第四野战军四十一军一二三师三六六团和县治安大队协同联合围剿,并迅速奔赴回龙西基塘亚吉村、陈村展开剿匪战斗,

---

① 德庆县地方志编纂委员会:《德庆县志》,广东人民出版社1996年版,第583页。

当即抓获了 7 名匪徒。[①] 但匪首莫辉并没有束手就擒，反而还狂妄地给部队发函威吓要求放回 7 名匪徒，并开枪袭击剿匪部队。剿匪部队见状，一面加大火力炮击，一面发动群众开展政治攻势，瓦解匪徒士气，但匪徒根本不听劝解，继续执迷不悟，向西江水路的绿水村方向逃窜。部队一边继续组织小分队在附近搜索残匪，一边组织武装分队乘船随尾穷追不舍，直追赶至绿水村附近，随即击破匪船一艘，俘获匪首莫辉及其党羽 10 人，缴获匪徒武器、弹药一批。另一部队小分队则全力攻打逃窜到陈村、西基塘一带的陈世聪、戴娇土匪。31 名匪徒在强大的军事镇压和政治攻势下被擒拿，另有 61 人自新改造。3 月中旬，县治安大队遵照县委"剿匪反霸肃特"的指示，一鼓作气又破获了"反共救国军""讨共救国军""中美合作站""西江指挥所覃飞支队""浔梧支队"五股潜匪阴谋暴动案，共逮捕 200 人，自新改造 400 人。[②] 不久，匪首莫辉、陈世聪经县公开审判后执行枪决。

莫村平岗寨、回龙陈村、西基塘两股匪徒及五股敌特反动势力全部肃清，危害社会的鸦片毒瘤、赌博、嫖娼等丑恶现象和黑恶势力也相继彻底扫除。从此，全县人心稳定，治安良好。

1950 年《中华人民共和国婚姻法》颁布并施行后，德庆人民坚决贯彻执行婚姻法，彻底废除了几千年遗留下来"媒妁之言"和一夫多妻的封建婚姻制度，妇女得到翻身解放，实现了男女平等。

---

① 德庆县地方志编纂委员会：《德庆县志》，广东人民出版社 1996 年版，第 583 页。

② 德庆县地方志编纂委员会：《德庆县志》，广东人民出版社 1996 年版，第 43 页。

三、战胜自然灾害，开展抗美援朝

中华人民共和国成立初期，德庆因受长期的战争创伤和多次严重的自然灾荒，各行各业百废待兴。

1950 年 3 月 15—17 日，德庆县召开第一届各界人民代表会议，会议明确提出：减租退租、借粮、生产度荒。3 月 19 日，县政府颁布《关于全面减租退押的布告》，全县人民积极响应，认真贯彻恢复国民经济的各项方针政策，迅速医治战争创伤，先后战胜了 4 月冰雹，5 月、6 月西江洪水侵袭，部分地区粮食失收等各种自然灾害，生产逐渐恢复，人民生活逐步好转。1950 年 4 月，县政府分别成立贸易公司、粮食分公司等国营商业机构，开展减租退押运动，至 5 月底完成此项工作。6 月，各界人民踊跃认购国家发行"第一期胜利折实公债"9107 份，超额完成肇庆地区下达的任务。为做好度荒，县委、县政府一方面倡导"二五"减租借粮，退得租谷及借粮 255 吨；另一方面组织救济借贷生产度荒，实施"多条腿"走路的度荒生计，争取上级拨来救济稻谷四批共 503.57 吨，无息贷款购买稻谷 1388.6 吨，低息农业贷款购买稻谷 450 吨，冬耕农贷稻谷 162.6 吨。① 与此同时，县委还组织灾民开荒生产，种植木薯、红薯、芋头，推销土特产品增加收入。1952 年，全县工农业总产值 4239.55 万元（按 1980 年不变价格换算），比 1949 年增长 37.2%。其中工业产值 429.39 万元，农业产值 3810.16 万元。

1950 年初，中共中央号召全国人民要继续支持前方打仗，彻底消灭国民党反动派，巩固新生政权。当中国人民解放军进

---

① 德庆县地方志编纂委员会：《德庆县志》，广东人民出版社 1996 年版，第 44 页。

军海南、广西途经德庆境内时，万名群众聚集在城郊的过境公路热烈欢送。县委军管会成立了支前指挥部，统一派发支前宣传标语，向全县人民宣传支前的目的、意义，统一征集支前物资，向解放军赠送慰劳物品。德庆老区人民向部队捐赠的财物分别有：生猪180头（五大卡车），粮食3.65万千克，松柴6.5万千克，马草（粮）1.6万千克，还有水果一大批。此外，各区乡村还筹集到军米15万千克（其中老区乡村筹集9万千克）就地捐赠给部队。

1950年9月15日，中共中央号召全国各地订立《爱国公约》，用实际行动支援中国人民志愿军打击美国侵略者。同年12月初，成立了由县委书记陈大良任主任，各阶层代表为委员的德庆县抗美援朝委员会。县抗美援朝委员会成立后，立刻召开紧急会议，作出《关于抗美援朝保家卫国防袭防炸巩固国防》的决议。1951年春夏，全县人民按照县委决议，积极开展抗美援朝运动，具体订立《爱国公约》，开展增产节约运动。至11月底，全县家家户户都有《爱国公约》，订立《爱国公约》达到100%。1951年5月中下旬，德庆县城和各区乡村分别组织干部、学生、群众15万人参加抗美援朝、保卫世界和平的游行活动。全县有5.4万人在《要求美、苏、英、中、法五大国缔结和平公约的宣言》上签名。为加强国防，支援抗美援朝斗争，广大青壮年踊跃报名参军。全县有386人报名参军参战，经体检合格送往部队的有175人（其中老区村101人）。到部队的青壮年不辜负人民厚望，在战场上英勇杀敌。被选送到朝鲜战场上的175名志愿军战士，有37名志愿军战士光荣牺牲，其中有不少战士战功卓著。王兆奇参加了朝鲜著名的上甘岭战斗，在上甘岭战场上和敌人浴血奋战了七昼夜，最终完成了里应外合的艰巨任务，荣立一等功一次。德庆在完成地委下达送兵任务的同时，继续开展增产节约运动，动员全县人民节衣缩食落实捐献购买"西江号"飞机、大炮的筹款。不到三个月，县抗美援朝委员会就收到工商业联合筹委会、附城分会及所属各行业的抗美援朝筹款1.75万元人民币，收到全县各界群众捐献购买"西江号"飞机、大炮筹款6.5万元人民币。

为消除参军战士的后顾之忧，让他们放心在前线抗战杀敌，县委、县政府、各区人民政府积极响应全国抗美援朝总会关于切实做好优抚工作的要求，主动帮助烈、军属和残疾军人解决生活工作困难。全县五大区（乡）、村农会和居民小组对175名抗美援朝志愿军家属实行全帮扶，凡有抗美援朝志愿军的村农会都组织有包工组、志愿服务组，帮助志愿军家属承包农田、山林的耕作。第二区（高良革命老区）旺埠村志愿军战士徐炳耀家里有年老的父母，高良乡政府组织旺埠包工组为其完成了每年（造）的农田耕作和经济林肉桂、巴戟山的除草等工作。1950年，徐炳耀在朝鲜战场上英勇牺牲后，当地政府予以其家属无微不至的关怀，烈、军属哪里有困难，党和群众就帮到哪里。抗美援朝期间，全县帮助烈、军属新建房屋150间，对生活困难或缺乏劳动力的军属，政府分别以长期、短期、临时方法进行补贴。

四、开展土地改革，稳定民生大计

1950年6月30日，经毛泽东签署的《中华人民共和国土地改革法》（简称"土改法"）颁布后，县委迅速组织广大党员干部认真学习和贯彻执行土改法，成立了以陈大良（后张穷民）任主任，徐儒华、黄炎等为副主任的德庆县土地改革委员会。

1951年2月27日，县委颁布《关于实施土地改革的布告》。遵照土改法，认真贯彻"依靠贫农、雇农，团结中农，中立富农，有步骤有区别地消灭封建剥削制度，发展农业生产"的总路线和"小心谨慎、逐步开展、大胆前进"的土改工作方针，加强对土改工作的领导。工作有计划、有步骤，按宣传发动、划分阶级、没收和分配土地、检查验收四个环节逐渐深入开展土改。1951年2月28日起，全县先后组织县、区党政干部、基层农会骨干、南下干部、南方大学干部、学生共560人组成土改工作队（其中南方大学学员220人），分赴各区（乡）、村开展土改。土改工作队始终秉承铁的纪律，听共产党话，与贫雇农同吃、同住、同劳动，和贫下中农建立深厚的无产阶级情感。共产党员谢梓芳①参加第三区（悦城）翠塘乡土改时，与贫雇农户住在一间狭小破烂的屋子里，吃的是稀粥、野菜，常年难见有肉，并与农民一起参加劳动。这充分展现了党和人民的血肉关系，体现了土改工作队关心体贴人民，心里装着人民，一心一意为人民，以人民为中心的崇高情操。

1951年春耕至1953年夏收前，以第三区留村乡为试点，由县委书记陈大良、副书记匡吉亲自抓土改试点工作，在取得土改经验后，分三批开展土改。第一批安排土改的时间为1951年冬至1952年秋，分别对一至四区共10个乡（片）开展土改工作；第二批安排土改的时间为1952年春至1953年春节，分别对一至六区共38个乡（片）开展土改工作；第三批安排土改的时间为1952年夏至1953年夏收前，分别对余下一至五区共32个乡（片）展开土改扫尾工作。三批土改都经历了减租退押、清匪反霸，划分阶级、分配土地，复查、颁发土地证三个阶段。土改期间，全县共没收地主阶级（含祖偿庙产）及征收富农多余土地10057公顷，耕牛4576头，农具17966件，房屋7484间，余粮稻

---

① 德庆县地方志编纂委员会：《德庆县志》，广东人民出版社2013年版，第765页。

谷5355吨。分配给没有土地或很少土地的贫雇农、中农共计36425户131829人。经过土改后，无论是从事农业的地主、富农，还是广大贫下中农都同等分配有一份属于自己的土地及其他生产资料。土改从1951年2月开始，至1953年6月底（包括土改复查），历时两年半，土改全面结束，全县6个区80个乡（片）村全面完成了土改运动。

据1953年县土地改革委员会有关资料记载，德庆土改前调查显示：全县有地主2172户11914人，占总人口的6.8%，地主占有耕地5966.5公顷，占土地总数的28.26%，人均占地0.5公顷；富农1132户6083人，占总人口的3.46%，富农占有土地1053.3公顷，占土地总数的5%，人均占地0.17公顷；祖偿庙产（俗称死地主）3800公顷，占土地总数的18%，这部分土地又为大多数地主、富农占有；中农14586户55836人，占总人口的31.79%，中农占有土地5276.6公顷，占土地总数的24.99%，人均拥有土地0.09公顷；贫农28506户94601人，占总人口的53.86%，贫农占有土地4737.13公顷，占土地总数的22.42%，人均只有土地0.05公顷。地主人均占有土地为贫农的10倍、中农的5.3倍。[①]土改前，地主占有土地，却不用参加劳动，把田租给佃农耕种，佃农出种子、肥料、生产工具和劳动力，稻谷收获后向地主交纳租金。

土改后，贫雇农的土地从10292公顷增加到18738公顷，占土地总数的86.7%；地主土地从9760公顷减少到1812公顷，占土地总数的8.4%。土改彻底推翻了封建地主阶级的土地制度，

---

① 德庆县地方志编纂委员会：《德庆县志》，广东人民出版社1996年版，第179页。

解放了生产力，稳定了民生大计，实现了"耕者有其田"。[①]

1954 年，全县农业总产值 1948.4 万元，粮食总产量 67354.45 吨，生猪饲养量 75291 头，分别是 1949 年的 150%、148.7%、188.1%。土改顺利完成，彻底废除了 2000 多年来的封建土地制度，消灭了地主阶级，穷苦人民翻身当家作主，人民从此过上安稳生活。

[①] 德庆县地方志编纂委员会：《德庆县志》，广东人民出版社 1996 年版，第 180、181 页。

贯彻路线方针，夯实社会根基

1953 年，人民民主政权巩固，土地改革完成，各项事业已逐步走上正轨，进入了社会主义过渡时期。德庆县委、县政府以中共中央过渡时期总路线、总方针为指引，编制了《德庆县 1953—1957 年发展计划》，确定了全县经济发展战略以农业生产建设为中心，开展农业互助合作，实现对农业、手工业、资本主义工商业的社会主义改造，开拓地方工业，改善交通运输条件，构建良好商品流通渠道，积极发展教育、民生、科技和文体事业。围绕"一五"计划，县委、县政府采取得力措施，积极推进各项工作，取得了显著成效。

一、教育、卫生顺利过渡，粮食接管稳定有序

教育实行由县政府统筹兴办学校（公办学校），用社会主义思想加强学校管理，培育社会主义事业接班人，首先开展了群众性扫除文盲的识字教育、专业教育和各种形式的成人教育，使教育事业走上正轨。1950—1951 年，县委分别在各区（乡）、村办起了农民识字夜校 16 间，创办工农业余学校 13 所，在学人数 1203 人，农民占 84%。1952 年 9 月，把全县 25 所全日制完全小学、104 所初级小学，在校学生 18735 人全部划归公办学校，教师评级定薪，实行工资制。1953 年 12 月，全县城乡各地都开办了小学。截至 1954 年 4 月，全县已有 187 个教学点，学生 7723

人，教育进入了稳定阶段。

1949 年 12 月，县政府设立卫生科并接管了德庆县卫生院，1951 年 7 月改称为德庆县人民政府卫生院，随后，又接收了基督教会惠爱医院。1953 年，分别在马圩、莫村、播植、悦城、高良区（乡）创办了区卫生所。之后，县内各区（乡）的私营个体行医、医药店主也先后互助组织起来，创办了 14 间中西医联合诊所。1956 年 9 月，成立县人民医院，全院有职工 47 人，病床 37 张。院址在通津路口胜利东 67 号。

1950 年 4 月 23 日，德庆县成立粮食分库，一个月后改为中国粮食公司德庆支公司，接管田赋粮谷工作。1951 年设立粮食局，为县政府工作部门，专司粮油购销、储运、加工业务。1953 年 11 月，根据中共中央《关于实行粮食计划收购和计划供应的决定》和《粮食市场管理暂行办法》，决定对全县的粮食实行统购统销，加强对粮食市场管理。是年 12 月中旬，县委召开三级干部会议，会议明确由县粮食局和供销社统一收购、销售、调拨、储存粮食，严禁私商采购销售。1953 年，全县总征购粮食（稻谷）任务 25265 吨，实际入库 18065 吨，占粮食总产量 62080 吨的 29.1%。1955 年，县委出台粮食定产、定购、定销的“三定”政策。“三定”颁布后，粮食、供销部门工作人员深入广大农村从事粮食购销工作，经详细分户计算和复核，全县确定余粮户 42357 户，占全县总户数的 84%，年定购稻谷 19748 吨，农业定销户 5046 户，人口 14795 人，定销稻谷 901.8 吨。1955 年实际总征购 20450 吨，占 1953 年实际总征购 18065 吨的 113.2%。

二、实行三大改造，建立社会主义基本制度

一是农业改造。1953 年秋，德庆县委提出“组织打帮互助，解决秋收冬种劳力困难，达到爱国增产”。以新圩、悦城庙边等

乡为重点发动农民组织互助组。1954 年底，发展互助组 6233 个，入组农户 37346 户，占总农户的 76.9%[①]。截至 1956 年 1 月，已建立初级农业合作社 663 个，入社农户 47026 户，占总农户的 98.7%。[②] 初步实现了初级农业合作化，为下一步提升到高级农业合作社奠定了基础。从 1956 年 1 月开始，全县在建立初级农业合作社的基础上，再向高级农业合作社提升。第一批高级农业合作社 4 个，分别是一区新圩乡（红红社）、三区悦城乡庙边（红果社）、罗洪社和四区新合社。到 1956 年 10 月，全县共建立高级农业合作社 245 个，入社农户 47924 户，占总农户的 99.7%，其中最大的是革命老区莫村（东方红社），达 1076 户。[③] 1956 年，全县粮食产量 70413.9 吨，比 1952 年增产 19.2%。高级农业合作社的建立，为战胜自然灾害、加强水利设施建设、推广先进农业技术创造了有利条件，充分凸显了社会主义制度的无比优越和无穷的集体力量与智慧。

二是工业改造。1949 年，全县工业手工业主要有松香、食品、铸造、五金加工、皮革、木器、竹编等行业，从事手工业人数不足 300 人，这些从业人员大多分布在县城及各公社的圩镇，年产值 51.1 万元。1953 年，县供销合作总社供应科成立手工业生产工作组，组织手工业者加工生产农具及其他产品。生产出来的产品由供销社收购、包销，通过购销业务和合同制度逐步把手工业生产纳入国家计划。是年，手工业发展到 549 户（其中德城

---

① 德庆县地方志编纂委员会：《德庆县志》，广东人民出版社 1996 年版，第 182 页。

② 德庆县地方志编纂委员会：《德庆县志》，广东人民出版社 1996 年版，第 182 页。

③ 德庆县地方志编纂委员会：《德庆县志》，广东人民出版社 1996 年版，第 183 页。

镇233户），从业人员1411人（其中德城镇270人）。1953年3月中旬，根据"群众自愿"和"积极引导，稳步前进"的原则，德城镇5户15名打铁的手工业劳动者组织起铁器生产小组，然后把这个小组转为铁器生产合作社。随着第一个手工业生产合作社诞生，铸造业、木器、竹编和缝纫业等也相继发展起来。后来，县工业生产工作组又把德城分散的合作小组合并成两个生产社和三个生产合作组。两个生产社为德城打铁社、铸造社，每社有工人15人。三个生产合作组为县城木器供销生产组、三区（悦城）打铁组和县城缝纫组，每组有工人10人，全县有60名从业人员。1956年全县手工业总产值76万元，为1949年的148.7%。到1957年，德庆基本完成了全县手工业改造工作，手工业合作社和合作小组共有71个，参加人数963人，占当时全县手工业者总数的96%。

三是工商业改造。1954年，德庆县委采取"利用、限制、改造"的方针，逐步开展对资本主义工商业的社会主义改造。1954年上半年，对在1951年登记造册的1029家工商企业（其中工业、商业649家，摊贩380档）进行了调整、整顿，一部分划归国有，一部分转为集体商店。对分布在官圩、马圩、高良、莫村、凤村5个革命老区镇和有老区村的新圩、永丰、九市3个区（乡）的打铁铺、竹（木）器加工小作坊、私营油坊等进行整顿合并改造。截至1956年底，全县改造私营工商业872户、从业人员1638人，纳入各种改造轨道的749户、1451人，分别占私营工商业户和从业人员的85.9%、88.6%。其中，转国营经济和公私合营经济的120户、185人，分别占已改造的户数、人数的13.8%、11.3%；组织合作商店、小组的629户、1266人，分别占已改造的户数、人数的72.1%、77.3%。未改造的123户、187人，按照自愿原则，继续作为个体商业，私人经营，由国营、合作社、国营供销部门加以扶持，有的给予代购代销，有的给予经销。①
公私合营后，对属于民族资产阶级的生产资料采取赎买政策，在
一定时期内无论企业盈亏多少，县政府都按其资产每年给予5%
的贴息补助。对属于生产型的，如松香、酿酒、酱料、印刷、铸
造等行业，在改造中则划归工业主管部门领导，转为国营企业。
其余属流通性质的行业划归商业、供销、粮食等部门领导，并转
为国营或集体企业单位。

通过对农业、手工业、资本主义工商业的社会主义改造，促
进了地方经济的稳步发展，同时也标志着社会主义基本经济制度
和农业、手工业、工商业管理体系的初步建立。

三、围绕"一五"计划目标，促进各项事业发展

1953年，在县委书记陈大良、副书记杨三录、县纪（监）委
书记胡凤主持下，制定了德庆县第一个五年计划（1953—1957
年），确定全县经济发展战略以农业粮食、工业建设为主导，积
极推进各项事业同步发展。"三大改造"的完成，标志着德庆革
命老区已成功地从新民主主义向社会主义过渡。优越的社会主义
制度已经确立，各项事业正在向前发展，国民经济快速恢复。

1. 工业建设迈步向前

中华人民共和国成立初期，全县有集体所有制企业134个，
总产值171.87万元，均属零星分散的个体企业。"一五"期间，
为贯彻中共德庆县第一次代表大会精神，便把这些分散的个体企
业统合起来，由县工业主管部门负责加强协调管理，逐步转为国
营集体企业。如经公私合营后的播植松香厂，通过改进技术操作

---

① 德庆县地方志编纂委员会：《德庆县志》，广东人民出版社1996年
版，第184页。

规程，找出消沫松香结晶，提高了伏油的产品质量，超额完成了当年的生产任务。德城镇棉布个体工业公私合营后，通过开展社会主义劳动竞赛，转变生产关系，较好地完成了当年下达的生产任务。"一五"期间，县政府先是把重点放在利用山区资源优势的松香厂、糖厂等工业企业的建设上。其次是积极发展地方特色工业，如食品加工、五金维修、助农铸造、竹木制品、纺织工业、电力工业、二轻工业等。1953年，在高良建设松香厂。1954年，在德城兴办德庆酒厂、食品厂；在悦城兴办酱料厂、粮食加工厂。截至1957年，全民所有制工业（含公私合营）有高良、工农、工兴、建源、建合等松香厂和悦城酱料厂、德庆糖厂、德庆酒厂、德庆食品厂等20家，有职工2453人；手工业经过社会主义改造，先后组织起缝纫、铁木加工、五金修理、竹木制品等生产合作社（组）31个，从业人员699人。全县工业总产值966.38万元，占工农业总产值的16.3%，平均每年递增17.6%。[1]

2. **粮食生产稳定提高**

1949年以前，全县种植稻谷3.3公顷，总产量43895.45吨。每亩产量只有82.5千克。"一五"期间，基本实现了农业高级合作化。农业生产合作社，在发展农业生产、战胜自然灾害、水利建设、推广先进农业技术等方面显示了作用。1956年，全县粮食产量70413.9吨，比1952年增产19.12%。[2] 1956年6月，中共德庆县第一次代表大会召开后，按照中央农业发展四十条和毛主席关于农业合作化问题的指示精神，大力整顿巩固农业生产合作

---

[1] 德庆县地方志编纂委员会：《德庆县志》，广东人民出版社1996年版，第299页。

[2] 德庆县地方志编纂委员会：《德庆县志》，广东人民出版社1996年版，第183页。

社，较大规模地开展农田水利和水利排灌设施建设，集中力量发展农业生产，以提高稻谷每亩产量为重点，因地制宜发展蚕桑、花生、木薯、甘蔗等经济作物。到1957年，粮食作物种植面积从1949年的3.66万公顷增加到4万公顷，总产量从1949年的45273.7吨增加到74116.15吨，其中稻谷从3.3万公顷增加到3.6万公顷，每亩产量从87.5千克增至137.5千克。1957年农业总产值达到4955.93万元（1980年不变价，下同），比1952年的3810.16万元增加了1145.77万元，顺利完成了"一五"计划目标任务。[①] 在抓好粮油生产的同时，注重林、牧、渔业的发展，重视何首乌、沙田柚的培育种植，开展植树造林。到1957年，全县累计植树造林8377.6公顷，成活面积3157公顷，成活率为37.69%。[②]

3. 商品流通和交通运输达到预定目标

"一五"期间，商品零售总额达1097.8万元，比1953年的798.5万元增加了299.3万元，增长1.37倍。在交通运输业方面，德庆自古是岭南地区东西交通通道，境内设有寿康驿站以迎来送往，西江以水路舟楫航行，四季通畅，经过悦城、马圩河进入德庆境内，而陆路交通多为步道。1932年，县境虽然开通了德庆—高良第一条沙泥公路并通车，但在抗日战争时期被毁。1950年以后，致力发展交通运输业，于1952年首次修复了德城—高良公路（全长33千米）并通车。"一五"期间，开通了从高良至荔枝岗及莫村的简易公路。水路交通运输开通了西江航运和内河（悦城

---

① 德庆县地方志编纂委员会：《德庆县志》，广东人民出版社1996年版第，176页附表。

② 德庆县地方志编纂委员会：《德庆县志》，广东人民出版社1996年版，第229页附表。

河、马圩河）。西江航道在境内设置有德庆港（西湾码头）和悦城港（石街口码头）。古有、莫村、永丰、播植、武垄、凤村的货物进出口由悦城河船运解决，官圩、马圩、高良的货物进出口由马圩河船运解决。

4. 教、卫、科、文稳步推进

教育方面：1956年，全县小学发展到196所，583个班，在校学生23492人，小学教职工679人。[①] 普通中学2所（其中完全中学和初级中学各1所），21个班（初中19个班、高中2个班），在校学生1107人（初中1006人、高中101人），中学教职工68人。在校中小学生共24599人，比1952年的18735人增加了5864人。中小学教育任务达到"一五"计划目标。

卫生方面：1954年，德庆开始实行公费医疗制度。1956年，建立麻风防治站，流行多年的麻风病得到遏制和治疗，到1957年基本消灭了麻风病。1958年，实现了社社有卫生院，比较大的片乡还设有卫生所，方便农村社员就近医治。

科技方面：1956年，先后建立植保站、气象站、科学技术普及协会和扫除文盲协会，将扫盲识字和科普学习宣传结合起来，与农业生产先进技术推广结合起来，同时设立了县农业技术推广站（站址设在官圩），各区（乡）也相应成立农科站。截至1957年，全县发展科普协会会员152人，成立了2个教学组（由教育科负责）和6个（区）基层科普小组，先后开展科普讲座1200多次，举办中小型科普展览56次，培训乡村农业技术人员600余人。

文化方面：1950—1953年，先后成立县文化馆、电影放映

---

① 德庆县地方志编纂委员会：《德庆县志》，广东人民出版社1996年版，第590页概况表。

队。"一五"期间，文化事业以幻灯片、电影放映、农村俱乐部和有线广播为主，县放映队轮流到各区（乡）进行放映，每月在每个区放映 1～2 场幻灯电影。1957 年，全县大部分区（乡）通有线广播，农户人数多的村设立有俱乐部。每年的元旦、国庆，县文化馆还利用黑板报、大字报、广播、书刊阅览等形式，宣传中国共产党、中央人民政府的方针政策，开展形式多样的文娱体育活动。1954 年，创办群众文学园地，办起了《农村文艺》《文艺宣传资料》《德庆文艺》《康州文艺》等宣传报刊。

探索中求发展，艰难里勇奋进

1956—1966 年，中国共产党先后召开了党的第八次全国代表大会和一中、二中、三中全会，党中央向全党全国公布了《全国农业发展纲要》，开展了"大跃进"、人民公社、社会主义思想教育等一系列政治运动，德庆老区人民为改变落后面貌，纷纷投身到社会主义建设的大潮中去，他们在探索中发展，在艰难里奋进。

一、建立人民公社

1958 年 8 月 29 日，中共中央发出《关于在农村建立人民公社的决定》，全国各地农村掀起了大办人民公社热潮。德庆县委迅速组织召开三级干部会议，认真贯彻中共中央指示，于 1958 年 10 月 1 日，将全县 6 个区 220 个高级农业合作社合并为 5 个人民公社：德城、新圩、大塘（回龙）3 个大乡合并成立红十月人民公社（书记黎砚，社长杜义章）；官圩、金林、马圩、高良、罗阳 5 个大乡合并成立红旗人民公社（书记程兆均，社长彭秀）；留村（九市）、悦城 2 个大乡合并成立上游人民公社（书记李光辉，社长梁辉瑞）；沙村（播植）、凤村、武垄 3 个大乡合并成立东风人民公社（书记黄雁南，社长杨继兴）；莫村、古有、永丰 3 个大乡合并成立东方红人民公社（书记莫国强，社长肖国连）。全县加入人民公社的户数 49737 户，占总户数的 99.79%，实现了人民公社化。人民公社化的基本特征是"一大二公"，"大"是规模大，"公"是生产资料公有化程度高，将原有几十甚至上百个经济条件不同、收入水平各异的合作社组合在一起，其土地、耕牛、农具等生产资料全部归公社，实行统一核算、分配，扩大集体所有制规模，国营商业、粮食、银行的基层机构也下放给公社经营，从而扩大全民所有制的成分。人民公社实行的是政社合一，工、农、商、学、兵五位一体，农、林、牧、副、渔综合经营。

1962 年 2 月，全县正式确立"三级（公社、大队、生产队）所有，队（生产队）为基本核算单位"的体制，将组织生产和收益分配的单位统一起来。全县重新组建 15 个人民公社，169 个生产大队，3498 个生产队，平均每个生产队 14 户。经调整后，较好地克服了平均主义，改进了劳动管理，调动了社员的生产积极性。新圩公社新新大队组织全大队社员 500 余人挑着干粮，带着简陋的工具（扁担、镏锄、粪箕），会集在一起挑挖鱼塘，深耕细作，他们工作起来不分昼夜。1958 年 12 月，新圩乡新新农业生产合作社（今新圩镇中垌村委会）由于认真贯彻毛主席提倡的"土、肥、水、种、密、保、管、工"八字方针，成效突出，荣获周恩来总理签发的"全国农业社会主义建设先进单位"奖状。

二、治理崩岗山，荒地变良田

1. 治理崩山，保护农田

德庆是岭南地区水土流失比较严重的县份之一。水土流失已有 160 年的历史，其主要原因有三方面：第一，广大农民受封建统治阶级压迫，为了生存，常年上山砍伐林木、挖树根、烧炭、铲草皮积肥等，把绿油油的山丘变成了"秃头山"；第二，水土流失区域多为花岗岩风化土，土质极其疏松；第三，暴雨频繁，气温高，日照强烈。据 1957 年调查，全县有崩山口 25717 个，水土流失面积 378 平方千米，遍及全县，100 多个生产大队，其中以新圩、官圩、马圩、莫村这些老区乡村最为严重。面对这一棘手问题，县委计划用10—30年或更长时间彻底整治崩山口，把崩山口堵住，防止泥沙祸害农田。县委首先在马圩老区村成立了治理试验站，拿马圩区的金鸡山崩山口作为整治实验基地，从中采集水土流失、崩山原因的相关资料和数据，以便在水土流失区域进行全面治理。经专家论证分析，德庆土壤侵蚀主要为面蚀、沟蚀、崩岗，面蚀年平均侵蚀模数为593.46吨/平方米，沟蚀为1.15万吨/平方米，崩岗为11万吨/平方米，最高为35万吨/平方米。据此，县委把治理崩山口纳入《德庆县发展农业农村经济远景规划》。治理中，在省农林厅的支持和帮助下，在县林业局刘汉绍[1]、黄麻和水利局治水专家沈家安[2]等工程师的指导下，整治工作做到有条不紊地开展。1957年，治理崩山工作在马圩区金鸡山正式实施。区委书记一声号令，区各生产队社员携被子、蚊帐、锄头钊、扁担、镬头、瓦煲等生活用品在金鸡山安营扎寨。马圩区委书记葛世桐、区长徐镜泉（原绥贺支队游击战士）也扛着锄头，与民工一起决战崩山。大家夜以继日地开垦挖沟垒谷坊，经过五年的艰苦拼搏，终于植下一片片台湾相思、香桉、松杉、大叶萢和各类杂木树。原来光秃秃的金鸡山变成了绿油油的山冈。马圩区金鸡山试点治理成功，推动了新圩、官圩、莫村、永丰、播植等公社治理崩山工作，全县崩山治理向纵深发展。"二五"期间，全县共整治崩山口23277处，治愈沟状流失面积150.2平方米，崩塌流失65.6万平方米，面状流失162.2平方米。全县经

---

① 德庆县地方志编纂委员会：《德庆县志》，广东人民出版社2013年版，第762页。
② 德庆县地方志编纂委员会：《德庆县志》，广东人民出版社2013年版，第765页。

治理后的所有荒滩都变成了绿洲、良田，水稻连年丰收。亩产量逐年提升。如：1952 年种植水稻 516854 吨，每亩产 103.5 千克；1957 年种植水稻 3.4 万公顷，总产量 7 万吨，每亩产 137.5 千克；1967 年种植水稻 2.96 万公顷，总产量 95604.45 吨，每亩产 431 千克。德庆成为肇庆地区粮食亩产最高的山区县，达到《德庆农业发展纲要（草案）》所规定的指标要求。德庆治理水土流失工作得到地委、省、国家的充分肯定。1957 年 12 月 4 日，新圩乡新新农业生产合作社获得由国务院授予的"做好水土保持，建设社会主义新山区"锦旗；1958 年 1 月，荣获共青团中央委员会授予的"坚决做社会主义和共产主义突击队"锦旗，是年 12 月，再获国务院颁发的"全国农业社会主义建设先进单位"奖状。

2. 绿化荒山，发展经济

从中华人民共和国成立至 1966 年，德庆林业经历了恢复、发展两个历史时段。1950—1957 年为林业恢复期，重点是营造水源涵养林和水保林，造林 4.4 万公顷，其中用材林 1.4 万公顷，经济林 1.3 万公顷，水保林 1.7 万公顷。1958—1966 年为林业发展期，此时经历了"大跃进""大炼钢铁"和三年自然灾害、经济困难的磨炼。"大炼钢铁"伐木烧炭，造成不少天然原始林木被毁，林业发展速度缓慢。后来纠正"左"倾错误，对林业重新调整，提出大办各级集体林场，开展飞播造林，先后呈现出集体、国营、国家与公社联合三种不同造林形式，公社、大队、生产队联合办林场热潮高涨，办有大小林场 169 个，总面积 1.66 万公顷，每个场的面积都在 333 公顷以上。九市卫星林场因办场成绩显著，获林业部嘉奖。1958—1959 年，悦城、富石、杨梅山、象牙山、莫村三叉顶、新圩水保站等国营林场先后建立，面积 1.07 万公顷。至 1966 年，累计造林 14.86 万公顷，向国家提供商品木材 80 万立方米，松脂 4.2 万吨，桂皮 7.3 万吨，桂油 96 吨，修建林区公路21千米。1957年，全县森林活立木蓄积量为54.36万立方米，比1949年的39万立方米增加了15.36万立方米。1950—1966的16年间，松脂生产522吨。20世纪50年代10年间，松脂总产量为33880吨，平均每年3388吨。60年代10年间，松脂总产量51755.5吨，平均每年5175.5吨。高良公社都洪大队降口生产队社员陈沃英每年采松脂2800千克，由于为革命采松脂有功，被评为德庆县首个农民劳动模范，1958年他出席全国劳模群英表彰大会，受到周恩来总理亲切接见。1952—1957年，全县采购木材17.2万立方米。20世纪50年代10年间，桂皮总产量为9325.6吨，桂油为126.6吨。60年代10年间，巴戟总产量为39.3吨。

3. 兴修水利，治理河道

1949年以前，全县水利基础设施较为薄弱，只有沿江堤围13宗，内河堤围5宗，山塘45座，陂圳12宗，竹筒提水泥草木陂头小水坝45宗，可灌溉农田面积4466公顷。① 旱、涝、洪严重威胁着当地人民，沿西江流域一带人民，如遇西江洪水肆虐，则无家可归；如果长时间不下雨又成旱灾，稻谷将颗粒无收。"一五"计划目标任务实现后，县委、县政府把兴修水利摆上了重要议程。首先，以修建小型水利为主，兴建了一批储水的山塘水库和引水陂圳等农田水利工程。例如，1955年，首建灌溉效益面积86.7公顷以上的九市上垌龙目坑引水工程；1957年10月，动工建设灌溉面积120公顷的悦城罗洪水库；1957年，在莫村老区东、西两边修筑的陂头引水工程，解决了该公社、生产大队273公顷旱区灌溉问题。全县确保灌溉面积从1949年的4466公顷增至8400

---

① 德庆县地方志编纂委员会：《德庆县志》，广东人民出版社1996年版，第240页。

公顷。其次，以兴建水利、水电骨干工程为主，建设了以官圩金林、莫村黄铜降等中型水库和水电站为代表的一批中型水电工程。在建设金林、黄铜降水库期间，每天出动劳动力近万人，他们日夜奋斗在工地上，当时没有工资，只有登记工分，没有肉吃，只有咸菜，一日三餐只有一顿米饭，多以稀粥杂粮充饥。水库建成后，确保全县旱涝保收面积达到 1.02 万公顷，初步解决了官圩、莫村部分村民的照明用电。1955 年，先后建成了回龙大布、江滨、登对围，德城附城围，新圩铜鼓塘、段塘、百丈围，九市三洲、牛头塘、水石佳冲围，悦城连湖塘、木塘、翠塘、大布塘、北边塘围等。1952—1956 年，分别对悦城河、马圩河、绿水河、大冲河、留村河、榕塘河加以全面整治。1952 年，整治马圩莲塘至迳心河段，全长 2 千米。1956 年，整治新圩大桥大埇河段，全长 5 千米。

治山治水，绿化荒山，发展农业生产，离不开老区人民的艰苦奋斗，也离不开带领广大群众战天斗地的领导干部。陈荣森[①]（1931—1987），永丰古蓬村人，1952 年参加工作，先后任古蓬合作社主任、古蓬乡党支部书记、永丰公社党委书记、县水电局局长、德庆县委常委，长期负责全县农业、水利、林业建设的领导工作。在从事农林水利工作的 36 年间，为改变德庆落后面貌，他跋山涉水，带领农林水系统干部和工程技术人员跑遍全县山山水水，实地考察、调研，写出了 23 万字的农业农村调查日记或资料，最终提交县委，县委做出了"战胜西江水，根治悦马河，驯服崩山虎，改造低产田"的决策部署。陈荣森因长期艰苦的农村工作，食不定时、卧不定铺，患上胃病和肝病，但他仍坚持带病工作，直到

---

① 德庆县地方志编纂委员会：《德庆县志》，广东人民出版社 1996 年版，第 791 页。

生命最后一刻。陈荣森为兴修水利治理水患作出了积极贡献，受到全县人民的尊敬和爱戴，他是毛泽东思想培育出来的优秀干部。

三、推动社会各项事业向前发展

1. 科研机构开始建立

1958 年，成立德庆县科学技术委员会。县科学技术委员会联系生产实际，通过电影、幻灯、图片等各种形式，开展科学普及宣传教育，举办各种技术培训班，传播科学技术知识，不定期出版刊物《德庆科技》《科技简报》，交流科技信息，推动工业、农林水畜牧、医药卫生等数个学科的技术研究和技术改革创新工作。截至 1966 年，全县设置了慢性病防治站、气象站、植保站、农科站、水保站、森林病虫害防治站、土肥站等基层科研机构 7 个。这些科研机构的成立，为工农业生产和社会健康进步作出了积极贡献。

2. 教育事业循序渐进

1958—1959 年，县政府为解决广大妇女参加劳动的困难，大办幼儿教育，全县幼儿园从无到有，并发展到 152 所，入园幼儿3753 人。小学方面，1965 年发展至 321 所（其中民办小学 148所），耕读小学 126 所，学生回升到 30935 人，适龄儿童入学率占80.2%。[①] 马圩公社鸭利咀小学为全县第一所民办小学，1963 年由 3 个生产队出资联办，当时只有 1 名民办教师和 24 名学生，后经多方努力，发展成为有 6 个年级 6 个班 106 名学生、7 位教师的完全小学，并开设学前班 1 个班、35 名学生。办学创始人江善璋被教育部授予"全国山区优秀教师"称号。普通中学方面，到

---

① 德庆县地方志编纂委员会：《德庆县志》，广东人民出版社 1996 年版，第 589 页。

1965 年共有 4 所 39 个班（初中 33 个班、高中 6 个班），在校学生 1855 人（初中 1575 人、高中 280 人），教职工 136 人。那时有名气的主要是香山中学和莫村中学。中等专业学校方面，1959 年 9 月开办了德封县①师范学校，设 2 个班，师范生 99 人，学制 3 年。1961 年德、封分县，德封县师范学校改名为德庆县师范学校。另外，相继创办了农业学校、半工半读工业学校、林业中学、卫生学校等。根据"调整、巩固、充实、提高"方针，在办学过程中有保留，也有停办，办学主流一直向好的方向发展。1954 年，全县有 187 个农民识字教学点，共 7723 人入学；1956 年 4 月，县成立扫除文盲协会，发动群众掀起扫盲热潮，创立民办学校 880 间，参加学习的农民达 32624 人。1958 年，城乡各地兴办"又红又专学校"，形成"万人教、全民学"的扫盲高潮。1960 年，全县农村参加学习的农民达 59877 人，有 12925 人脱盲，19540 人进入业余高小学习。1960 年因暂时经济困难，各类"又红又专学校"、民办学校停办；1963 年学校得以恢复，269 人入读业余高小；1965 年发展到 4658 人，其中高小 2251 人，初中 2407 人。

3. 文化事业正在兴起

1956 年后，德庆县先后更名或增建了县文化馆、工人文化宫、公社、大队文化站（室）、俱乐部等，县文化馆内开设有图书馆（室），各类文化活动蓬勃兴起。1956 年，全县建立生产大队文化室 97 个，成立县新华书店；有 18 个业余剧团参加县举行的第一次业余戏剧会演。1957 年，悦城龙母祖庙被列为县级重点文物保护单位，并由肇庆专署拨款维修；县人民戏院落成，增设

---

① 1958 年 10 月德庆与封川合并，称德封县，1961 年 4 月德、封分县，恢复原建制。

移动式 35 毫米电影放映机放映。1958 年，业余剧团发展到 54 个。是年，还兴起了群众性诗歌创作热潮，各公社、大队、生产队的饭堂及公众场所都张贴有群众自发创作的民间诗歌，优秀作品均收录到《诗歌集》《农村文艺》等刊物里。1959 年，成立县电影管理站，有 16 毫米电影放映队 13 个，每年为全县人民放映电影 900 多场，观众达 73 万人次。1960—1961 年，遭遇严重自然灾害及经济困难，相关活动暂停。1962 年，动工兴建县工人文化宫、工人礼堂，文化活动重新活跃起来。1965 年 7 月，首个德庆县文艺宣传队诞生，文艺队组成演员 14 人，俗称"文艺轻骑队"。宣传队分赴各公社巡回演出，宣传毛泽东思想，宣传社会主义制度优越性，宣传好人好事，演出的节目深受群众喜爱。

4. 医疗机构不断增加

1958 年，各区乡村卫生所和各片乡合作诊所均先后合并成为人民公社卫生院，全县共有 15 所。1958 年，第一批成立卫生院的公社有官圩、马圩、高良、莫村、播植、凤村、悦城；1959—1961 年，第二批相继成立的有德城、新圩、回龙、沙旁、古有、武垄、九市；1965 年，全县医疗机构增加到 21 个，医务人员由 1955 年的 333 人增加到 483 人。同时防疫工作也得到进一步加强，对白喉、百日咳、流感、病毒性肝炎、流行性脑膜炎、疟疾、狂犬病等传染病进行有效防治，群众的发病率明显下降，婴儿出生采用新法接生，医疗设备、技术得到逐步改善和提高，医疗制度初步健全。

5. 掀起群众性体育活动

"一五"期间，成立德庆县体育运动委员会。1960 年，举办了德封县第一届体育运动会。1964 年，德城、马圩、悦城 3 个公社分别成立运动委员会，这一年举办德庆县第二届体育运动会，全县有 280 名运动员参加比赛，来自官圩、马圩、高良、莫村、凤村等老区镇的参赛者有 167 人。比赛的主要项目有篮球、乒乓球、舞狮、舞龙、武术等民间传统体育项目。

6. 调整工业布局，改造扩建县城

1962 年，三年自然灾害及经济困难刚刚渡过，县委根据中央的指示，重点调整了农业、轻工业和重工业的比例，调整了积累与消费之间的比例，并提出了一系列相关措施，如采取增产节约度荒、尽快恢复农业生产、落实粮食征购、减轻地方压力负担、调整工农业结构比例等措施。1965 年，全县有全民所有制企业 27 家，职工 1010 人，集体所有制企业 55 家（县属 47 家、各公社 8 家），职工 1109 人（县工业职工 710 人、各公社职工 399 人）。工业总产值 1559.29 万元，平均每年递增 26.9%。

中华人民共和国成立后，县城得到改造和扩建。1950 年开始，全县改扩建了三条混凝土结构水泥主干道，把三前街、学前街、所前街、张牙塘、下马亭合并扩建为朝阳路，分别由东向西延伸；从旧码头向公路头、书院塘、粮食加工厂延伸扩建为解放路；由城西向北城墙改建成环城路。供水、供电、排水等设施得到改善。县政府所属各区（乡镇）政府的市政建设也得到改进发展，各区（乡镇）均设立有银行、粮所、邮电所、财政所、卫生院、人民大会堂、影剧院等。

7. 交通、邮政、水电开始运营

1956 年，县设立南江口港务所德庆联络站。1957 年，从高良至荔枝岗、从荔枝岗至莫村路段按简易公路标准建成通车；1958 年，修筑由任村口至武垄、云楼、高要河台公路；1960 年，修筑新圩至回龙大塘、回澜寺、封开谷圩公路。1966 年夏，成立县山区公路建设指挥部。1961 年，西湾码头建成投入使用，其他航道管理机构逐渐建立。

1958 年，德庆与封开合并，发展邮电机构 45 所（德庆 24

所）。1961年，德、封分县，县城设邮电营业处，各公社设邮电支局。电信网络逐步推进，1961年，全县各地建立农村有线电话站15处，架设电话线路153千米。1965年，省邮电局于香山建设机务站，站内设增音机4部，3路和12路载波机各6部，并附有电力配套设备，成为肇庆地区范围内颇具规模的机务站。

1958年，革命老区官圩公社直安村在金林河利用木水车带动电机发出1.5千瓦的电力。同年，高良公社大江村青年农民自制木制双击式水轮机发电。之后，一批小型、立轴、明槽的木制旋桨水轮机发电先后在永丰等地兴起。1962年，金林水库三级电站投产，装机2台共115千瓦，架线向德城镇送电；1963年，金林水库一级电站投产，装机2台共262.5千瓦。同年，全县水电发电量18.23万千瓦小时，占全县产电能24.83万千瓦小时的73.4%，成为主要电能。①

四、开展农村社会主义教育运动

1963年2月5日，中共中央制定了《关于目前农村工作中若干问题的决定（草案）》，德庆县委根据该决定精神，决定在农村开展以"清账目、清仓库、清财物、清工分"为主要内容的"四清"运动。社教的"小四清"运动从1963年开始至1964年秋结束，分三批开展。1963年8月，选取新圩公社作试点，取得经验后，首批安排在德城、回龙、九市、悦城4个公社；第二批安排在莫村、古有、永丰、武垄、播植、凤村6个公社；第三批安排在官圩、沙旁、马圩、高良4个公社。每批开展"小四清"运动的期限为三个月。县委共派出工作队209人奔赴各公社、大队开

---

① 德庆县地方志编纂委员会：《德庆县志》，广东人民出版社1996年版，第263页。

展"四清"工作，其中第一批 63 人，第二批 41 人，第三批 105 人。参加"四清"的工作队员都经过县委党校系统培训，用毛泽东主席关于社会主义时期抓阶级斗争、反对修正主义、预防腐败等一系列论述，武装每个工作队员无产阶级思想和政治觉悟。1964 年 12 月，中共中央制定了《农村社会主义教育运动中目前提出的一些问题》，德庆县委根据中共中央和广东省委关于进一步深入开展社会主义教育运动的指示精神，重新对全县农村开展"四清"工作做出部署，统一把"清工分、清账目、清仓库、清财物"的"小四清"运动，改为"清政治、清经济、清组织、清思想"的"大四清"运动。社教的"大四清"运动从 1964 年秋开始至 1966 年 5 月结束，开展运动的总体部署与"小四清"基本相同，其主要内容则扩大化，混淆了两类不同性质的矛盾，在所难免挫伤了部分干部的工作积极性，导致个别基层干部受到莫须有的打击。

县委在农村开展的社会主义思想教育运动，遵循的指导思想为：自始至终贯彻"以阶级斗争为纲"，以阶级斗争下的新形势新特点武装干部群众，以揭露"和平演变"和反革命两面派手段为中心内容，把锋芒对准"四不清"① 干部和破坏社会主义建设的阶级敌人，揭露和解决干部队伍中暴露出"和平演变"的思想问题；自始至终走群众路线，把贫下中农发动起来，放手发动群众，揭开干部"四不清"盖子，做防修反修的坚强战士；自始至终通过社教提高广大人民的思想觉悟，切实把农村生产搞上去。社教运动总体还是良好的。1963—1966 年的社教运动，对于解决干部作风和经济管理、滋长腐败等问题的确起到警醒及教育的重要作用。在农村党员干部中比较普遍存在的贪小便宜、大吃多占、

---

① "四不清"：指政治不清，经济不清，组织不清，思想不清。

官僚主义、瞎指挥、贪污腐化、投机倒把、欺压百姓等问题，通过农村大、小"四清"的社会主义思想教育运动，充分得到及时的遏制和解决，农村基层组织建设得到进一步巩固和提高。革命老区高良公社联合大队，通过社教运动，各项生产取得节节胜利，1965年利用山坡地种植花生9.8公顷获得0.16万千克的大丰收，种植水稻平均每亩收获稻谷250千克，生猪存栏量每家每户达到3.1头。大队、生产队干部"四不清"的问题已全部解决。例如，1965年，武垄公社栗村大队党支部书记、副书记、大队长在深耕改土、治理烂湴田、消灭水稻病虫害的战役中，亲自深入各生产小队，与贫下中农同食、同住、同商量、同劳动。他们白天与社员下地劳动，晚上开会，走家串门，访问农户，遇事与群众商量，共谋生产发展大计，深受群众欢迎。革命老区高良公社党委副书记何樟南每到一个大队首先深入贫下中农家中进行访问，虚心倾听群众意见，了解群众生活，积极帮助各生产大队搞好生产、改善生活。高良公社23个生产大队的干部在其影响带动下，也纷纷到各生产小队挂点或驻队，仅1965年上半年，全社大队干部共帮助了528户贫下中农解决了生活困难，帮扶资金2009元，拨付稻谷1786千克，发放猪苗475头，发给生活困难的贫下中农布票50尺，解决了部分贫下中农的穿衣问题。

在开展农村社会主义教育运动的同时，县城、各机关单位、公社圩镇根据上级指示精神，也开展了以"反对贪污盗窃、反对投机倒把、反对分散主义、反对官僚主义、反对铺张浪费"为主要内容的"五反"运动，认真贯彻毛泽东主席"贪污和浪费是极大的犯罪"的重要指示。1964年，县委成立增产节约和"五反"运动领导小组，组长肖轩，副组长沈云海，组员李振昌、曲英臣、叶耀堂、王尚奎。中共中央提出在城镇、机关单位开展的"五反"运动，重在组织机关单位职工学习毛泽东主席关于"五反"

的论述，开展讨论，提高自身思想觉悟，端正态度，进行自我改造，在改造客观世界的同时，改造自己的主观世界，洗手洗澡，兴无灭资，清除一切腐朽没落的资产阶级思想。这次"五反"运动从 1964 年开始，至 1966 年上半年结束。通过"五反"运动，进一步肃清了干部职工的贪腐思想和奢侈行为，提高了广大干部职工拒腐防变的免疫功能。县商业系统属下有 7 个公司，368 位员工参加了"五反"的学习、整顿。通过开展这一运动，较好地解决了本系统中个别干部职工存在的贪污腐化问题，有力震慑和打击了一切贪污、投机倒把分子，调动了广大员工的工作积极性，密切了党群关系，经营风气明显好转，全心全意为人民服务意识不断增强。

曲折中谋建设，徘徊里试改革

1966—1976 年，德庆和全国各地一样，开展了"文化大革命"运动。1966 年 6 月 5 日，县委成立领导小组，先在宣教系统开展"文化大革命"，并逐渐铺开。其间出现部分学校停课、工厂停工，大批知识分子和一些干部被批斗冲击，各级党政机关陷于瘫痪状态。尽管如此，县委、县政府始终坚持中国共产党的领导不动摇，坚持走社会主义道路，老区人民在中共德庆县委领导下，坚持抓革命、促生产，大搞农田水利基本建设、革新工业技术、落实农村经济政策、发展社队企业，恢复和发展各项事业。1976 年 10 月，粉碎"四人帮"后，通过拨乱反正，德庆的政治经济和社会各项事业逐步回归正轨。

一、大搞水利建设，确保农业丰收

1967 年 2—9 月，县委先后成立生产临时指挥部、抓革命促生产领导小组。1968 年 3 月，设立革命委员会党的核心小组，实行党的"一元化"领导。1971 年 3 月 26—30 日，召开第三次党员代表大会。会议提出了以治水、增肥、改土为中心的农田基本建设规划，决心"重新安排河山"，其口号是"战胜西江水，根治悦马河，驯服崩山虎，改造低产田"。围绕这一目标，全县人民行动迅速，全身投入到筑堤垒坝、建设大中型水库、改造低产田和开山造田的群众运动中去。

　　1966—1976 的 10 年间，每年都利用秋冬季节组织数十万民工奔赴德城大桥联围，悦城中地、响水、洲林、庙边、沙湾，九市三洲、旧圩、甘力、辣头、上垌，新圩河口、石角，回龙绿水、江滨、建发等堤围工地筑堤垒坝。在各个筑堤垒坝的工地上，民工不分昼夜地干，他们不怕苦、不怕累，齐心协力战斗在工地上，每个工地每天都有上百人或近千人在担泥抬石筑坝。如 1969 年修筑德城大堤时，就有来自全县各公社大队、生产队的民工 1.2 万人会合在德城大堤担泥砌石垒坝。当时工地没有电灯照明，只好点燃松香树头、篱竹当火把，点燃煤油汽灯。德城大堤从三元塔根至西湾书房村（自来水厂处）连成几条"火龙"，形成一道亮丽风景，堤坝全长 6 千米，每千米就有约 1500 个民工在挑泥砌石垒坝，场面壮观。在其他各处工地上也纷纷呈现出"你追我赶、快马加鞭""众志成城争跃进，万众移石筑堤坝"的景象。来自广州、潮州、肇庆、德城镇及广西等地共 2359 名上山下乡知识青年也积极投身到筑堤的建设中去。仅 1969 年，建设大桥联围就投入 536 万个劳动日，筑起土方 105 万立方米、石方 2.8 万立方米，建成了 7800 米的防洪大堤。该堤捍卫人口 45000 人，耕地 986.5 公顷。1970 年，德城大堤和沿江的好几条大堤均经受了洪峰水位 17.91 米的特大西江洪水考验，防洪大堤固若金汤。另外，从全县抽调青壮劳动力 1.2 万人奔赴全县正在规划建设的莫村古有黄铜降、莫村河涝坪水库，永丰古蓬富林水库，官圩冲源、仙罗、金林水库，凤村双枝塘、中坑水库，高良和平寺田水库，九市利垌、龙目水库等开展移山填溪筑水库的蓄水发电灌溉工程。据统计，1976 年全县兴建的大、中、小型水利水电、农田基本建设等工程就有 3600 余宗。其中最为大型的是古有黄铜降、官圩冲源、莫村河涝坪、永丰古蓬等水库。黄铜降水库蓄水面积 25.8 平方千米，河流长度 9.81 千米，总库容量 1542 万立方米，控制耕地面积 2200 公顷，装机容量 4×800 千瓦。冲源水库 3730 万集水面积 73.5 平方千米，河流长度 9.81 千米，总库容量 3730 万立方米，土坝高 51.2 米，灌溉农田 2173 公顷，装机容量 1250+500 千瓦（2 台）。

在全县筑堤建水库的大潮中，涌现出无数英雄，好人好事层出不穷。中共党员、归国华侨刘汉钦①（1926—1986），广东兴宁人，1951 年被组织安排在德庆，先是参加土改工作，后把一生投入到农业基础建设事业中，他是水利建设的"拓荒牛"。1962 年建成德庆第一座中型水库后，他接受组织安排，奔赴金林水库担任管理处主任，他一直以水库为家，把水库管理得井井有条。1969 年 6 月，德庆第二座中型水库古有黄铜降水库电站上马，他担负黄铜降水库建设工程副总指挥，负责施工管理工作，他以身作则，和干部、民工同甘共苦，风餐露宿，安营扎寨，日夜奋战。1974 年黄铜降水库电站建成后，他又以县水电局副局长为衔，到德庆第三座中型水库官圩冲源水库担当工程副总指挥，负责建设工程具体工作。他由此荣获肇庆地区科技进步奖（1977 年）、广东省水利水电系统先进个人奖（1978 年）。由于他不顾自己患有高血压，常常把几天要做的工作在一天里完成，长期处于过度疲劳状态，曾数次晕倒在工地上。在大抓农业基础建设中，像刘汉钦那样为水利建设事业付出辛勤汗水和牺牲个人利益的，还有许多民工、干部、工程技术员、上山下乡知识青年等。

二、开展路线教育运动，掀起农田建设高潮

1973—1976 年，德庆县委根据中共中央的有关政策，恢复

---

① 德庆县地方志编纂委员会：《德庆县志》，广东人民出版社 1996 年版，第 790 页。

"文化大革命"前的建制，调整了县革委会相关机构，机构调整后，坚持两手抓。

一手抓革命。从省、地、县直机关部门、学校、工厂、公社、生产大队抽调累计共5121人组成党的基本路线教育工作队，分五批奔赴各公社、生产大队开展党的基本路线教育。第一批开展运动的时间为1973年9月至1974年6月，主要从县直党政机关、有关公社抽调干部267名（后缩减为178名）的党的基本路线教育工作队，分别奔赴新圩、官圩、沙旁及所属圩镇共31个生产大队开展批林整风，斗私批修，防止资本主义复辟，向广大干部群众进行党的基本路线教育，3个公社共培训批林整风理论辅导员1950名，这些辅导员结合本地实际，写出革命大批判文章9157篇（其中官圩2985篇、新圩2380篇、沙旁3792篇）。通过这次路线教育，纠正了农村生产"重副轻农""重钱轻粮""重个人轻集体""弃农经商""副业单干"等资本主义倾向，整顿了社队企业、圩镇商业，进一步明确了农村集体化道路的方向目标。对一些危害社会的四类分子、投机倒把分子、贪污盗窃分子、搞资本主义复辟分子共217人进行了严厉打击。同时，清查和揭露出投机倒把、贪污盗窃金额23752元，追回外出搞副业承包欠款16865元，处理侵占集体土地私自种菜51.7公顷，首批路线教育初步取得成效。第二批开展运动的时间为1974年7月至1975年6月，分别安排在古有、莫村、永丰、播植、武垄、凤村6个公社、64个大队、6个圩镇、119个镇机关单位开展路线教育运动。这次运动共组成工作队6个，队员1021人。这次路线教育的重点是"三批二打"，即批林批孔、批判修正主义、批判"孔孟之道"，打击"新生资产阶级分子"和"暴发户"，教育干部群众，整顿各级领导班子，提高各大队、各公社圩镇机关单位领导班子战斗力。第三批开展运动的时间为1975年9月至1976年5月，分别安排在马圩、高良、悦城、九市、回龙 5 个公社和德城 1 个镇，重点是德城镇和悦城公社圩镇。这批路线教育工作队规模大、格局高，从肇庆地委、县、社三级抽调力量组成 1376 人的工作队，是开展三批运动中工作队员最多的一批。这次运动重点是组织广大干部群众学习毛泽东主席关于切实做好反修防修、安定团结、坚决要把国民经济搞上去的三项重要指示，以无产阶级专政理论为统领，坚持工业学大庆、农业学大寨，严厉打击一切破坏社会主义秩序的阶级敌人。这次运动，教育和挽救了 418 人，批判了资本主义复辟的人物 463 人（其中批判蜕化变质分子 134 人），清理出贪污、盗赃款 11.96 万元。第四批开展运动的时间为 1976 年 10 月至 1977 年 4 月，历时 7 个月，重新安排在德城、回龙、马圩、凤村、悦城。这批路线教育工作队有 1730 人，其中有 366 人进驻前三批已开展过路线教育运动的 10 个公社，有 125 人进驻县重点水库区，有 100 人进驻县直机关及厂矿企业。这次运动重点是贯彻落实华国锋主席提出"抓纲治国"的战略决策，继续揭批"四人帮"，稳定大局，探索农村土地承包试点工作。这次运动，打击违法犯罪分子 22 人，没收不法金额 10494 元，粮票 158 千克，布票 39 尺，肉票 2696 元。仅悦城就清查出贪污赃款 14458 元，涉案 8 宗 10 人。第五批开展运动的时间为 1977 年 6 月至 1978 年 5 月，全县共组成工作队员 733 人，其中安排有机关干部 292 人、教师 75 人、职工 37 人、农村回乡知识青年 179 人、城镇上山下乡知识青年 150 人。这次运动是在全县范围内同时铺开的，教育的重点是贯彻中共十一大的路线方针，继续打击破坏社会主义的阶级敌人，肃清"四人帮"余毒，整顿各级领导班子，尤其是整顿"软、懒、散"的党支部，整顿公社不良经营管理，在社队开展"一批二打三整顿"① 活动。通过开展这一系列活动，全县揭露出违规案件 223 宗，涉案人员 277 人，涉案金额 15.62 万元，粮票 2842.5 千克，肉票 5868 元，化肥 966 千克。通过党的基本路线教育运动，使各级党支部得到进一步加强，"各尽所能，按劳分配"的社会主义分配制度得到更有效的贯彻和落实，广大干部群众的社会主义生产积极性得到充分发挥。

一手抓生产。结合农村党的基本路线教育，大搞农田基本建设。1973 年秋收后，各公社、生产大队都利用这个季节进行施工。在改造农田中，以生产大队或联队规划垌面比较宽阔的田间进行连片整治，把小田拼成大田。搞农田建设重在突出"两整治一改造"，即整治淤积河道，裁弯取直，疏通河道淤积；整治低塱、山坑烂涤田，使小田变大田；改造耕地土壤结构，堆沤绿肥，使水稻低产变高产，确保长效丰收。县委提出的决策部署，得到广大人民的积极响应。全县广大党员干部始终吃苦在前。原绥贺支队二团战士、时任中共德庆县委常委兼播植公社党委书记陈炳华②，1936 年出生，男，德庆官圩人，按照县农田基本建设指挥部的部署，组织播植公社广大干部及数万名民工率先打响了整治悦城河的第一枪。连续三年利用秋冬农闲时间，在没有任何机械化的情况下，完全靠人力，搞人海战术，完成了这一艰难而又巨大的改河工程。工程的重点是整治植村至龙福、龙福贯通悦城军岗佐岗狼笃山山洞，全长 22 千米（其中狼笃山山洞 2 千米）的弯曲河流，该河段途经植村、植市、洛阳、虎岗、前案、新合、龙

---

① "一批二打三整顿"："一批"指继续揭批"四人帮"，"二打"指继续打击违法犯罪分子，继续打击破坏社会主义的阶级敌人，"三整顿"指整顿各级领导班子，整顿党支部，整顿不良经营管理。

② 德庆县古今人物录编委会编：广东顺德奥马广告策划有限公司承印《德庆古今人物录》，2008 年 12 月版，第 77 页。

福 7 个生产大队，河西岸 38 个自然村 77 个生产队，受益人口 9906 人，保护农田 760 公顷、旱田 39 公顷，有 485 公顷农田从根本上消除了特大洪涝威胁。播植公社整治河道的先驱行动，带动了全县的河道整治向更深更广迈进。接着涌现出武垄任村改河，永丰金郡、荔枝岗改河，莫村双栋、富源改河，高良旺埠、罗阳、新江、石头、官村改河，马圩莲塘、社步、大益、古垒改河，官圩垌心、五福、梁村、文生改河，九市鸭利嘴、上垌盲埇改河，凤村宝坪、禄村、格塘、古杏、双汶改河，等等。筑山塘，治理崩岗，改造烂泬田，小田变大田、小垌变大垌的热潮与日俱增，垌面农田面积由小变大。经过整治后，就有新圩大同垌，九市上垌、垌寮、留村垌，悦城罗洪垌、翠塘垌，旧院垌，凤村禄村垌、棠下垌、双汶垌、百步垌、宝坪垌、匝村垌、大村（清任书室）门前大垌、农联垌、坑坪垌，高良罗阳垌、旺埠垌，马圩荣村垌、回龙绿水大木垌，官圩梁村与胜敢连成一大片（号称"万亩良田"）的大垌面，等等。这些连片成幅的耕地，大多数面积都在 33～66 公顷，有的在 66 公顷以上，而仅悦城罗洪垌就有 332 公顷。这些宽阔的田野为日后进行农业现代化建设奠定了基础。在大抓农田基本建设的高峰期，全县每天出动劳动力 8.7 万多人，完成土石方工程 3520 万立方米。通过大搞农田基本建设，全县旱涝保收面积从原来的 6667 公顷拓展到 1.2 万公顷。

农业学大寨运动是在特定历史条件下，由农村亿万干部群众参加的一场持久而复杂的运动。大寨人的自力更生、艰苦奋斗精神，确实激励着朴实勤劳的德庆人民战天斗地夺丰收的热情。全国学大寨，广东学屯昌，肇庆学罗定，德庆学垌寮。九市公社垌寮大队是德庆县农业学大寨的一面旗帜。时任垌寮大队党支部书记石水盛①（1932—2003），系九市洞寮村人。他带领洞寮大队人民与恶劣的自然环境作斗争，通过创造"筑梯级塘、开溢洪道、修环山沟、植树造林"和"顶上开天沟、崩山口下筑谷坊、崩山口内种松树、既治标又治本"的治理方案，与毗邻甘力、旧圩大队齐心协力筑起了长5.9千米，坝堤高19.25米，能抵御德城水位22米的三洲围，从根本上解除了旱患、洪灾对洞寮的威胁，保护了农田，同时绿化荒山334公顷，扩充水田面积6.8公顷。另外还办起各种农副产品加工企业，如水力发电、粮食（饲料）加工、榨油、石灰、炸药、砖瓦、烤烟、切粉厂等，兴办有"三鸟"孵化场、养殖场，三华李果场，全大队拥有各种农业机械设备40多套。为此，洞寮大队多次获县委表彰，被评为德庆县"农业学大寨、工业学大庆"标兵单位。石水盛被评为标兵个人，先后被提拔担任九市公社革命委员会常委、中共德庆县第三届委员会委员、九市公社党委副书记（不脱产），中共中央、国务院组织其赴朝鲜考察农业（1975年），被选为中共十一届全国代表大会代表（1977年）。

三、造林管林并重，确保绿水青山

1967—1978年，林业曾一度陷于被动局面，虽有常年造林，但常年造林不见林，木材超计划砍伐，没有规范限额采伐。1974年，德庆县委根据肇庆地委《林业规划纲要》精神，提出大抓山、水、田、林、路的工作部署和要求，致力培育山区资源，坚持三分种植、七分管护。1973—1975年，通过争取国家对革命老区村的林区公路建设资金，先后开通了官圩至冲源、官圩至大蒳

---

① 德庆县地方志编纂委员会：《德庆县地方志》，广东人民出版社2013年版，第765页。

崩坭、官圩至沙旁，高良至罗阳、江南、五福，旺埠至云利、五星黄石降，旺埠至万星、和平、凤村匝村，高良新江至官村、中雄，高良至都洪、洞源，莫村圩至大灯笼、富源、三叉顶林场等老区村林区公路，总长度为106千米。1975年秋，为贯彻肇庆地委、行署在怀集召开的地区山区工作会议精神，在全县15个公社分别办起了采育场。采育场具有统一规划、统一管理、集约经营、便于机械生产等优点，促进了林业生产发展。1975年冬，高良公社先后在高雄云利建设了2个666公顷的以松、杉为主的社队联合林场。1967—1978年的11年间，沿用20世纪60年代植树造林的工作方法和技术措施，在营造用材林的基础上，发展油茶果等经济林，不断提高林业的经济效益、社会效益和生态效益。1978年，全县共造林3.62万公顷，成林2.91万公顷，成活率80.5%，年均成林2906公顷，有松林10万公顷，巴戟、肉桂3.3万公顷。

1974年，松脂、松香加工生产创历史最高水平。1977年，生产松脂9921吨，加工松香7700吨。1968—1977的10年间，全县共生产松脂95636.15吨，年均9563.6吨。高良公社荣获国家林业部颁发"青山常在，松脂长流"锦旗。为调动广大脂农的生产积极性，县委、县政府出台了一系列党的农村经济政策，尤其在松脂生产上实行"按劳分配，多劳多得"的鼓励政策，使广大脂农能正确处理好国家、集体、个人三者之间的关系。高良公社脂农在每年的采脂工作中均实行定时间、定任务、定劳力、定分工、定山林面积和奖励大米化肥的"五定一奖"制度，同时实行工分结算加补助伙食现金的合理互利办法。高良公社冲口大队第三生产队安排采脂人员12人，每人任务2000千克，松脂款每元记6.8工分，任务内抽出10%作为脂农菜金奖励，超额部分有20%归脂农所得。相关奖励激励机制出台后，极大地调动了脂农上山采脂的积极性，使该生产队超额完成了当年采脂任务，上交采脂数量为 26500 千克，实现了造林、管林、护林三管齐下。

四、实施"三五""四五"计划，全面完成各项任务

1966—1976 年，虽处"文化大革命"时期，但县委毫不动摇，按原来制定的"三五""四五"计划实施，全面完成各项任务指标，并取得良好成绩。

1. 工交通信向前推进

1969 年后工业生产逐渐恢复正常，1970 年全县工业总产值 2053.03 万元，占工农业总产值的 24.9%，平均每年递增 5.7%，比 1965 年工业总产值 1559.29 万元增长 32%。在发展工业的道路上，更是注重巩固老企业，发展新企业，如巩固了莫村古楼铸造业、德庆首乌酒厂，同时还办起小煤窟、小农机、小水电、小炼铝、小炼锡等"五小"工业。1971 年后，结合本地实际，根据"分散、背山、隐蔽"和工业生产要小而全的要求，大搞后方山区三线建设，先后建成了阀门厂、农机厂、水泥厂、铝厂、电机厂、无线电厂、氮肥厂、磷肥厂、机砖厂、缫丝厂、电灯泡厂、饮料厂和各公社 10 多家水力发电厂等全民所有制工业企业，工业总投资 1320.03 万元，为新中国成立至 1975 年的 26 年工业总投资 2124 万元的 60%。在"四五"期间，二轻工业和公社集体企业也有较大发展。农村生产大队和村办的砖瓦、石灰、陶瓷、缸瓦等小工业相继呈现。1975 年，全县有集体所有制工业 95 家，职工 3339 人，全民所有制工业 38 家，职工 9974 人；全县工业总产值 3506.8 万元，首次突破新中国成立后的最高工业产值，占全县工农业总产值的 32.7%，平均递增 11.3%。林产化工厂成为全县国营企业的佼佼者，它主要生产松香、松节油，1976 年产值 2814.7 万元，固定资产净增值 552.9 万元。

1966 年夏，成立县山区公路建设指挥部。到 1968 年，以革

命老区莫村为中心点，先后修通莫村至广宁木格、莫村至封开河儿口公路，贯通了广宁、怀集、封开、德庆4县交界的广阔山区，向北至广宁木格，可通广宁、怀集，向西通封开河儿口，可与封开谷圩、怀集连接。1968年，公路发展到220.28千米，全县15个公社，除沿江的悦城、九市外，13个公社全部通车。向东可衔接高要、肇庆，向西可连接封开、梧州，南通罗定，北至广宁、怀集。1975年开始修建沥青表面处理的柏油路，在德城环城路、渡口至新圩，肇庆至梧州部分路段共修建沥青柏油路6015米。汽车运输从1957年有货车6辆，发展到1975年拥有载货汽车54辆，其中汽车站有13辆，年货运量11.91万吨，货物周转量200.38万吨。当时拥有汽车的单位主要是汽车运输站、粮食、林业森工、供销、商业等部门。其他各种运输工具从用木材自制"鸡公车""大板车"，开始逐渐发展到自行车，20世纪70年代之后自行车数量大幅度增多，以广州红棉牌自行车最多，其次是上海凤凰牌、永久牌自行车。1959年，全县拖拉机只有4辆，1966年发展至11辆。1969—1976年，先后修建大中型公路桥梁27座，桥宽一般都在5米左右，负载13吨左右，最长的是永丰金郡双曲桥86.6米。1972年，于德城西湾码头安装了桥式固定吊机和道轨活动浮吊，取代了肩挑和背扛。1970年，于德城大桥甘塘村西江河岸动工兴建通往郁南南江口的渡口，渡口长80米，宽6米，用水泥砖铺砌而成，1972年8月1日正式通车，成为粤西地区西江南北两岸沟通和货物流转的主要渡口之一。

1975年底，肇庆地区邮电局开通了肇庆至梧州的即日办理汽车邮路，全程204千米，途中经武垄、永丰、高良、马圩、官圩、德庆至封开、梧州等局交接邮件，从而加快了邮运时间。1976年，德城内、各公社圩镇内、农村各生产大队电话通信网络初步建立，各公社圩镇机关单位和全县175个生产大队都通有线电池手摇电话。

工业交通邮政事业的起步发展，离不开老区工人和工程技术人员的艰苦奋斗，更离不开大庆精神的激励与鼓舞。工人们在工业学大庆运动中按照毛主席"独立自主，自力更生"的指示，走德庆山区工业发展之路，大胆创新。1954 年毕业于中山大学机械工程学专业的温守怡①（1920—1984），系德庆德城人。他响应县委招聘高级工程技术员的倡议，主动担任县粮食加工厂和火力发电厂工程技术组组长、科长、专职工程师等重担，勤恳踏实、毫无保留地施展其平生所学技能，先后设计工具打字机、刨床夹具等技术革新项目，提高生产功效 10 多倍。县林产化工厂技工、化验员、车间主任谢伟鸿②（1927—1990），系德庆高良人。他从1943 年进入老区高良源源松香厂做甑香工开始，直到德庆解放后在县林产化工厂当技工，40 年如一日，凭借对党的忠诚，以一名普通党员的身份，刻苦钻研技术，开展技术革新。1958 年，他利用工余时间，与另一工人合作，通过半年多的实验，研制出水力洗（松香）桶机，变人力洗桶为水力机械洗桶，减少了劳力，提高了功效 16 倍；之后，他又研制出新型水力抽水机，把过去用旧式竹筒水车装水到水池的落后生产工艺改造为把水直接自动输送到各生产车间的先进工序，既节减了人力和劳动强度，又提高了水源快速冷却，较好地提高了松香的产品质量，使松节油的出油率由原来每 50 千克生松香出油只有 6 千克提高到 6.5 千克，特级、一级醇香质量从 70% 提升到 90% 以上；此外，他还创造了

① 德庆县地方志编纂委员会：《德庆县志》，广东人民出版社 1996 年版，第 790 页。

② 德庆县地方志编纂委员会：《德庆县志》，广东人民出版社 1996 年版，第 792 页。

"单人过磅法""双重过滤器"等先进技术。他不断探索和改进松香生产工艺，不断创新生产工具，因此多次被县、地区、省评为先进工作者，被林业部授予"林业大跃进标兵"，出席省在江门地区召开的工矿交通群英大会，出席全国工业交通基建财贸社会主义建设先进集体（个人）表彰大会，获得许多奖章、奖状和奖品。他退休后还继续为林产化工厂作贡献，1990年1月31日，终因积劳成疾，不幸逝世。

2. 文教卫体发展迅速

"一五"和"二五"期间，全县已按要求完成了扫盲任务，但到"文化大革命"期间，扫盲工作停顿，又出现了一批新文盲和半文盲，有7942名学生辍学，占全县总人口的2.6%。1969年秋，遵照毛主席"把学校办到农民家门口"的指示，县委提出了"读初中不出大队、读高中不出公社"的口号。原来只有香山中学、莫村中学2所完全中学和悦城中学、斌山中学2所初级中学，1972年全县公办普通中学发展到14所、民办中学3所，小学附设初中班86所，小学309所，1042个班，在校学生32587人。

1968年，县文化馆与电影、广播、新华书店、德庆剧团合并，组建为"德庆县毛泽东思想宣传站"，1973年5月改名为"德庆县文化局"。县文化局重新履行自身职能，文化馆也同时恢复，在县文化局领导下从事群众文化工作。文化馆分别设立社会文化组、文学创作组、美术摄影组等。

1966—1976年，医疗队伍不断壮大，全县医务人员从425人增加到611人，农村医疗站由原来只有55个增加到152个。毛泽东"救死扶伤，实行革命的人道主义"的精神得到弘扬，医生、护士的医德医风良好，备受尊重。公共卫生工作积极推进，无论县城城镇、各公社圩镇、各乡村都普遍加强了对饮用水与粪便的卫生管理，同时还开展了改水井、改圈养牲畜、改节燃炉灶、改卫生厕所、改污染环境的"五改"爱国公共卫生运动。后来再施行以全民灭蚊、灭蝇、灭鼠的"三灭"行动，实施绿化、美化、净化为中心的爱国卫生举措，逐步在县城和各公社圩镇建立门前包卫生、包绿化、包治安的"三包"制度。通过大抓群众卫生工作，老百姓疾病发病率明显下降。1976年，消灭了白喉病、麻风病。

"文化大革命"期间，学校体育课一度改为"军事体育课"。1975年，县属师范学校开办了一期两年制的小学体育教师培训班；部分中小学开始试行《国家体育锻炼标准》，1978年，全面推行"两课""两操""两活动"，《国家体育锻炼标准》达标率逐年上升。群众体育活动蓬勃开展，篮球、乒乓球运动逐步普及到机关、企事业单位和广大农村。每年重大节日，很多单位和农村都举办篮球赛或乒乓球赛。1977年，县组织中学生乒乓球选手参加肇庆地区学生乒乓球赛，获中学男子混合组团体第一名。1978年，德城朝阳小学球队获肇庆地区小学生乒乓球赛团体第一名。

3. 科研工作逐步展开

1967年，县科学技术委员会改为县革委会生产组科技办公室，1973年改为县科学技术局，下辖县农业科学研究所、植保站、土肥站、林科所、森林病虫害防治站、气象站、农机研究所、地震测报站等科技机构。县科学技术局先后开展改良土壤、崩山治理、水稻良种、无土育秧、花生高产、钽铌冶炼、氮增效剂、巴戟栽培等科研项目，均取得一定成效。水土保持科研项目，受到联合国教科文组织关注。1978年6月11日，尼泊尔政府水土保持考察团共9人来到德庆，进行水土保持考察，对德庆重视水土保持科研工作予以高度评价；1988年10月24日，联合国教科文组织成员在时任德庆县政协主席莫伯彤陪同下，到县林科所考察治理水土流失科研成果，充分肯定德庆治理水土流失作出的贡献。

利用科技发展养猪业，如何广辟饲料来源，发展饲料生产，这是首先碰到的一大难题。全县生猪饲养量要达到 24 万头，按养每头猪需 250 千克糠计算，全县需要糠料 0.6 亿千克，而粮食部门能提供的和社员自有的全部糠料加起来只有 3000 万千克，还缺 3000 万千克。利用杂品饲料是一个解决饲料不足的好办法，稻草、麦秆、玉米秆、花生藤、黄豆藤、木薯头、甘蔗头等经过加工粉碎和糖化后，可以成为粗饲料，特别是稻草，全县有 1.53 万公顷稻田，每年可收稻草 1.25 亿千克左右，如果把其中一半利用起来，就可供 23 万头猪常年喂养。但这些粗饲料如果不经处理，猪不爱吃，吃了难吸收。如何进一步把这些粗饲料变成好饲料，变成猪爱吃、易吸收、长膘快的好饲料，是一个急待解决的问题。德庆师范学校组成干部、教师、学生三结合的科研小组，与大桥联围管养站合作，共同对粗饲料加工问题进行攻关。在浙江省农科院和中山大学生物系师生的大力帮助下，在省、地科技教育部门的支持下，通过不懈努力，德庆师范学校在糖化粗饲料方面取得初步成功。他们将稻草粉碎后，经过纤维素酵菌的微生物作用，把一部分稻草纤维酶解为葡萄糖，形成猪所爱吃的饲料。特别是经过试验设计，优选出菌种培养基的合理配方，使菌种长势旺盛，孢子丰富，酶活力增强，进一步提高了糖化饲料质量，使其含糖量达 10%，粗蛋白达 6% 左右，发出一种浓甜酒香味，猪特别爱吃，而且易于消化吸收、长膘快。经过几个月的饲养试验，证实稻草粉碎糖化后完全可以代替统糠，为广辟猪饲料来源，促进养猪事业的大发展作出了积极贡献。德庆师范学校研制使用稻草糖化饲料养猪工作的成功经验，得到地委、省委乃至国家的重视。1975 年 11 月，全国 19 个省、54 个单位参加了在德庆召开的全国酶解粗饲料科研协作会议，德庆师范学校校长张青标在会议上介绍了研制使用稻草糖化饲料发展养殖事业的经验。会议之后，参会代表还参观了德庆师范学校、德城粮所的酶化饲料生产车间和养猪场以及回龙公社宾村、陈村、戴洞等大队糖化饲料的百头养猪场，来自全国各地的代表对德庆推广使用稻草糖化饲料养猪工作予以高度评价。德庆师范学校成功研究的糖化饲料养猪技术，得到养猪大户青睐。

五、拨乱反正，迎接改革

1976 年 10 月 6 日，华国锋、叶剑英、李先念等党和国家领导人代表中共中央、国务院执行党和人民的意志，一举粉碎了"四人帮"，消息传遍德庆大地。全县广大军民奔走相告，10 月 20 日，在县城和各公社分别隆重集会游行，衷心拥护中共中央的英明决策。

1976 年 10 月下旬，德庆县委召开各部门、系统、各公社党委、大队支部书记三级干部会议，传达贯彻中共中央有关文件精神，贯彻华国锋主席"抓纲治国"的重要批示，继承毛泽东主席遗愿，用毛泽东思想武装全党全国人民，掀起真理标准讨论热潮，深入揭批"四人帮"，并把揭批"四人帮"所激发出来的干劲及时引导到各项事业建设中去。首先是做好拨乱反正工作，纠正"文化大革命"时期的"左"倾错误，审理了一批冤假错案，对在"文化大革命"中违法犯罪或犯有严重错误的人与事分别予以依法处理。同时，根据中央和省委、地委的指示精神，全面落实了党的各项政策，使在"文化大革命"期间受诬蔑、迫害的干部、知识分子得到平反昭雪。接着是因势利导，开展农村经济政策的尝试变革。1977 年春，各公社和某些生产大队、小队的干部大胆地做起了"不动声色"的尝试。如悦城公社永增大队支部书记徐树新带头在生产队以外丢荒的五边山坡地开垦种植巴戟，发展家庭副业，增加收入。还有部分公社、大队对生产队安排社员外出搞副业、办"三鸟"养殖场的所谓"资本主义"行径，也采取"一只眼开，一只眼闭"的"默认"方式对待，他们顺民意、得民心，尊重各生产队的自主权、种植权，让各生产队自由发挥，不加干涉，允许社员们在完成集体劳动后，利用空余时间因地制宜种植农作物，搞家庭副业，增加个人收入，开放集市贸易，原来有些不允许销售多余产品、不准多养牲畜、不准利用田头五边地发展经济作物的禁令逐一淡化和取消。有些生产队还实行包产量、包责任、包田块、包地段，到稻谷收成时按任务完成情况登记工分，对超产量的给予工分奖励。同时还把一些边远烂涄荒田承包给家庭劳动力充足的社员耕作。这些不公开的耕作方式和办法，使农村的拨乱反正加快了步伐。九市公社留村原是土改的试点村，该村生产队队长把稻田按生产作业组分别承包给5个生产小组进行管理，打破了以往社员参加劳动出勤不出力的懒惰行为。1977年，春旱持续了105天，江尾至留村河段干涸，留村受旱水稻2000公顷，留村5个承包组想方设法浇水抗旱，使得大旱之年仍获丰收。

农村自发承包耕作稻田方式，同样影响了公社集体工业企业、县城工矿企业的拨乱反正，全县有不少企业和生产单位慢慢恢复了按件计发工资、承包责任和奖金制度。1977年，县城工厂工人响应中共中央号召，继续深入开展工业学大庆，发扬大庆人严格要求、严密组织、严肃态度、严明纪律的"四严"优良作风，奋力建设大庆式企业。县林产化工厂连年超额完成松香加工生产任务，受到县委表彰。二轻服装厂与广东省丝绸公司挂钩开拓丝绵衣生产，产品远销港澳地区及日本、美国，其产品获广东省工业厅授予"产品质量信得过"称号。全县社队工业企业采取计件奖励，多劳多得分配措施，破除了工业"打大捞"生产模式。自1977 年初设立社队企业管理办公室到 1978 年底，社队企业发展到 200 个，职工 4100 人，年产值 3140 万元。

教育事业不断恢复、完善和发展，凸现改革曙光。1977 年，德庆县委按照中共中央的决策部署，坚持教育面向现代化，面向世界，面向未来，大刀阔斧拨乱反正，教育事业踏上健康发展道路。尊师重教的良好氛围逐渐恢复和形成，知识分子政策逐步得以落实，教师待遇开始改善，半天教学、半天劳动的现象不再出现，教师专注教学，学生以学为主，全县中小学校每星期只安排一个下午的劳动课，各中小学校的教学研究活动趋向正常化、制度化。1977 年 11 月，肇庆地区设立高等中专学校招生委员会，全面恢复高考制度，采取全国、全省统一命题考试制度。1978年，县重点中学香山中学面向全县初级中学招收高中重点班学生。各公社废除教育组，恢复公社中心校体制，中小学教材统一采用全国新编教材。教育局、德庆师范学校加强了师资培训，设立了教研室，教师严格执行备课、讲课、辅导、家访、批改作业等教学环节，教育、教学质量不断提高。

工、青、妇等群众组织迅速恢复健全，党的组织建设得到进一步巩固和加强。1978 年底，全县中共党支部、党员分别从 1949年的 2 个、27 人发展到 435 个、8139 人。①

---

① 数据由德庆县档案馆提供。

第六章
改革开放时期 （1979—2012）

　　党的十一届三中全会胜利召开之后，改革开放的春风迅速吹遍德庆大地。1979 年 2 月 12 日，县委、县政府组织召开四级干部会议。会议明确将全县的工作重点转移到以经济建设为中心的社会主义现代化建设上来，实施经济体制改革和对外开放。从此，德庆进入全面高速建设社会主义现代化新时期。

改革农村经济体制　发展社会民生事业

1979 年，德庆县开始进行农村经济体制改革，推行"包产到户"政策，实行家庭联产承包责任制，实行稳定山林权、划定自留山、确定林业生产责任制。扩大农村土地经营自主权，进行产业结构调整，培育和发展优质产业，农村各项事业快速发展，"三农"① 面貌焕然一新。

一、推行农业承包，实行自主经营

1979 年，县委、县政府坚决贯彻党的十一届三中全会精神和广东省委《关于建立"五定一奖"② 生产责任制问题的意见》，对人民公社的经营管理制度进行改革，在全县农村推行多种形式的生产承包责任制，如包干到户、包产到组、联产计酬、专业承包等。1979 年底，全县实行水稻包产到组有 273 个生产队，占生产队总数的 15.8%。1980 年底，全县实行水稻联产到组有 445 个生产队，占生产队总数的 25.8%。1981 年底，全县实行水稻责任小段包工、定额计酬的有 1114 个队，实行专业承包联产计酬的有 448 个队，实行联产到生产小组的有 59 个队，实行包干到户的有 168 个队。全县有 448 个队实行水稻包产到组，占生产队总数的

① "三农"：指农业、农村、农民。
② "五定一奖"：指定劳力、定地段、定质量、定成本、定工分到作业组、超产奖励。

26%。1982—1985年，全县落实责任田人数26.53万人，占农业人口的98.28%。至1985年底，全县基本完成耕地联产承包责任制。

1992年，进一步扩大农村土地经营自主权，农村出现以"公司＋基地＋农户"为主要形式的股份合作制。县政府充分利用回龙、九市、悦城等沿江地区建立蚕桑基地，发展丝绸产业，兴办德庆缫丝厂。丝绸公司大力扶持蚕桑专业村，与农户签订蚕茧回收合同，按"公司＋基地＋农户"模式实现蚕桑产业化，提高农户的经济收益。2000年，全县创办"三高"农业①基地1096个，农业龙头企业44家，其中产值超100万元的有10家，农村农业商品化、专业化、规模化稳步发展。这一年，全县完成第二轮延长土地承包期工作，续签或重新签订30年承包合同，全县发放土地经营权证书6.2万宗，签订农村土地承包合同6.37万宗，进一步稳定和完善了集体和家庭双层经营体制。

二、调整农业结构，发展现代产业

1. 种植养殖并驾齐驱

随着农村土地承包责任制的落实，农业生产打破了人民公社时期以种植水稻、发展粮油为主的单一经营模式，开始向多种经营和现代化农业发展。20世纪80年代初，县委、县政府根据全县地理区域特点，划分前乡片（新圩、官圩、马圩、高良）、后乡片（莫村、永丰、武垄、播植、凤村）、沿江片（悦城、九市、回龙）三个片区，各区域政府针对实行家庭联产承包责任制后劳动力剩余的情况，因地制宜，充分利用各地的自然优势，鼓励农民大力发展种养业。前乡片区重点发展龙眼、荔枝种植；沿江片

---

① "三高"农业：指高产、高质、高经济效益的农产品（或项目）。

区积极发展种桑养蚕、沙田柚产业；后乡片区大力发展南药、杂果产业。经过几年的努力，逐步形成和完善种植业八大特色支柱产业（粮、油、松林、水果、南药、蚕桑、蔬菜、茶叶）和养殖业八大特色支柱产业（饲养猪、牛、鸡、鹅、鸭、鱼、鸽、兔）。通过进一步发展优质农业，提高了农业整体效益，增加了老区人民的经济收入。90 年代后，县委、县政府实施科教兴农战略，农业产业结构日趋合理，种养品种不断优化。尤其是官圩、马圩、高良等老区镇广大农户，在县政府的倡导下，因地制宜，大力种植优质高产的高州储良龙眼、石硖龙眼，东莞糯米糍、大红、鸳鸯桂味、鸭头绿荔枝以及巴戟、柑橘、肉桂等，特色农业产业"落地生根"。2002 年，高良镇围绕"农业稳镇"，大力发展现代农业。除种植巴戟外，还种植柑橘、肉桂、青梅、白榄，村民收入进一步增加。富裕后的村民陆陆续续建起了许多像丰堂村的"巴戟楼""柑橘楼"。2009—2012 年，除了继续大力推广种植优质蔬菜，办好肉桂、巴戟、广佛手、何首乌等南药产业基地外，还建立果园养猪示范点 112 个，带动养殖业发展。多年来，德庆县先后被评为"广东省现代农业科技示范县""全国农产品加工创业基地""全国基层农技推广体系改革与建设示范县"。

2. 柑橘产业蓬勃发展

德庆贡柑栽培始于唐开元年间，距今已有 1300 多年的历史。一直以来，德庆人都以种植业为主，贡柑种植从未间断。新中国成立后，马圩、官圩、新圩等老区镇一带，仍在坚持大量种植贡柑、砂糖橘。改革开放后，特别是 20 世纪 90 年代中期，官圩农科所、马圩林科所新试种的贡柑、砂糖橘，成功挂果，果实品质极佳。特别是贡柑果形靓丽，果色金黄，皮薄核少，肉脆化渣，高糖低酸，集橙类外形美和橘肉细嫩、易剥皮的双重优点，备受各界人士赞许。由于果实品质好，销售供不应求，贡柑价格可观，利润丰厚，当地农民纷纷种植。有"中国贡柑第一镇"美名的马圩老区镇，充分利用本地特有的资源优势，大力发展柑橘种植业，通过政府的大力推动，采取政策扶持、技术指导、市场开拓等措施。1997年，马圩镇种植贡柑、砂糖橘面积已发展到1666.7公顷，挂果面积1333公顷，年产量3.2万吨，产值1.6亿元，占全镇工农业总产值的31%，全镇1.87万农业人口中，家家户户都种植柑橘，柑橘产业已走向了专业化发展，全镇农村人均收入4200元，比1996年增长6%。

县委、县政府因势利导，根据市场需求，抓住机遇在全县全力推广柑橘种植。县四套班子领导成员，重点推进挂点镇贡柑种植工作，并设立考核制度，各老区镇村干部也积极带头种植贡柑。1998年，新圩镇大同老区村、中垌村打造了66.67公顷贡柑种植示范基地；马圩镇组织马圩、前进、大益、古垒等村民在合石迳连片种植贡柑253公顷，被称为"皇妃贡柑十里长廊基地"。2000年，德城、新圩、官圩、马圩、回龙等镇充分利用崩山沙质渍地，25度坡以下梯田、荒山逐步连片种植贡柑、砂糖橘，面积达到3300公顷。由于政府的强力推动，老区人民的积极响应，贡柑、砂糖橘种植迅速扩展至全县所有乡镇。2006年，全县种植贡柑、砂糖橘8666.7公顷，柑橘总产量达20万吨，销售收入达8亿多元，由于收入提高了，全县农民购买汽车603辆，比2005年增长77.8%；节前存款也比年初增加了3.32亿元。2009年，县委、县政府大力实施西江北岸柑橘产业带建设，柑橘规模达到1.77万公顷，投产面积1.3万公顷。德庆贡柑、砂糖橘被评为"广东人民最喜爱的土特产"。2002—2012年，德庆柑橘产业规模从3333公顷迅速发展至2万公顷，全县有九成农户种植柑橘。2012年，年总产量突破120万吨，德庆柑橘产业规模不断扩大，柑橘商品化、专业化、规模化稳步发展。全县乡村几乎所有崩山沙质渍地、梯田、旱地、山地等凡适宜种植果树的地方都种上了贡柑、砂糖橘。每年贡柑、砂糖橘采摘季节，来自全国各地的采购商人来车往穿梭于各乡村大小果园，争相采购。运果大货车云集德庆，昼夜装运。过境数十里国道边无数柑橘销售点日夜营业，白天人车如流，晚上灯火通明，果农的生意十分兴旺，乡镇银行储蓄猛增。柑橘产业迅速成为农业的主导产业，成为广大农民奔康致富的最好产业。

马圩老区镇旺岗村退伍军人徐均伟①，发扬军人吃苦耐劳精神，2003年开垦荒山1公顷种植贡柑。2006年开始小收，到2011年总收入达到80万元，种植贡柑致富，让他既购买了小汽车，又建设了新楼房。致富之后，他以自己的种植经验，积极带动老区群众创业致富，成为家乡勤劳致富的"领头羊"。

马圩老区镇社步村李德清②，在广州、深圳等地打工20多年，2001年他毅然回乡种植柑橘的，承包村里0.56公顷田地，种上了900棵柑橘。2003年，其果园收入8万元。随后，他全身心投入到柑橘种植中。2006年，其果园亩产量达0.75万公斤，单株最高产量超过100公斤，总产量为6.3万公斤，总收入44万元，亩均纯收入5万元，成为德庆本地响当当的柑橘种植大户，率先走上致富之路，成了名副其实的"贡柑大王"。他致富不忘乡亲，把自己多年的种果栽培技术经验毫无保留地传授给村民，带领村民共同致富。

改革开放以来，德庆广大农村不断涌现出一批又一批像徐均伟、李德清这样的种植柑橘的致富大户。他们得益于改革开放的春风，得益于党的好政策，致富后，特别想外出走走开阔视野，

---

① 2018年4月14日肇庆阳光网。

② 2006年11月22日《南方日报》。

也想了解自家柑橘远销北京等地的市场信息。得知这一想法，县政府决定组织果农们赴京考察。

2007年1月25日一大早，白云机场候机大厅热闹非凡，原来是德庆县300位果农包乘两架客机赴京旅游。[①] 果农们议论纷纷：北京有多冷？我种的柑橘在北京能卖多少钱？李德清夫妇穿上了新买的羽绒服，李德清对着记者指着他妻子说："这是她第一次上北京，还激动了好多天哩。"在这300位果农中，有97%的人是第一次去北京。山区农民大手笔包专机上北京，这在广东还是第一次。

为了将贡柑、砂糖橘打造成名优品牌，县委、县政府主动作为，积极把贡柑、砂糖橘推向全省、全国乃至国外市场。县委书记、县长以及有关县、局领导亲自到北京人民大会堂、钓鱼台国宾馆、上海、重庆等地举行各类推介活动，并在全国50多个大中城市建立了130多个营销网点，同时积极拓展港澳地区及荷兰、英国、新加坡等海外市场，还制定了《贡柑生产技术规程》，实行标准化种植、管理，提高果品创名牌。2000年12月，德庆贡柑荣获"中华名果"称号；2006年1月首届中国品牌水果擂台赛，德庆贡柑获"中国柑王"殊荣；2011年，德庆贡柑从110种候选水果中脱颖而出，荣膺"岭南十大佳果"之首。

德庆县自2006年提出以柑橘产业为依托、打造中国效益农业强县的发展战略以来，县委、县政府采取一系列卓有成效的举措，成功打造出享誉全国的柑橘特色产业，使老区人民收入连年持续增加。至2011年，德庆县已经成为广东省首个农民纯收入突破万元的山区县。2012年，农民纯收入达12665元。

---

① 见2007年1月26日《羊城晚报》的《贡柑热销京城果农乐开花》一文。

3. 建设农业产业基地

随着农村改革的不断深化，承包土地快速流转，越来越多的农产品开始走向规模化、专业化、集约化、社会化生产经营的道路。1990年，德庆县实施科教兴农战略，农业产业结构趋向合理，形成粮食作物（杂优水稻、常规优质稻等）、经济作物（水果、蚕桑、蔬菜、巴戟、茶叶等）、养殖业（瘦肉型猪、山地鸡、平山鹅、优质鱼、虎纹蛙等）等具有地方特色的产业化生产基地。1992年，德庆农村出现"公司＋基地＋农户"股份合作制现代农业模式。1998年，马圩老区镇连片种植253公顷的"皇妃贡柑十里长廊基地"；新圩老区镇有66.7公顷优质水果示范基地，53公顷养殖示范基地，40公顷皇妃贡柑无病毒种苗基地。2000年，德庆利用本地资源优势，大力调整农业结构，按照"沿江果蔬桑，前乡果茶香，后乡桂药杂"的农业区域布局，发展"三高"农业基地1096个，示范点工程87个，参与农户982户，总面积1.2万公顷。农业龙头企业44家，产值超100万元的有10家，成效显著。在特色农业产品中，官圩谢村桂味荔枝、德庆沙田柚、蜜柚、皇妃牌贡柑、武垄牌广佛手、德庆何首乌、高良巴戟、金山茶以及高良"南药开发"被列入广东省"一乡一品"开发项目。九市上垌萝卜、回龙江宾大头菜、新圩历麻黄瓜基地所种植的优质蔬菜也是德庆沿江各镇的特色产品。高良老区镇结合实际引导农民以经营山地为主，靠山致富，全镇建设有松林、巴戟、肉桂、青梅、白榄、荔枝、龙眼、贡柑、砂糖橘等农业产业基地。官圩老区镇谢村谢汉金的泰国虎纹蛙养殖场基地上市30万只，10.5万公斤，三年时间获利40万元，成为当地致富带头人。在政府政策支持和老区村镇领导的引领下，2006年，全县形成十大特色农业商品生产基地（粮食、松脂、肉桂、水果、南药、蚕桑、蔬菜、畜牧、水产、山地鸡养殖）和七大特色农业主导产业

（松脂产业 7.3 万公顷、贡柑砂糖橘产业 1.3 万公顷、鸳鸯桂味荔枝产业 0.3 万公顷、优质水稻产业 2 万公顷、南药产业 4.8 万公顷、蚕桑产业 1200 公顷、山地鸡养殖产业 333 公顷）。2009 年，创办优质蔬菜示范基地 200 公顷，冬种推广马铃薯基地 100 公顷，推广规模果园 255 户养猪基地。是年荣获"全国农产品加工创业基地"称号。2011 年，全县现代农业基地 1126 个，其中 122 家发展成为省、市农业龙头企业。新圩镇的金福绿色家禽科技发展有限公司在政府的统一筹划下，积极发挥龙头企业的作用，按照"公司＋农户"模式，扩大山地鸡养殖规模，公司利用自身的资金、技术力量，鼓励发动更多的老区村民参与山地鸡养殖，带动他们增收致富。在新的经营模式下，山地鸡养殖规模扩大至年产 1000 万只以上。企业与农户互利双赢，企业发展了，老区人民的收入也大大增加。这一年，德庆县荣获广东省"农产品品牌打造示范县"称号。

2012 年，县委、县政府进一步加强农村工作，保障柑橘主导产业持续发展，全县柑橘总产量 5 亿公斤，推广种植优质蔬菜 2666.7 公顷，柑橘病园改种大肉山楂、甜脆梨等农业新品种 200 公顷，肉桂、巴戟、广佛手、何首乌等南药产业形成 4.67 万公顷的种植规模，德庆县成为广东中药 GAP 产业化基地。

三、大搞农田基建，加强水利设施

1979 年，全县掀起了轰轰烈烈的大搞农田基本建设热潮。这一年，共投入 3.8 万个劳动力，占全县劳动力的 33%，共完成改造中低产田面积 2600 公顷。其中革命老区凤村公社投入农田水利建设劳动力 6866 个，占全社劳动力六成；改造低产田面积 333 公顷，占全社农田的 25%。革命老区莫村公社出动人数 3000 人，占全社劳动力一半；改造中低产田面积 133 公顷。另外，九市公社完成革命老区村塘口排洪渠、三洲围、辣头附围、大塘尾围4宗工程。其他革命老区根据各自的实际，也开展了大搞农田基本建设热潮。1985—1995年，全县农田基本建设以搞三面光硬底化排灌渠道为主。这期间，老区镇的官圩良安、五福等大峒，马圩凤村、古垒等大峒，凤村宝坪、岗坪等大峒，莫村太宪大峒以及永丰镇的金郡、河村、郡市等大峒，都按高标准的农田水利进行建设。这些建设，既是农田水利建设的示范点，又是高产稳产的农田样板。尤其是新圩镇的大同峒，投入24万元，建设三面光硬底化排灌渠道3000米，农田受益面积240公顷。1995—2000年间，德庆县总投资1024.4万元，投工63.2万个，改造中低产田面积5993公顷。2008年，投入资金377万元，建设9个现代标准农田项目。其中马圩老区镇陂头建设项目、新圩老区镇农田水利基本建设项目属省级议案项目。还有不少属于市级农田水利基本建设议案项目。这些项目整治受益农田面积达415.3公顷，年增加粮食产量1142吨，年增加农业产值489万元。①

德庆县还不断加强水利设施建设。在县委、县政府的统一部署下，先后新筑或加高加固西江沿岸的防洪堤围43宗，堤长合计66.04千米。这些防洪堤围捍卫着11.1万群众的生命安全，保护耕地3766.7公顷。其中德庆大堤（大桥联围）是最大工程，1995—1999年，利用争取到的中央财政资金，先后对大堤进行扩建加固，其间成功抵御了4次西江特大洪水（其中1998年洪峰水位21.83米，为百年一遇的洪水），捍卫了德城、新圩两镇7.8万群众的生命财产安全，避免了无数企业遭受损失。同时，对全县山塘水库危堤危坝进行全面检测，加固加高维护1324宗，其中中

---

① 德庆县地方志编纂委员会：《德庆县志》，广东人民出版社2013年版，第328-330页。

型水库有官圩老区镇仙罗水库、冲源水库，凤村老区镇中坑水库，莫村老区镇河涝坪水库、牛湖水库、桃子坪水库，高良老区镇寺田水库、茸草水库，永丰镇富林水库等。①

2001—2005 年，县委、县政府共投入 479.6 万元，对灌溉面积千亩以上的 96 条渗漏、淤积严重的主排灌渠和崩塌坏烂的灌溉陂头进行了一次全面维修整治。2006 年年底，完成清淤及硬底化建设的千亩排灌渠共 19 宗，确保 0.67 万公顷农田旱涝保收。

2011 年，全县获得列入省级水利建设示范工程共 123 宗项目，其中包括中型灌区改造工程 6 宗，小型灌区改造工程 67 宗，农村中小型机电排灌工程 12 宗，中小河流整治工程（防护农田和乡村的治理项目）3 宗，山洪灾害防治工程措施 1 宗，小型病险水库除险加固工程 31 宗，小流域综合治理工程 2 宗，农村内涝整治工程 1 宗；总投资 7.1 亿元，其中省级投资 4 亿元，县自筹 3.1 亿元。该项目计划到 2018 年完成建设任务。这些项目的完成，全县水利设施建设跃上了一个新的台阶。

2012 年，德庆县成为广东省水利建设示范县。

四、加快绿色崛起，发展林业经济

1979—1990 年，林业步入改革振兴时期。在"六五"期间，县委、县政府十分关注林业，采取多项举措加强对林业的领导。县政府根据《中共中央关于保护森林，发展林业的决定》精神以及省委、地委的指示，积极组织力量率先在部分乡镇开展落实农村山林权属试点工作，为林农发放山林权属证书。1983 年，由县政府统一向全县林农发给山林权属 30 年不变的林权证书。这一

---

① 德庆县地方志编纂委员会：《德庆县志》，广东人民出版社 2013 年版，第 332 － 335 页。

年，林业"三定"① 工作后，全县共划定落实"三山"② 面积 12.6 万公顷，其中划给农户的自留山 5.6 万公顷，共 5.4 万户，户均 1.4 公顷，划定责任山、集体统一经营的山林（含县属、镇属林场）为 5.2 万公顷。通过林业"三定"，使农村农民（林农）的山林权基本稳定下来，从而极大地调动了林农的生产积极性。

1985 年 10 月，省委、省政府向全省人民作出了"五年种上树，十年绿化广东大地"的决定和号召，省委书记林若亲自挂帅督战，并提出了一系列重要指示。县委、县政府根据指示，积极发挥部门职能作用，在全县吹响"十年绿化德庆大地"伟大战役的号角。当时，实行林业县委书记、县农委主任、县林业局局长的"三领导"机制，领导必须亲自挂帅兴办面积不少于 34 公顷的造林绿化点。县政府在大办基地林、改造水土流失区的同时，一边贯彻"造、封、限、改、防"的林业生产措施；一边广泛发动群众打一场"绿色战役"；一边全面落实山林管理责任制，分段包山到户，以造林种果联合体、造林大户、小山庄、小果园、茶园、药园、竹园等形式造林绿化；一边以群众性营造湿地松林、经济林、混交林，并有计划地实施工程造林。6 年间共造林 3.53 万公顷，成林 1.7 万公顷，成活率 80%，年均成林 47733 公顷，这是新中国成立以来造林最多、成活率最高的一个时段。至 1990 年，全县共造林 5.23 万公顷，基本上消灭了荒山，控制了乱砍滥伐，解决了"森林赤字"，林业生态开始进入良性循环，全县有林面积达到 13.2 万公顷，活立木蓄积量由 560 万立方米增加到 630 万立方米，年消耗量由 10 万立方米降至 8 万立方米。到 1990 年底，全县已建成 10 万公顷松脂、南药、肉桂、巴戟四大商品基

---

① "三定"指稳定山权林权、划定自留山、确定林业生产责任制。

② "三山"指自留山、责任山、统管山。

地，林业开始进入兴盛时期。

1991—2012 年，德庆林业进入第二次创业及全国集体林权制度改革时期。1992 年，进入"五年种上树，十年绿化广东大地"目标的冲刺阶段，全县全党动员全民动手植树造林，查漏补缺，终于在是年 10 月达到"绿化广东"的各项指标要求，通过了绿化达标检查组的验收。1993 年，引进世界银行贷款 85.68 万元营造速生丰产林 383.78 公顷，其中马尾松 222.44 公顷，肉桂 12.25 公顷，营造速生丰产桉 149.09 公顷。1994 年，县委、县政府根据省林业厅的工作部署，开始进行森林分类经营与改革，把森林分成生态公益林和经营商品林两大类进行经营。到 1995 年，首期世界银行贷款终止，3 年时间共引进世界银行贷款 711.63 万元，造林 2746.25 公顷。1996 年 9 月，县林业局自筹资金 91.1 万元发展现代林业，建设"三高"林业及工业原料林 421.97 公顷。造林形式采取股份制，利润按 3∶6∶1 分成，4 年共投资 290.86 万元，按"三高"标准进行造林建设。

1998 年，省委、省政府作出开展林业第二次创业的决定。从那时起，德庆林业进入新一轮的林业结构调整，依法治林，依靠科技提高林业效益。同年，县委、县政府为响应省委、省政府号召，出台了《德庆县关于加强林业管理十项措施》。该措施明确规定县政府每年拿出 140 万元专门用于造林，县林业局在育林金里给予造林专业户和农户每年每亩 30 元补贴。1999 年，全县共划定生态公益林 3.64 万公顷，划定风景名胜区（森林公园）10 个，总面积 1.99 万公顷。

2007 年，开展创建广东省林业生态县工作，县成立创建工作领导小组，经过一年零五个月的努力，尤其是经过林业系统全体员工辛勤付出，2008 年 5 月德庆县荣获"广东省林业生态县"奖牌。

2009 年，按照中共中央国务院、省委省政府、市委市政府、县政委县府关于推进集体林权制度改革的文件精神，10 月，德庆县首先在回龙镇开展集体林权制度改革试点工作，取得经验后，于 2010 年在全县全面铺开。从中华人民共和国成立至 2010 年，这已是第三次落实山林权属工作。这次集体林权制度改革涉及范围广、要求高，每一座山都要以清晰明确的四至范围落实明确到各家各户，确权到人。目标就是山有其主，主有其权，权有其责，责有其利。做到"两个确保"，即确保农民得实惠，确保生态受保护；"三个不变"，即自留山长期不变，责任山稳定不变，合法流转的山不变；"四个落实"，即落实明晰林地林木产权，落实放活经营权，落实处置权，落实确保收益权；"五个原则"，即坚持依法改革原则、权益平等原则、公平公正原则、尊重历史原则、尊重农民意愿原则。

2009—2011 年，3 年时间的集体林权制度改革，涉及 13 个镇（街道），175 个村委会，1750 个村民小组，7.8 万农户，26.4 万农村户籍人口，全县有 27 万人领取了由县政府颁发的林权证。其间办理林权证面积（集体林地）14 万公顷，其中生态公益林 3.45 万公顷，自留山 9266.6 公顷，责任山（含集体统一经营的责任山）9.67 万公顷。2012 年 1 月，德庆县集体林权制度改革顺利通过了省委、省政府检查验收，并获得优异成绩。

集体林权制度改革的最大收效是发展了德庆的森林旅游，使森林旅游变"砍树"为"看树"，既要金山银山，又要绿水青山，实现了习近平总书记提出的"绿水青山就是金山银山"的发展理念。通过林改，既保护了森林资源，又增加了农民收入，壮大了县域经济，提高了林业生态效益、经济效益和社会效益。通过林改，农民保林、护林、爱林的意识也得到进一步确立，他们都能把领到有林权证的自留山、责任山视为自家的吉祥地、幸福山、摇钱树，倍加珍惜，并努力保护它、发展它。悦城镇永增行政村云作村民林全兴一家七口人，林改后，拥有承包经营的集体林地责任山 2.43 公顷，自留山 0.53 公顷。林全兴将 2.43 公顷责任山和 0.53 公顷自留山进行分类经营，一部分种植马尾松和本地杉，一部分种植肉桂和其他珍贵树种，还种植一些砂糖橘，形成立体开发种植，多种经营。经过艰苦劳动，林全兴一家生活水平迅速提升。2013 年，林全兴一家靠勤劳双手盖起了一幢 210 平方米的新楼房，并购置 2 辆摩托车，年人均纯收入达 5300 元。

林业的健康发展，离不开林业系统广大干部职工的艰苦努力，离不开领头人的带动作用。梁耀光①，1938 年出生，德庆县凤村镇农联人，中共党员。他于 1980 年 4 月任德庆县林业局第一副局长，1981 年 4 月任县林业局局长，工作兢兢业业，克己奉公，清正廉洁。在主持林业局全面工作时，他爱人不幸患上精神疾病，给他增添了不少麻烦与苦恼，但他始终能正确对待，不让家庭的苦恼影响自己的心境，依然全心全意投入到林业事业建设上。为了绿化德庆大地，振兴林业经济，他积极带领林业系统职工大搞植树造林，取得了令人瞩目的成绩。在担任县林业局副局长、局长的 13 个年头里，他完成 6.7 万公顷的荒山渍地更新造林任务，种植率、成活率分别达到 97.7% 和 90.5%。1992 年，德庆县的绿化工作顺利通过了广东省绿化达标验收。1993 年，捧得金光闪闪的广东省"绿化达标"奖杯。他还十分重视林业技术队伍的人才培养，1990—1999 年，先后组织培养了 3 届在职林业中专毕业生，共有 108 名职工、干部领取毕业证书，解决了林业专业技术队伍薄弱的问题。由于成绩显著，1991 年 5 月，梁耀光被全国绿化委员会、林业部、人事部授予"全国造林绿化劳动模范"称号。

① 德庆古今人物录编委会：《德庆古今名人录》，2008 年版，第 221 页。

五、加大民生投入，解决"五难"问题

1993 年，省委、省政府发出《关于加强革命老区建设工作的通知》。1996 年，县委、县政府召开全县老区工作会议，进一步贯彻省委、省政府通知精神，要求各部门要发挥职能作用，积极做好对口扶持老区建设工作。由于革命老区大多地处边远山区，"五难"问题相对突出，解决"五难"问题便成为老区扶贫开发工作重要的切入点。

1. 解决"行路难"问题

改革开放初期，全县只有国道 321 线过境沙土公路，以及连接各公社驻地的沙土公路，道路交通十分滞后，成为制约经济发展的瓶颈。[①] 随着改革开放的深入，德庆县不断进行国、省、县、乡村公路改造和建设。

在公路建设中，德庆县特别重视解决老区群众"行路难"问题。[②]

2000 年，县公路建设大会战时，开通 8 条共计 81 千米的老

————————

① 尤其是老区镇，地处山区、交通蔽塞，群众出入极不方便，更遑论经济发展。

② "九五"期间，交通建设实施农村公路的"通达工程"，老区群众行路难问题开始得到解决。1987 年，贯通了新圩、官圩、马圩、高良、永丰等老区镇的肇封线沥青路 26 千米；1990 年，完成 49.08 千米；是年 11 月，整个德庆路段实现沥青化。这一年，还新建了新圩河口至马圩上彭、古垒、大萱、高良石头、都杰等革命老区公路。1992—1995 年，继续抓好九市凤村线、云利五星线、沙水五星线、旺埠凤村线革命老区公路的硬底化建设。其间的 1994 年，投入 130 万元开通解放战争时期三河游击根据地高良至凤村老区公路 26 千米，解决 10126 名老区群众"行路难"问题。1996 年，开通新圩镇下咀至马圩镇上彭老区公路。至 1997 年底，全县 65 个有老区的行政村全部开通公路。

区公路，完成省委、省政府提出的行政村"村村通"公路任务。1996—2000 年，投入 2344.1 万元专门建设老区乡村公路。至 2011 年，全县 200 人以上老区自然村全部开通 3 米宽水泥硬底化村道。同时，不断完善客运站点建设，提升路面铺设材质，桥梁重建改造，老区人民"行路难"问题得到切实有效解决。

2. 解决"上学难"问题

德庆县突出抓好教育基础设施建设，满足人民群众子弟受教育的需要，解决"上学难"问题。

改革开放初期，村镇中小学教学楼和校舍普遍存在老、旧、危问题，针对这种情况，1983 年，县成立"一无两有"[①] 领导小组，着手改善教育设施。经过 3 年努力，1986 年，德庆县在全省率先基本实现"一无两有"。1991 年 3 月，又成为省第一个无危房校舍的县，被评为"省危房校舍改造特级县"。1987 年 6 月，德庆县为了学生入学得到根本保证，提出以方镇为单位，因地制宜，全县分两批实现普及九年义务教育。第一批就有：官圩、马圩、高良、莫村、永丰、凤村等老区镇作为对象。经过多年的不懈努力，全县于 1994 年 11 月通过省普及九年义务教育达标验收工作。1998 年，薄弱学校得到进一步改造。这样，全县经过"一无两有""免改""普九""改薄"，2000 年全县校舍实现楼房化，校园净化、美化、校道硬底化。

在抓教育基础设施建设中，德庆县始终坚持老区优先。1997—1998 年，县老促会通过争取省老区学校建设专项资金，对全县老区行政村 56 所小学进行建设改造。通过改建，这些学校均建设有一幢水泥钢筋混凝土结构楼宇式的综合大楼。老区学生"上学难"问题得到解决。

---

① "一无两有"：指无危房，有课室、有课桌。

3. 解决"治病难"问题

改革开放前，医疗卫生服务水平、医疗基础设施及医疗保障制度滞后，城乡居民"治病难"问题相当突出。改革开放后，加速发展医疗卫生事业，抓医疗制度改革。1979 年，农村合作医疗制度终止，承包责任制开始推行。9 月，官圩卫生院率先进行管理体制改革，药品管理"以存代销"改为"以销代存"，推行"金额核算，数量统计，实耗实销"的管理体制。1981 年 6 月，德庆县 5 所地段卫生院被肇庆地区卫生局核准调整为 3 所，并改称为"中心卫生院"，分别设在老区莫村、官圩和播植 3 个公社。1982 年后，中心卫生院和较大的乡镇卫生院先后配备了 200 毫安 X 光机、A 型超声诊断仪等先进医疗器械，满足了三大常规检查，诊断治疗常见病、多发病，以及开展普通腹部外科手术、计划生育"四术"① 等需求。1983 年，省卫生厅把德庆卫生事业建设纳入省第三批三分之一的重点县，抓医疗卫生基本建设。20 世纪 80 年代中后期，医疗卫生单位基本建设进入高潮。1986 年，县人民医院分三期建设 8000 多平方米工作用房。1988 年，新圩、高良、莫村、古有卫生院和县中医院门诊楼投入使用。至是年底，县内有各级医疗机构 367 所，其中县人民医院、中医院各一所，镇（乡）卫生院 14 所，乡村卫生站 329 所，厂矿企事业单位医疗室 22 所。初步建成县、镇（乡）、村三级医疗卫生机构布局，学科分类也日趋完善。1998 年，全县恢复合作医疗制度，到 2006 年，有 182275 人参加农村合作医疗。2002—2006 年，全县投入 1100 万元建设医疗卫生单位工作用房。新建成县疾病预防控制中心、卫生监督所、回龙卫生院、高良卫生院、悦城卫生院。全县医疗

---

① "四术"：指输卵管结扎术、中期引产术、人工流产术、放取宫内节育器手术。

卫生单位实现"一无三配套"①，医疗机构网络日臻完善，人人享有初级卫生保健。2009—2011年，县老促会通过争取省老区镇卫生院建设专项补助资金600万元，升级改造官圩、马圩、莫村、凤村、九市等老区镇以及永丰镇的卫生院，分别新建门诊住院综合大楼。此外，省财政下拨20万元用于老区镇卫生院环境改造及医疗设备购置。老区群众的就医环境得到明显改善。全县村级卫生站全部完成规范化建设。2011年，县中医院新住院综合大楼主体工程完成，县妇幼保健院整体搬迁的装修工程完成。2012年，县人民医院异地整体搬迁建设项目启动。

4. 解决"饮水难"问题

改革开放前，群众"饮水难"问题尤其是饮放心水难的问题非常突出，群众基本靠挑河水、溪水、井水来满足饮用，水质得不到保证，严重危害了人们的身体健康。

针对这一情况，县委、县政府为了改善人民群众的生活条件，保障人民群众的身体健康，决定以沙旁公社作为改水试点，树立榜样。经过党委、政府充分发动群众，群策群力，艰苦奋斗，1982年，沙旁公社全部自然村终于用上了卫生清洁的自来水，成为广东省山区第一个实现饮用自来水的公社，当年被评为"广东省卫生系统先进集体"，成为广东省山区改水工作的榜样。1986年底，德庆县获省政府授予"农村改水先进县"称号，沙旁公社被评为"全国爱国卫生先进单位"。② 榜样的力量是无穷的。县委、县政府因势利导，决定把改水工作作为改造农村生活环境、改善生活条件、改变不卫生陋习的重要举措来抓。1994年启动改

---

① "一无三配套"：指无危房，设备配套、人员配套、工作用房配套。

② 德庆县地方志编纂委员会：《德庆县志》，广东人民出版社2013年版，第711页。

水工程，首先在高良三河老区 17 个老区村庄和 4 所学校安装自来水，使三河老区 9 个管理区 8000 多人饮上清洁的自来水。1995年，解决了高良老区 15 个自然村 615 户 2946 人的"饮水难"问题。接着，改水工作在全县开展。至 2000 年，德庆县农村饮用清洁水普及率 100%，自来水普及率 92.2%。

5. 解决"用电难"问题

20 世纪 80—90 年代，德庆县经济快速发展，但老区用电仍存在农网网架薄弱、用不上电、用电不稳定不安全、农电工作人员专业素质不高等问题。针对地处边远、居住分散、架设输电线路长、投资大等因素造成部分老区镇无法通电的情况，1997年起，省、市、县供电部门积极筹集资金，至 2000 年，共投入资金100 多万元，解决了边远地区特别是老区约 3.1 万人的照明用电困难问题，老区群众基本用上了安全电。1997 年，供电部门还为老区培训电工 316 人次。

针对供电不足问题，投入大量财力人力，加快电力设施建设。1979 年，全县水电站保有量 416 座，容量 1.3 万千瓦，年发电量2242 万千瓦时。至 1989 年，全县累计装机容量 1.94 万千瓦，年发电量 4510 万千瓦时。2000 年，全县有小水电站 49 座，容量 2.42万千瓦，年发电量 3274 万千瓦时。是年，全县装机容量 5.34 万千瓦，110 千伏变电站 3 座，主变压器 4 台，总容量 9.6 万千伏安，保证了工农业生产及生活用电的供应。2004 年 9 月，建成 35 千伏高良变电站，解决了革命老区高良镇用电和小水电站上网"卡脖子"的问题。2005 年 12 月，建成投运 35 千伏九市变电站，解决了九市老区镇和九市水泥厂的用电需求。2006 年 6 月，建成投运凤村变电站，解决了凤村老区镇的用电需求。到 2011 年，德庆县供、用电量和用电负荷创历史新高，电网建设稳步推进，供电可靠性和供电能力不断提升，切实保障了用电的供应。

六、做好扶贫工作，加快致富步伐

1. 发展行政村级集体经济

针对部分村级集体经济薄弱、村委失去凝聚力和战斗力、缺乏带动农民脱贫致富的能力、农村经济和各项事业发展缓慢等情况，2002 年，县委、县政府通过争取省"千村扶贫"工程资金 45 万元，扶持贫困村集体经济开发。同时，制定《德庆县扶持贫困村委会发展集体经济工作方案》和《德庆县扶持贫困村委会发展集体经济项目一览表》，帮扶村集体经济年收入 3 万元以下的 10 个贫困村：官圩镇金光村、马圩镇罗横村、高良镇都合村、九市镇云朗村、沙旁西河村、回龙六水村、永丰双城村、播植虎岗村、凤村保坪村、悦城高灶头村。每村 4.5 万元，用于养殖金福山地鸡，由金福公司安排技术员进行养殖技术指导。县安排挂点单位责任人负责，确保该项资金专款专用。通过帮扶，大大增强了这些村集体的经济能力。

2. 实施产业扶贫

农业产业化是实现农业可持续发展、提高农业生产附加值、增加农民收入的重要途径。1994—1997 年间，老区高良镇引进 1000 多万资金，创办年均产值 200 万元的青梅食品加工厂 2 间，年产值 400 万元的桂皮加工厂 3 间，桂油厂 2 间，年产值 500 万元的木雕工艺或木材深加厂 11 间，为老区人民提供就业岗位 600 多个，间接就业超过万人。其他老区镇官圩、马圩、莫村、凤村、新圩、九市以及永丰等镇都在自家门口办起了颇具规模的肉桂、巴戟、首乌、广佛手、紫淮山、柑橘、蔬菜、单丛茶、荔枝、龙眼、白榄种植产业基地。马圩、凤村等老区镇还先后创建了青梅、桂皮、桂油、木雕工艺、木地板生产、木材松脂深加工等 35 家农林产品中小型企业。2002—2008 年，德庆县推行"公司＋基地＋

农户"产业化经营模式，大力发展乡镇企业，带动农民参与和就业，实现收入增加，脱贫致富。2006—2008 年，德庆皇妃果业公司每年带动 1100 多贫困户 11500 多人就业，每年户均增收 1300 多元；2006—2007 年，金福绿色家禽公司带动 710 多贫困户 2840 多人就业，每年户均增收 3850 多元。这些工厂和公司的产业扶贫，为贫困农户提供广泛的就业岗位，加快了脱贫步伐。

3. 开发智力扶贫

智力扶贫主要是开展农村贫困劳动力技能培训。2007—2008 年间，集中举办农村贫困劳动力短期就业免费培训班 10 期，每期 2～3 个月，共培训 470 多人次。举办以水稻、蔬菜、水果和南药高产栽培技术为主要内容的技术培训班 8 期，共培训 1180 多人次。2008 年，在高良、官圩、马圩、莫村、凤村等老区镇分别举办农业种养适用技术扶贫培训班，每镇培训约 300 人。省属技工学校智力扶贫办招生，全县共选送 202 名贫困家庭子女入读智力扶贫班。通过开展农村贫困劳动力技能培训，增加他们就业机会和提高种养技术，从而带动他们脱贫致富。

4. 改造泥（危）房，改善人居环境

2002—2008 年，总共投资 1442.6 万元，先后创办马圩镇旺埠村、新圩镇大同村、凤村镇乾相村 3 个危房改造试点村。由于政府重视，措施得力，只用一年时间，就完成了 3 个试点村以及全县 566 户危房改造任务。2004 年，按广东省部署要求，德庆县制定了《德庆县扶持边远分散革命老区村庄搬迁安置方案》，用 3 年时间，对分散在莫村、九市、马圩、高良四镇边远地区的 11 个老区村庄共 153 户进行搬迁安置。2005 年，对莫村老区镇平岗行政村的石榴、刀盆村共 31 户进行搬迁安置。2006 年，对该镇太宪行政村的二印、桐油、付竹、石槽和坑尾 5 个老区村庄共 55 户

进行搬迁安置。2011 年开始实施"两不具备"① 整村搬迁工作，共投入建房资金 7370 万元，解决了 1340 户农村低收入住房困难户的住房问题。其中投入 689 万元，对老区新圩镇大垌蕉根村、塘北江底村、莫村镇大田公正坪村、悦城镇里村黄泥坑村 4 个"两不具备"自然村庄 100 户 507 人进行全面搬迁安置或整村改造。通过危房改造、异地搬迁安置，为贫困人口摆脱贫困，改善了贫困村的生产、生活环境。

5. 精准扶贫开发

2009 年第四季度开始，广东省全面实施第一轮扶贫开发"规划到户、责任到人"工作。德庆县要求用三年时间，对 3211 户 10574 人采取"一村一策、一户一法"等综合扶贫措施，确保被帮扶贫困户如期脱贫。2012 年，全县扶贫开发工作以在扶贫产业化发展上有突破、在永久性脱贫方面有突破、在改善贫困户生活上有突破为抓手，加大力度，攻坚克难，促使扶贫项目持续发挥效益。同年，新增扶贫资金 6570 万元，其中投入贫困村 5371.22 万元、非贫困村 1198.78 万元，新增户项目 300 个，新增村项目 40 个。

至 2012 年，对 8 个老区镇投入帮扶资金共 1.25 亿元，帮扶老区镇贫困户发展经济项目 4230 个，帮扶 20 个贫困村发展集体经济项目 99 个，贫困户人均年纯收入达到 10094 元，贫困村年平均收入达到 16.95 万元。老区镇村已有 86% 以上贫困人员减贫，贫困户由原来有 1926 户减少至 186 户。

七、改造乡村面貌，创建文明新村

1979 年，全县开展创建文明单位活动，农村以改厕、改水为

---

① "两不具备"指不具备发展生产条件、不具备改善生活条件。

突破点。1986年，城乡按照"爱卫"工作"五改"① 要求和德庆县文明村镇的标准开展创建文明村镇活动，并以沙旁乡作试点。1988年4月，县委在沙旁召开德庆县农村精神文明建设现场会，会上总结并推广沙旁乡关塘村的经验，全县建成文明村示范点21个、文明街道2条。1989年，县委把创建文明村活动纳入各级干部岗位责任制，规定县直单位要与乡镇挂钩抓点，把文明村建设列为各乡镇年终评奖主要内容。是年，沙旁乡被评为"全国爱国卫生单位"。1990年后，随着农村经济较快发展，农民收入不断提高，建设的楼房也越来越多。为了防止建设无序和"有新楼，无新村"的状况，县委、县政府又推出一系列措施来建设新农村，大力推进中心村（即示范性的村庄建设）、文明村、卫生村、示范村等创建活动，全县人民积极响应。

1994年，县委把创建文明村、文明户、文明单位的"三创建"作为实现小康的主要内容来抓，要求高起点规划、高标准建设、高效能管理和高文明素质抓好文明村示范点。1995年，开展中心村规划修编及创建试点工作。悦城镇响水村、莫村镇古楼村、凤村镇龙须和桂村等率先开展创建中心村活动。1996年，建成文明村733个，占全县自然村总数的70.3%。1997年，德庆县通过广东省对农村奔康文明村建设的验收。2001年开始，开展争创"文明村、文明户"活动，着力抓好一个圩镇环境整治、一个新文明村创建、一校园建设、一大院环境整治、一文化中心职能作用发挥的"五个一"建设。2003—2006年，全县投入资金5000万元，建成生态文明村541个，广东省卫生村51个。开展创建"生态示范村""民主法治示范村""生态旅游村""美德在农家"等示范村活动，使德庆县创建工作走在全省山区县前列。其中

---

① "五改"：改水、改厕、改灶、改畜圈、改环境。

2004 年，开始创建中心镇工作，老区官圩镇、莫村镇和悦城镇列为中心镇。同年，"农民公园"开始规划和创建，官圩镇仙罗八仙村、凤村镇大圳口村、悦城镇红塘村等 10 个村的规划和创建工作启动。3 月，建成首批生态文明示范村，在全县影响巨大。生态文明村实现了"五改五有"，即改卫生厕入屋、改饮清洁自来水、改建封闭硬底化排污渠、改造硬底化村巷道、改建远离人居猪栏；有垃圾屋、有宣传栏、有篮球场、有文化广场、有小公园。这一系列建设，大大改善了全县乡村的生活环境。2005 年，老区官圩镇金林村被中央文明办授予"全国文明村"称号。2009 年，全县创建工作再上新台阶，新创建 100 个生态文明村和 50 个省卫生村。2012 年，开展"大清洁、乡村美"活动，实行生态文明村与省卫生村同步创建，实施"五改"工程和文化娱乐设施建设，投入 800 多万元，建立"户收集、村集中、镇转运、县处理"的城乡垃圾无害化处理模式，生活垃圾无害化处理率达到 85%，创建了 24 个省卫生村和生态文明村。2011 年武垄镇武垄村荣获第一批"广东省宜居示范村庄"称号。

金林村是德庆县第一个建成的生态文明村。因历史悠久、环境改善而成了当地小有名气的旅游景点。来到具有浓郁水乡文化气息的官圩镇金林村，只见古木苍劲，碧水环村，巷道虽然弯曲，却是砖石铺就，曲径通幽。看到有客人进村，水乡姑娘跳起欢快的迎宾舞，唱起悦耳动听的"水乡之歌""迎客歌"。漫步村道小巷，鞋不沾泥，环境洁净，空气清新，村民热情有礼。墙上文明卫生宣传标语与国画结合，独具匠心。金林村把创建生态文明村与金林水乡景区旅游相结合，以整治环境卫生为重点，推进厕所入室，家庭卫生厕普及率达 100%；实行排污渠暗渠化，搬迁猪舍牛栏出村边，实行人畜分居；安装了自来水管，使全村家家户户饮上清洁的自来水；架设小桥 5 座，铺设硬底化村道 6 条，解决了村民行路难问题；并建好了垃圾池，设置垃圾箱，有专人收集垃圾，保持环境卫生。还在村内大面积美化绿化种植花草树木，使岭南水乡景色更加迷人。

悦城镇小佑村原来是"脏、乱、差"的典型之一，村入口周围露天厕所、牛栏、猪舍、闲杂屋遍布，污水横流，臭气熏天。2003 年，德庆县以"生活要奔康，身体要健康"为主题建设生态文明村。小佑村积极响应县委、县政府号召，村民有钱出钱、有力出力，积极参与。他们自筹资金 2.3 万元，向上级和各界争取赞助资金 25 万元，按照生态文明村的要求建设，拆掉了猪、牛栏和杂物屋 73 间，改厕入户率 100%，村道硬底化 330 米，巷道硬底化 1000 平方米，平整公共场所 3600 平方米，修建了村口牌坊、篮球场、舞台、文化广场等，新建了垃圾屋，有专人负责村里的环境卫生管理，村容村貌焕然一新。村民说，现在生态环境干净了，大家的文明卫生意识也明显提高了，穿衣整洁，勤洗手，以前随地吐痰、乱丢烟头、乱倒垃圾、乱堆乱放的现象也不见了。在全体村民的努力下，2004 年 4 月，小佑村获肇庆市"生态文明村"称号。5 月，省老促会理事长林若等 30 余人来到这里参观考察，给予了高度评价。

古蓬村是永丰镇最大的自然村，有农户 248 户，1080 人。自从开展"卫生进村居，健康在家园"活动以来，古蓬村完成了进村大道、村东大道、村前大道和环村排水排污渠的硬底化改造，建设了 3000 平方米的多功能文化广场，配置了相应设施，集文体游乐于一体，新装了 15 盏路灯，并对环村道等公共场所进行了美化绿化，新村 160 多幢新楼房统一规划，实现了"八化"，即村道沟渠硬底化、食用水清洁自来化、禽畜圈养化、厕所入户卫生化、炉灶节柴化、电视普及化、保洁经常化、村前屋后美化绿化。1993 年和 1996 年，古蓬村两度获得肇庆市委、市政府命名的

"市文明村"称号。

在金林村、小佑村、古蓬村的示范带动下，随着文明村、生态文明村创建活动的深入开展，物质生活水平不断提高，广大农村的村容村貌发生大变样。

2002—2006年，官圩老区镇共创建60个生态文明村和6个省级卫生村，完成15个村级标准篮球场建设。新圩老区镇通过县支持一点、镇拨一点、挂点单位扶持一点、社会各界捐一点、村集体筹集一点、农户出一点的办法筹措资金，开展创建生态文明村活动，至2006年，全镇创建33个生态文明村和3个省级卫生村。2003—2006年，高良老区镇共筹资金333.42万元，创建了64个生态文明村和10个省级卫生村，实现村村道路硬底化、村村有篮球场，全镇有文化广场6个、农民小公园1个。2012年，高良镇开展"创先争优"活动，向上争取资金，村民义务投工，按照人畜分离、村巷道和排污渠硬底化、改水改厕等要求，高质量推进石头村"省级卫生村"创建工作，11月顺利通过省级考核验收。是年，全镇共创建省级卫生村41个，生态文明村144个，全面改善了农村卫生"脏、乱、差"的状况，进一步净化了村镇环境，提高了村民生活质量。

2007—2012年，德庆县又开展创建"省级文明村"活动。武垄镇崩岭村、马圩老区镇上彭村、高良老区镇降底新村等14个村率先开展创建工作。2012年，完成永丰镇古蓬村、武垄镇武垄村2个"名村"的规划编制；完成马圩老区镇上彭村、莫村老区镇双栋村、高良老区镇江南村、官圩老区镇红中村、九市镇旧圩村5个"示范村"的规划编制。是年，全县被列入省级村庄规划编制试点村75个，市级村庄规划编制试点村15个。

经过20年的不断推进，新农村建设卓有成效。特别是2000年后，农民以柑橘产业为依托，增加了收入，乡村新楼如雨后春笋般涌现，到处建起了一幢幢、一排排 2~5 层高的新楼房，别墅式自成一体的豪宅数不胜数。巷道、村道基本实现硬底化、净化、亮化，农村贫穷落后的面貌彻底改变。示范村的公园、公厕、街道、灯光球场、园林绿化美化净化亮化及娱乐文化设施等配套完善，面貌焕然一新。

改革工业经济体制 促进企业高速发展

党的十一届三中全会后，1980—1992 年，德庆县逐步推行经济承包责任制，落实厂长负责制，扩大企业经营自主权。1993—2000 年，德庆县国有、二轻、乡镇企业实行"所有权和经营权分离"，开始对企业产权进行改革，推行"兼并、租赁、拍卖"等企业组织结构的调整，使工业企业逐步走向社会主义市场经济，融入世界的经济发展大潮，促进工业经济高速发展。

一、深化产权改革，激活企业机制

改革开放初期，县委、县政府按照"以计划经济为主，市场经济为辅"的方针，开展了以转换经营机制为重点的企业改革，推行厂长任期目标责任制。1992 年底，县委、县政府将国有企业林产化工厂纳入广东省百家股份制试点企业行列，落实自主权。工厂的产品销售权、定价权、人事权及财务开支由企业自主负责，企业依法向国家纳税，让企业走向市场。随后，对县阀门厂、农机厂、缫丝厂、机砖厂、饮料厂等进行改制革新。改革后，镇以上独立核算工业企业有 212 家，工业总产值、销售收入、税金、利润分别为 6.21 亿元、3.5 亿元、1732 万元、2842 万元，分别比 1979 年增长了 10.7 倍、9 倍、7.7 倍、8 倍。①

---

① 德庆县地方志编纂委员会：《德庆县志》，广东人民出版社 2013 年版，第 367 页。

1993年，以中央提出建立社会主义市场经济体制为标志，工业全面走向市场经济。到1999年，在县委、县政府的努力下，德庆工业发展进入转型时期，以产权改革为核心的工业企业改革全面铺开。2000年，先后对经营不善、效益不高的化工厂、稀土金属厂实施破产处理。对一些小企业实行先关闭后破产，对汽修厂、德通公司、明珠公司实行民营化转制，针对林化公司、康蓝公司、经编厂三大国有企业制订具体转制方案，林化公司拟重组上市。至此，工业逐步走向市场经济，部分国有企业迅速壮大，效益大幅度提高。以林化公司为首的集团制企业，已成为县的龙头骨干企业。这时，全县61家国有企业全部进行各种形式和不同程度的改革，改革面为100%。

2000年，全县镇以上独立核算企业完成工业总产值50.03亿元，实现销售收入31.3亿元，税金8406万元，利润6889万元，分别比1992年增长9倍、8.9倍、4.9倍、2.4倍。

广东肇庆德通有限公司是在国家经济体制改革深化的浪潮中兴起的企业。1999年，该公司由集体企业改制成民营企业后，立刻调整了产品定位和财务政策。在产品定位方面，砍掉了公司没有竞争优势的家用换气扇业务，将公司的资源集中到通风机、工业风扇和工业换气扇业务的发展上，明确了中高档产品的市场定位。在财务管理方面，实施并逐步形成了稳健的财务政策体系。公司在财务上一次性处理历史形成的呆坏账，取消赊账销售方式，解决了三角债问题，资金周转形成良性循环。从2000年开始，年度资金回笼率一直保持在96%以上，2007年更是达到了101.01%。经过体制调整，在德通人的共同努力下，公司在1999年底获得国家首批科技型中小企业创新基金奖励，公司研发的DGF矩形管道通风风机被评为"广东省重点新产品"。2000年，该公司被认定为"广东省高新技术企业"。德通公司已经发展为研发、生产风机、风扇等通风设备的专业厂家、高新技术企业。

21世纪初，中国社会主义市场经济体制基本确立，企业进一步深化改革。县委、县政府确立改革的形式主要是：继续推行出售转让国有资产，改组为外资或私营企业；对严重资不抵债、无法清偿到期债务的企业实施破产处理；关闭产品没有市场、没有经济效益和无竞争力的企业。

2007年，通过深化改革，民营企业总户数达到305户，实现税收1.74亿元；独资企业34个，实现外贸出口8633万美元，完成年计划任务107.9%，同比增长26.6%。2007—2008年，有进出口企业27家，其中民营企业11家，"三资"企业①16家。全县规模以上工业总产值分别完成33.9亿元和51.34亿元，主要工业企业税收入库分别实现1.2亿元和1.24亿元。至2011年，国有资产已基本退出企业，形成以外资、民企、私企为主体的企业结构。

由于企业改革到位，工业经济实现平稳快速发展，质量效益明显改善。2011年，全县规模以上工业总产值完成149.93亿元，增长37.9%，完成年计划110%，全县规模以上工业实现产值增长34.75亿元，增长36.8%。产业进一步集聚发展，林产化工、木材深加工、电子机械、水泥建材四大支柱产业实现产值147.8亿元，增长57.8%，占全县规模以上工业总产值的95.5%。骨干企业稳步发展，全年税收超千万元的企业达10家。2012年，全县规模以上企业总数达85家，税收超千万元的企业达8家。实现规模以上工业总产值170.2亿元，增长24.4%；规模以上工业增加值40.1亿元，增长24.2%，增幅全市第一。

---

① "三资"企业：指中外合资经营企业、中外合作经营企业、外商独资经营企业。

二、采取重大举措，加速工业发展

企业体制改革，对工业高速发展带来无限生机。县委、县政府采取积极措施，创造条件，加速工业发展。

1. 改善投资环境，提高服务质量

为了搞好基础设施建设，改善投资环境，20 世纪 90 年代，德庆县建成 79.18 千米的国道 321 线德庆路段一级水泥公路和经过莫村、凤村等老区镇的省道悦怀线二级水泥公路，贯通了德庆西江大桥。同时，开通了程控电话、数字通信、模拟和数字移动电话以及国际互联网等，可直接与国内外通信联络和进行电子商务活动。对于西江黄金水道流经德庆 83 千米的河段，也进行了全面整治，使之常年保持 3000 吨的通航能力。康州港集装箱口岸码头等重要设施也相继建成，形成了可联结县外各地的陆路运输和可直出直进港澳地区及国外的水路运输。大大方便了投资者的货物出入，增强了投资者投资德庆的信心。

2008 年，德庆县提出"建设大交通，促进大发展"的要求，大力搞好乡村道路建设，也进一步优化投资环境。2012 年，为了进一步提高港口码头物流交通运输能力，再规划建设 4 个 1000 吨级泊位、通航能力 80 万吨的综合散杂货码头。德庆县还设有国家二类口岸货物装卸点和海关办事处，是肇庆市唯一一个具有这样条件的山区县，其口岸和海关办事处辐射封开、郁南、云安等地，发展港口物流经济条件优越，也为德庆工业发展提供更大的便利。

2. 改进服务方式，提高办事效率

德庆县为投资者提供快捷方便的"三个一"配套服务，即对外商投资企业实行"一个窗口办事，一个口子收费，一条龙"服务。2007—2008 年，提出"为客商做好金牌保姆"的口号，修订

《德庆县扶持民营经济发展优惠办法》。2008 年，在外资审批中突出抓好外资项目的审核呈批和入资工作两个环节。对每一个外资项目落实专人全程跟踪，从立项报批到办理有关证照实行一条龙服务，加快项目签订和审批工作，增强投资者的信心和投资吸引力。加强沟通联系，做好有关政策和法规的宣传解释工作。2012 年，县委、县政府对外经济贸易采取更加有力措施，加强外资企业管理。一是领导重视，责任落实。县领导经常到重点出口企业进行深入调研，落实干部职工挂点联系出口企业责任制，做好外贸出口指导、协调、沟通和跟踪服务工作，并组织出口企业参加省、市外贸政策业务培训班，使出口企业及时掌握熟悉政策，顺利开展出口业务。二是贯彻落实优惠政策，扶持企业健康发展。出台《2012 年德庆县促进外贸出口增长奖励办法》等相应的奖励、扶持政策，使企业发展壮大。三是加强服务企业，优化发展环境。及时宣传好、贯彻好、落实好省、市各项促进外贸出口政策措施和加工贸易转型升级的优惠政策。四是优化软环境建设。在积极推进"一站式"服务的基础上，坚持推行马上办、主动办、上门办、透明办、务实办的"五办"作风，积极主动为企业提供全方位综合配套服务，提高办事效率。

3. 承接产业转移，发展园区经济

2005 年，根据省政府《关于我省山区及东西两翼与珠江三角洲联手推进产业转移》的通知精神，把加快工业园区的建设作为实施工业强县发展战略，抓住机遇，建设好产业转移工业园，"筑巢引凤"，积极承接珠江三角洲地区产业转移，发展园区经济，推进全县工业再上新规模，奋力推进"双转型"①，以加快产业园、区建设为载体，突出工业主战场，充分利用本地资源，致

---

① "双转型"：指技改扩产转型、技术生产效能转型。

力发展高新科技、高质量、高效益工业产业。

德庆工业园区（官圩产业转移工业园、悦城新型建材工业区、县城工业集聚基地）总体规划 1733 公顷，按照科学规划开发，强化优质服务，加快基础设施建设，大力开展产品招商，推进产业集聚，着力打造特色工业园区。

县城工业集聚基地，规划面积 666.6 公顷，完成开发面积 250 公顷。落户企业 47 家，总投资 30 亿元。

官圩产业转移工业园，原是打火机基地的一部分。规划面积 433.3 公顷，2012 年已开发 166.7 公顷，入园企业 36 家，投资 16.03 亿元。企业大部分来自珠江三角洲，主导产业为精细化工、林产工业、涂料油墨、不锈钢等。

悦城新型建材工业区，规划面积 666.6 公顷，建设陶瓷产业示范区和水泥及构件工业区。建设陶瓷产业示范区首期开发 135 公顷。2012 年，引进企业 11 家，其中 8 家大型陶瓷企业落户投产，投资总额57 亿元，3 家筹建。投产企业年产值 8.61 亿元，创税 5166 万元，解决 3100 人就业。水泥及构件工业区已有广州石井水泥和宝来集团两大项目落户。随着环境保护及土地集约利用的严格规范，工业发展逐步形成向产业园区集聚趋势。工业在区域一体化的背景下，坚持以现有工业为基础，以产业转移工业园为主战场，将园区外的工业和西江经济产业带沿线工业逐步导入园区，形成"一园三区"①的集群发展格局。

2009 年，园区开发总规模近 666.6 公顷。全年共引入招商项目 24 个，合同投资总额 57.8 亿元。2011 年，引进招商项目 28 个，合同投资总额 52.32 亿元，其中超亿元项目 16 个，总投资

① "一园三区"："一园"指德庆产业转移工业园，"三区"指县城工业区、悦城工业区、官圩工业区。

48.06 亿元。2012 年，"一园三区"实现工业总产值 97.85 亿元，创税 1.79 亿元，占全县工业税收 68.72%。园区在 2010 年度省级产业转移园考核中被评为优秀园区，2011 年 12 月荣获"广东省模范劳动关系和谐工业园区"称号。

4. 大力招商引资，发展外向型经济

1979 年，县成立对外引进办公室，专门负责联系外商，开展对外引进工作，主要是联络和鼓励本县籍在国外的亲朋好友、港澳同胞前来考察投资。到 20 世纪 80 年代中后期，在基础设施、优惠政策、服务质量等方面采取了各项措施，为投资者创造有利的环境。

1988 年，县委、县政府制定了《德庆县关于鼓励外商投资的实施办法》。1988—2000 年，又修订了较为完善的《德庆县鼓励外商投资优惠办法》。2002—2006 年，为了进一步优化投资环境，吸引外资企业，又出台了《德庆县鼓励外商投资企业加速入资奖励办法》等一系列优惠政策。这些政策，在用地、规费、税收以及租赁厂房、安装水电免收增容费和水电用费等方面给予外商优惠，吸引了外商来德庆投资。1988 年后，前来洽谈投资的外商不断增多。在肇庆召开的山区招商洽谈会、肇庆地区赴澳门展销会和省赴港对外经济贸易洽谈会中，共签订来料加工合同 22 宗和外商投资合同 5 宗，引进外资 1166 万美元。1993 年，批准"三资"企业 91 家，其中大型企业有澳大利亚的德庆康达皮具制品有限公司、粤港合资企业德庆县火力发电厂等。此后，相继引进粤海康蓝纤维板发展有限公司、经编针织厂有限公司、肇庆新德大桥有限公司、德庆迪爱生合成树脂有限公司、肇庆德庆新悦公路有限公司等合资企业和粤港合作企业。1988—2000 年，共批准项目 177 宗，实际利用外资 2.82 亿美元，比 1979—1987 年的 8 年总和增长 150 多倍。①

2002 年 4 月，县组织招商队伍赴台招商。在台北、高雄等地举行为期 10 天的投资环境推介和招商引资活动，活动期间，共签订投资合同（协议）6 项，投资额 1450 万美元。6 月，成功举办广东德庆工业创业园招商洽谈会，邀请中外客商 200 多人到德庆洽谈投资，在洽谈会上共签订投资项目合同 22 宗，投资总额 24000 万元。2005 年，参加在香港举办的香港春茗暨招商推介会，签订合同和意向项目 17 宗，投资总额 2393 万美元。2002—2006 年，共签订招商引资项目合同 433 宗，合同投资总额 47.88 亿元，落实招商引资项目 348 宗，合同投资总额 37.46 亿元。2009 年，共引入招商项目 24 个，合同投资总额 57.8 亿元，引进的项目中，投资额超亿元的有 10 个，项目涉及陶瓷建材、精细化工等多个行业。

2012 年，县成功举办和参加多项招商活动。在日韩经贸活动中签约项目 1 个，总投资额 800 万美元；在肇庆金秋经贸洽谈会上签约项目 2 个，总投资额 20 亿元；在首届广东·德庆龙母文化节上，邀请约 300 名客商嘉宾参加活动，集中签约一批新项目，涉及工业、旅游以及城市建设等领域。

5. 发展乡镇企业

随着经济发展，农业生产快速增长，农民个体或联合办企业悄然兴起，乡镇企业逐渐发展壮大。1979 年开始，县委、县政府主要采取级级办、集体办、联合办、个体办的方针发展乡镇企业。截至 1987 年，全县乡镇企业 3082 个，从业人员 5120 人，经营总收入 5555 万元。2000 年，全县农产品加工企业 1182 家，从业人

---

① 德庆县地方志编纂委员会：《德庆县志》，广东人民出版社 2013 年版，第 207 页。

员 8020 人，乡镇企业 14100 个，从业人员 37200 人，经营总收入 41.39 亿元。

1982 年，凤村镇在县委、县政府的支持下，办起了规模较大的烟花爆竹厂，固定资产 91 万元，提供 560 个就业岗位，部分产品进入国际市场。1987 年，爆竹厂总产值 200 万元，利润 12 万元。2002—2006 年，该镇招商引资项目 10 个，其中包括木雕厂、芒心藤织厂、创业桂皮厂、凤村香料厂、松脂加工厂、加油站、白宝造纸厂、五联针织厂、桂油生产基地和瓷沙场，引进资金 4500 万元。

官圩镇一直坚持"工业立镇"的战略思想，把抓好乡镇企业放在经济发展的首位，借助外力求发展。1999 年，投资 350 万元建设粤德化工厂，投资 150 万元建设丽冲电站，投资 200 万元建设官圩塑料厂，投资 500 万元建设华德化工厂。2000—2001 年，以新建的外商投资开发区为载体，引进华德化工厂二期扩产工程、三维立体灯饰厂、德洲香料厂、无机钢排水管厂、华盛板厂和官圩石油中心等项目，进一步增强乡镇企业发展后劲。2000 年，虫草巴戟酒厂成功转制，康艺木雕厂稳步发展，工业的主导地位逐渐形成。2002—2006 年，引进外资 13845 万元，先后办起利民灰砂砖厂、顺隆火机厂、环球打火机厂、德庆建宏实业有限公司、联丰塑料袋厂、德塑有限公司等企业。截至 2012 年，该镇已有企业 33 家，在册个体工商户 512 户，有限责任公司 26 家、内资分公司 15 家、内资企业法人 7 家、合伙企业 7 家、个人独资 3 家、农民专业合作社 12 个。

2003—2006 年，马圩镇通过以商招商、以地招商、以项目招商、以情招商的办法，共引进项目 38 个，资金 8000 万元。其中有自营进出口权的镇办马圩藤竹厂、木制品厂，有民营企业德峰家具有限公司，产品远销欧美、东南亚等国家和地区。此外还有年产量1500吨的德隆精制树脂有限公司，有传统腐竹加工作坊500多间，年产量1200吨。

高良镇采取"龙头带动，外向带动"以及"走出去，请进来"的策略发展乡镇企业。截至1996年，相继引入木雕厂、桂皮厂、香粉厂等13个大型项目，资金3500万元。1999—2001年，招商引进16个项目，引进外资4280万元。办起了林业桂油厂、高顺桂皮厂、联合瓷土开发场，并对木雕工艺厂、水厂、食品厂等进行技改转制，扩大工业规模，其中高良食品厂转制后由台商经营，得到迅速发展，2001年其成为市级农业龙头企业。这时，高良镇已形成以东升食品厂、木雕工艺厂、林业桂油厂、瓷矿场等为支柱的工业。2006年，该镇有个体工商企业260家，引进联合瓷矿场、万星瓷矿场、云贞瓷矿场等项目21个。2008年，个体工商企业达到265家。此外，镇政府还充分利用水电、瓷土、肉桂、巴戟、林业等资源进行招商，以商引商，2008年引进2000万元投资万和商住小区、云贞第二瓷矿场等项目。2012年，高良镇主要企业有江南桂油厂、大江桂油厂、台商企业东升食品厂以及联合、云贞两大瓷矿场等13家工业企业，同时还引资500万元建设旺埠巴戟交易市场。其他乡镇企业也凭借灵活的经营方式和较低的运行成本，积极发展乡镇企业，为老区人民提供大量的就业岗位，革命老区的经济得到进一步振兴。

三、改革外贸体制，增强市场活力

改革开放后，县委、县政府对财政、税务、金融、价格粮食、供销、商业以及外贸体制、流通领域体制等进行了全面改革，通过改革，达到预期效果。其中外贸体制改革，打破了"高度集中，统一经营"的体制，实施以地方为主的外贸大包干管理体制，使外贸经济的发展迈上新台阶。1981年，为加强对外经贸工作的领导，县委、县政府决定成立对外经济工作委员会。1988年，外贸企业以出口收汇、上缴外汇、盈亏效益3项承包基数为内容，全面实行承包经营责任制，外贸企业经营规模扩大，效益提高，为争取外贸经营权创造了条件。1987—1988年，土产进出口公司和工艺品进出口公司经批准先后取得了进出口经营权，实现由供货出口到自营出口的转变。

从1991年起，国家取消外贸出口财政补贴，实行"统一政策、平等竞争、自主经营、自负盈亏"的外贸新体制。县委、县政府以市场为导向，立足本地资源，采取自办、联办、引进外资等多种形式兴办实业，建立外贸出口商品生产基地，抓住机遇，先后办起桂皮加工厂、钻石加工厂、桂油加工厂、木雕工艺厂、凉果厂、化工厂等一批创汇型企业，为提高企业创汇能力和市场竞争力，想方设法改进技术、创新产品，实现外贸出口的大发展。1993年，全县出口额1242万美元，比1988年的155万美元增长7倍多，全面完成国家下达的承包任务。[①]

1994年后，德庆县逐步建立起现代企业制度，推动企业改组、联合，发展规模经营成为企业改革主要方向。县委、县政府在完成对全县企业的清产核资、资产评估工作的基础上，实行资产经营管理、政企分开的措施，继而以贸易为龙头，以实业为基础，实行"农、工、商、技、贸相结合""产、供、销一体化"模式，采取"立足港澳台，开拓东南亚，进军欧美市场"的经营策略，发展规模经营。1996年，组建以土产进出口公司为核心的德庆信德对外经贸集团有限公司，年出口1000万美元；1997年，将缫丝厂划归丝绸公司管理，实现茧丝绸经营一体化。1994年和

---

① 德庆县地方志编纂委员会：《德庆县志》，广东人民出版社2013年版，第203页。

1997 年，先后扶持林化厂和马圩镇藤竹制品厂成为自营出口生产企业，从而扩大了外贸出口。1996 年，在外贸体制改革中，对外经贸集团对其下属的非出口经营企业也进行了一系列改革。组建以悦城罗洪石场为主体的华龙集团公司。2000 年，对资不抵债的对外经济发展公司、对外经济贸易公司、国际经济技术合作公司实行破产改革，对德顺工艺厂、联德木雕厂、德通汽车修理厂等一批小型企业进行转民营改革。2007—2008 年，德庆县主要通过技改扩产、产品创新和优化出口结构等不断提高产品档次和出口附加值，增强企业和产品的市场竞争力。2012 年，加快转变外贸发展方式，扩大招商引资力度，做好产业承接和吸收外资工作。新批外贸合同 12846 万美元，完成市任务的 100.8%，同比增长 22.8%，实际吸收外资完成 4175 万美元，完成年任务 100.6%，同比增长 9.8%。完成出口 813 万美元，完成年任务 304.5%，同比增长 234.6%，创历史新高，同比增长位列肇庆市第一。

开发旅游资源 发展旅游产业

德庆县境内自然风光秀丽，文物古迹众多，旅游资源丰富。改革开放前，旅游资源没有得到开发利用，旅游业处于零状态。改革开放后，县委、县政府高度重视发展旅游业。经过几年努力，旅游业从无到有、从小到大、从大到强，使之发展成为一大产业，打造出旅游强县。德庆旅游业发展可分为四个阶段。

第一阶段（1983—1999 年），属于逐步开发阶段。该阶段主要以悦城龙母祖庙的善信朝拜为主。1983 年 11 月，成立德庆县悦城龙母祖庙文物管理所，并举行为时 3 天的龙母祖庙重光庆典活动，龙母祖庙对外开放，盛况空前。为了进一步保存历史文化遗产，弘扬传统文化，1984 年，悦城龙母祖庙文物修缮委员会筹资整修庙前广场。同年，著名古建筑学家、华南理工大学教授龙庆忠考察龙母祖庙后，誉之为"岭南古建筑瑰宝"，并题"古坛仅存"四字以赠。龙母祖庙重新对外开放，引来朝拜的游客越来越多，县委、县政府以此为契机，积极发展旅游事业。1988 年 4 月，县成立首个旅游业务工作机构——德庆县旅游服务公司。政府部门积极创新，让旅游服务公司与德庆县中国旅行社、县政府招待所合署办公，对外三块牌子，对内一套机构。同年 12 月，成立县旅游局，旅游服务公司归属其管理。悦城龙母祖庙、三元塔和德庆学宫等文物单位的管理及维修工作仍由县文化局、县博物馆负责，发展旅游业有了组织保障。

1992 年 10 月，成立德庆县悦城龙母祖庙旅游开发总公司，投入 1730 万元，对龙母祖庙西客厅、程溪书院、五龙山景区、三宝佛斋堂以及祖庙内的塑像、砖雕等工程项目进行一系列重修。1994 年，龙母祖庙景区管理开始步入科学化、秩序化、正常化轨道。1997 年 3 月，县成立旅游工作协调小组，接着在悦城龙母祖庙召开悦城龙母祖庙旅游区配套实施建设现场办公会议，研究部署龙母公园的绿化、城雕建设、三角交通路网建设和龙母诞期的筹备四大项工作。同年 9 月，成立德庆县悦城龙母祖庙文物事业管理局。

这个阶段，县内其他旅游资源也处于逐步开发状态。1994 年10 月，县文化局对三元塔进行全面维修。1995 年 12 月，景点正式对外开放。1996 年 11 月，国务院公布德庆学宫为全国重点文物保护单位。从那时开始，德庆学宫的东庑、西庑、尊圣义祠、棂星门、泮池等实施大规模的复原建设，对大成门、名宦祠、乡贤祠、大成殿进行整体重建维修。1999 年 1 月，县委、县政府改革旅游体制，成立县旅游委员会和县文物事业管理局。是年，全县共接待游客 94.8 万人次，旅游景区总收入 2830 万元。这个阶段，德庆县旅游业在全县中的第三产业发展中不断提升，呈现出良好发展势头。

第二阶段（2000—2005 年），属于全力开发建设阶段。2000年，县委、县政府在"十五"计划中提出"建设现代化滨江旅游城市"的目标，坚持以"旅游开发为抓手"。8 月，县旅游委组织编制《德庆县旅游发展"十五"规划及 2015 年远景目标》。是年底，邀请全国著名旅游文化专家、中国旅游未来研究会理事范家驹等对德庆旅游资源开发进行全面的规划、设计。提出将龙母祖庙、德庆学宫（孔庙）和盘龙峡三个景区进行资源整合"三点成一线"的旅游发展思路，将"广东龙之旅——龙母故乡德庆游"

作为德庆的旅游品牌。加快龙母祖庙和德庆学宫的修复建设、华表石旅游区的开发、三元塔景区 180 米商贸街的建设，制定香山科普公园首期工程建设规划，提高景区、酒店接待能力和服务水平，整顿治安秩序、经营秩序，组织人力编写《德庆文化旅游丛书》，相继出版发行《德庆风光》等一批书籍。是年，全县共接待游客 110 万人次，旅游收入 1.83 亿元。

2001 年，是德庆旅游业发展具有转折意义的重要一年。4 月 28 日，盘龙峡景区举行了开线仪式，在德庆旅游业发展史上具有里程碑意义。随着盘龙峡景区的开发开放，旅游资源开发强度明显加大，德庆旅游业异军突起，在广东省内旅游界声名鹊起。德庆旅游业迎来了一轮旅游景区大开发时期。这个阶段，政府继续投入大量资金修复和完善了龙母祖庙、德庆学宫，并重点建设了盘龙峡生态旅游景区一期、二期工程和金林水乡旅游景区，初步形成"广东龙之旅——龙母故乡德庆游"旅游发展格局，其市场形象初步确立，品牌得到初步认可，旅游配套设施逐步完善，旅游业的产业地位基本得到确立。

第三阶段（2005—2009 年），属于战略发展阶段。该阶段旅游业引入战略投资者，改革旅游开发经营管理体制。2005 年 9 月，引进旅游企业广东南湖国旅经营盘龙峡、金林水乡两个景区，实现了德庆旅游资源和旅游市场更加直接充分的对接。同时，开发建设了花世界温矿泉景区、盘龙峡三期及盘龙天堂度假村，确定了龙母感恩节、德庆孔庙春秋祭孔等大型民俗节庆活动。德庆旅游业步入了快速发展阶段，接待旅游者人次和旅游收入呈现井喷式增长，旅游业的带动效应进一步增强。2007—2009 年，德庆旅游业先后开展系列"创强""创 A""创星"专项创建活动，完善旅游业持续发展的配套设施和服务功能，为下阶段的德庆旅游业大发展打下了牢固基础，旅游业成为德庆的支柱产业。

第四阶段（2010—2012年），属于深入发展阶段。该阶段将旅游业推向一个新时期，投资20亿元的盘龙湾奥威斯休闲度假区项目开始规划、设计，投资8亿元的龙母文化旅游创意产业园项目已经开始建设，孔圣文化园、香山景区、大广山景区、三洲岩休闲旅游景区建设进入议事日程，建设发展大景区、高端景区、休闲度假景区成为进一步实现旅游大跨越的重要抓手。其间，悦城镇玉龙寨旅游景区建成接待游客，成为"龙之旅"新亮点。龙母祖庙、盘龙峡、德庆孔庙3个4A级景区顺利通过国家复核复查，醉然居假日酒店成为肇庆地区唯一一家挂牌四星级酒店。德庆县先后被评为"中国最佳休闲度假旅游目的地""中国最佳生态宜居宜游旅游名县"，龙母诞庙会再添"最具影响力广东县域民俗文化节庆""广东省旅游强县""广东省县域旅游综合竞争力十强县""中国最具投资价值旅游县""中国旅游竞争力百强县"等荣誉称号。

旅游业的迅速发展，其辐射带动的效应也非常突出，接待游客人数和旅游收入呈现井喷式增长。2012年，接待游客556万人次，旅游收入33亿元。五一小长假，每天游客达到数万人之多，县城宾馆、餐厅全爆满，盘龙峡景区停车场无法容纳旅游车辆，游客车辆只能沿路边停放几千米长。县政府抽调大批警力、机关干部职工到盘龙峡景区维持秩序，义务为游客送水、送食物。同时，景区所开设数百米山货土特产购物通道，供村民设摊销售，通往景区18千米公路两旁开设的饮食店就有20间，景点旅游热度可见一斑。在旅游业大发展的带动下，城乡的人流、物流、资金流、信息流，以及县城的酒店（宾馆）、乡村农家乐、餐饮服务业、零售业、康体娱乐业等第三产业得到迅速发展。是年，社会消费品零售总额28.14亿元，增长17.5%，增幅为肇庆市山区县第一。

在谋划整个旅游业的发展大计中，县委、县政府不但考虑大力整合开发历史古迹文物景点，还特别注重现代景点的新开发。盘龙峡景点的开发就是一个典型例子。2000 年初，县委、县政府主要领导亲自带领考察组，翻山越岭，对盘龙峡进行实地考察，认为盘龙峡瀑布众多，自然生态独特奇观，是开发旅游区的宝地。经县委、县政府研究，决定开发建设盘龙峡生态旅游区，2 月 25 日正式动工建设，到 4 月 28 日，累计投入资金 5722 万元，完成景区征地，建设基础设施，建成全长 6.6 千米，有"中国勇士第一漂"之称的峡谷"勇士漂"及青翠欲滴的峡谷风光，建成盘龙峡一期工程并开放接待游客。2004 年 2 月 10 日，正式启动建设盘龙峡景区二期工程，投资 3700 多万元，进一步完善基础设施，修筑盘龙峡水坝底至桃花寨停车场栈道。2005 年 3 月 28 日竣工，工期历时 13 个月。2005 年 11 月 3 日，县政府成立盘龙峡景区三期工程开发建设指挥部，从政府各职能部门抽调人员，配合龙之旅公司进行盘龙峡三期工程建设。南湖国旅先后投入资金 1.2 亿元重点打造了"盘龙天堂"度假旅游区，并于 2007 年 10 月建成开放。经过三期改造，盘龙峡生态旅游区以其得天独厚的山、水、森林等自然生态资源禀赋，成功开发了峡谷漂流、栈道观光、瀑布观光、峡谷品氧、大型梯级天然泳池、全国最大的水车群、全国最具风情的山顶木屋度假村、岭南仅存的古老织布村、高空溜索、越野卡丁车等生态休闲型旅游项目。经过精心打造，盘龙峡成为集休闲、度假、观光娱乐、采风写生、养生保健等功能于一体的生态休闲旅游度假国家 4A 级景区。2005 年，盘龙峡景区被《中国国家地理》杂志和《南方都市报》联合评定为"广东最美的地方"，其瀑布群被誉为"广东最美的瀑布""亚洲罕见、广东第一"。

第四节 大抓各项事业 促进快速发展

一、交通路网基本建成

改革开放后，为了破解昔日交通制约经济发展的瓶颈，德庆县坚持"统一规划，分步实施，以镇为线，包干完成"的方针，全面开展国、省、县、乡、村公路的升级改造或重新建设。1979—2000年，总投资8.95亿元，新建公路总里程660.9千米，升级改造公路里程108.99千米，新建大小桥梁39座。其中包括简易的沿江公路和国道321线县城过境一级水泥公路。1990年，县政府着手规划立项在2000年前建设新圩河口大桥、悦城龙母大桥和德城至郁南南江口西江大桥，把德城至马圩路段升级改造为沥青公路。至2006年，全县硬底化公路通车里程1065千米；高等级路面里程由"九五"期末的282.1千米增加到"十五"期末的607千米；县内客运班线23条、市内客运班线4条、省内跨市班线7条，船舶171艘。全县形成一个水陆交通运输相互配合、相互联结、相互补充的运输网络。2009年，完成建设300人以上自然村硬底化道路110千米工程，完成金林水库坝顶至盘龙峡景区旅游线路三级水泥路面3000米工程、县道旺埠凤村线（二期）水泥路面10千米工程、县道沙旁至封开杏花跨县公路和全县26千米边远山区老区等新开公路建设。此外，环高速与汕湛高速连接线（鼎湖—小湘—德庆）和二广高速至广昆高速连接线（怀集

—德庆—罗定）建设规划列入市公路网络规划，落实南广铁路"德庆（南江口）"火车站点设置。截至2011年，德庆县有国道79.1千米、省道138.9千米、县道158.3千米、乡道893.2千米、村道335.1千米。全县交通路网基本建成，德庆县13个镇（街道）全部建成汽车客运站，乡镇建站率达100%，具备通车条件的行政村通车率达100%。

1997年5月26日，总投资1.35亿元的德庆西江大桥建设动工，大桥全长2482.2米。它位于德庆县城东侧和郁南县南江口镇之间的西江河道，是省道352线横跨西江的特大桥梁。大桥于1999年3月底完工，同年5月1日正式通车。"一桥飞架南北，天堑变通途"，大桥的建成，对粤中西部西江中游两岸的经济发展和社会进步，完善区域内外的路网结构，改善投资环境，加速粤西山区经济发展都具有重要意义。2000年，新圩河口大桥、悦城龙母大桥相继升级改造完毕。

二、供电用电安全畅通

德庆县的电力建设经历20世纪80年代的调整巩固和稳步发展阶段，1980—1983自是水电事业调整巩固阶段。1983年淘汰一批无效益的电站，全县水电站保有量339座，容量1.47万千瓦，比1979年减少77座小电站，容量增加1607千瓦，年发电量3040万千瓦时，增加782万千瓦时。这个阶段着重解决前段高速发展中存在的问题，向乡镇自然村扩展供电工作。1984—1986年是稳步发展阶段。这个阶段，新建的牛湖二级电站、江底电站、寺田一级电站、鸡六塘电站、落茅坪电站、冲源二级电站、小罗一级电站、仙峰降电站均增加了装机容量。至1989年，全县累计装机

1.94 万千瓦，年发电量 4510 万千瓦。①

1991 年，德庆县被国务院列为全国第二批农村水电初级电气化县，电力建设跃上新台阶。1995 年 6 月，德庆县顺利通过省验收，成为全国第二批农村水电初级电气化达标县。全县 15 个镇 175 个管理区正常供电，8.35 万户正常供电，达 99.84%，2000 年，全县发电装机容量 5.34 万千瓦，110 千伏变电站 3 座，主变压器 4 台，总量 9.6 万千伏安，工农业生产及生活用电得以确保供应。② 2004、2005、2006 年，分别建成高良变电站、九市变电站、凤村变电站、有效地解决了随着经济发展的用电需求。到 2001 年，德庆县供、用电量和用电负荷创历史新高，电网建设稳步推进，用电的可靠性，安全性也大大提高。

三、"科教兴县"取得实效

1995 年 10 月，德庆县召开科技大会，会上提出全面实施"科教兴县"战略，创立以工农业为主体、产学研相结合的科技创新体系。高新技术产业逐步成为第一经济增长点，带动经济结构调整和产业化优化升级，现代农业及山区农业科技快速发展。1998 年，县委、县政府制定了《德庆县知识分子优待办法》和《德庆县科技奖励（试行）办法》，其目的在于调动广大知识分子的科研积极性。是年，投入 25 万元建立德庆县科技信息网络中心，完善电子邮件、地域地名注册、网页制作等功能。1999 年，投资 450 万元建成全省山区县第一个采用 DDN 专

---

① 德庆县地方志编纂委员会：《德庆县志》，广东人民出版社 2013 年版，第 237。

② 德庆县地方志编纂委员会：《德庆县志》，广东人民出版社 2013 年版，第 237。

线上网的信息网络中心，建成覆盖全县各镇（街道）、县直十一大系统、部分经济类部门、年销售额500万元的企业信息中心上网工程。20世纪80年代，开始实施星火计划。2000年，共实施30个项目，工、农、林、医等学科先后有110个项目分别被列入国家级、省级、市级各类科技计划。2000年，开始建设德庆科技中心，县工业主要科研开发项目有12项，其中国家级6项、省级6项；县科研项目获全国奖9项，获省级奖17项。科研成果的普及、推广和应用，有力促进了德庆经济发展。1997年、1998年科技进步对经济增长的贡献率分别为36.5%和38%。1998年，高新技术产品产值占工业产值的比例达80%。2000年，县科技进步对经济增长的贡献率为46%。2003年，县科技局获"全国第一届技术市场金桥奖"，并被省科技厅评为"全省技术市场管理与经营工作先进单位"。2004年3月，德庆县首次获国家科技部颁发的"全国科技进步先进县"称号。2004年6月21日，县联合肇庆市科协、肇庆市农业局和中国移动通信肇庆分公司，在马圩老区镇举办以"树立科学发展观，走上科技致富路"为主题的全市大型科普集市活动。2005年6月8日，县出台《中共德庆县委、德庆县人民政府关于加快建设科技强县的实施意见》，对培养科技人才、发展高新产业、增强创新能力等制定更具体的政策、措施及奖励办法。截至2006年，县组织实施科技计划共81项，其中国家科技计划4项、省科技计划47项、市科技计划30项。获得国家、省、市科技计划项目资金616万元。获得省科学技术奖1项，申报国家专利54项，获得国家专利授权37项。

截至2009年，德庆县共有自然科技人员7150人，其中高级职称95人，中级职称2520人，初级职称3983人。科技对经济增长的贡献率为46.39%。是年，县林业局获得"广东省科学技术奖"二等奖，县农业科学研究所获得"肇庆市科学技术奖"一等奖。德庆县科技进步考核工作顺利通过国家科技部验收，荣获"全国科技进步考核先进县"称号。2011 年，德庆县获市科学技术奖 1 项，新利达电池实业（德庆）有限公司的《能有效防止气胀和漏液的碱性无汞纽扣电池及其制造方法》获得"2010 年度肇庆市科学技术奖"三等奖。专利申请数 24 项，其中发明 2 项、实用新型 17 项、外观设计 5 项；专利授权数 19 项，其中发明 2 项、实用新型 9 项、外观设计 8 项。广东肇庆明珠纸业有限公司肖勇的《用于高速电池生产线的无汞锌－锰干电池的浆层纸及其制备方法》《用于叠层式电池的浆层纸及其制备方法》项目分别获得国家发明专利。

四、教育环境全面优化

1988 年，全县教育投入 838 万元，新建校舍 6880 平方米。1991 年 3 月，德庆县率先通过省的危房校舍改造检查验收。之后，全县教育投入 21753 万元，其中财政拨款 13205 万元；校舍建设资金投入 5659.81 万元，新建校舍建筑面积 154504 平方米。2007 年，德庆县被省教育厅确定为"全省开展县域义务教育均衡发展试点县"，全面实施农村义务教育学校危房改造工程、规范化学校建设工程、高中扩容促优工程、教育新装备工程、强师振教工程和素质教育工程，进一步缩小城乡教育差距。同年，校园校舍建设资金投入 2506 万元，全面消除危房校舍。同时，启动德庆孔子中学建设项目，完善中学设置布局，进一步优化中小学办学条件。2008 年，全县教育总投入 1.73 亿元，教育财政拨款、在校生人均教育经费、学生人均公用经费保持逐年增长，学校公用经费投入 4075 万元。2009 年，全县教育支出 16819 万元，同比增长 14.43%，有效推进城乡教育保障体系建设，促进教育事业发展。2011年，全县教育总投入21300万元，全县中小学校校舍安全改造面积为22081平方米。由于政府不断加大投入，学校的校园绿化美化工程，校道、广场、篮球场、羽毛球场、排球场等工程以及网络铺设、教学功能室安装和教学仪器设备配备不断完善。教育环境进一步优化，极大地促进了全县教育事业的发展。2012年，德庆县成为全市山区县中首个广东省教育强县，县教育局被授予"全国'两基'工作先进单位"称号。

五、文化体育成绩显著

大力抓好文化基础设施建设，文艺创新硕果累累。1997—2001年，连续5年被肇庆市评为"送戏下乡先进单位"；广场文化、街头文化活动常年开展；积极组织实施"2131"工程①。2000年，全县放映电影2200场次，农村电影放映率95%以上。2001年4月，被省政府授予"文化先进县"称号。2002年8月，被国家文化部授予"全国文化先进县"称号，成为全省3个获此殊荣的县（市）区之一。2003年，县文化馆被中宣部、文化部授予"全国服务农民服务基层文化建设先进集体"称号，被文化部评为"国家一级文化馆"。2004年，县文化广场被评为广东省第二届"十佳文化广场"。2005年，县图书馆被评为"国家二级馆"。2007年，官圩镇文化站荣获"全国先进文化站"称号，2008年被中宣部、文化部、广电总局、新闻出版总署联合授予"全国服务农民服务基层文化建设先进集体"称号。官圩镇还成立了德庆县首个镇级楹联学会，选出会长、副会长、秘书长、会员共21人。学会成立后，制定了一系列的计划和奖

①　"2131"工程：是国家广电总局、文化部和国家发改委共同实施的一项农村电影工程和基层文化建设项目。

励措施，激励会员积极撰写对联。该镇金林老区村是现存历史文化实物和非物质文化遗产比较丰富和集中的村，是一个较为完整地反映清代以来历史时期的传统风貌、地方特色、民俗风情，具有较高的历史、文化、艺术和科学价值的村落。2009年，金林村被省文联、市民间文艺家协会评为第二批"广东省古村落"。截至2003年，全县各乡镇（街道）均建有独立产权的文化中心大楼，总面积1.17万平方米，全部通过省文化站评估定级检查验收，入级率100%。其中，德城镇文化站、悦城镇文化站、官圩镇文化站、莫村镇文化站均被评为省一级文化站。2008年，县文化馆被省文化厅授予"非物质文化遗产保护工作先进集体"称号；官圩老区镇被国家文化部文化信息资源建设管理中心授予"扎实服务惠群众，共享文化在基层"锦旗。老区人民齐心协力，保护着老区的文化遗产，传承着优秀的传统文化。2009年，文化"六进"①工作扎实推进，新建了11家农家（社区、青工、企业）书屋，在全县82个村委会创办了图书阅览室，"德庆学宫祭孔活动"被列入第三批省级非物质文化遗产名录，动漫片《龙母传奇》进入后期制作阶段。完成县通镇电视光缆干线铺设工作，在肇庆市首个县城范围内成功开通数字电视，开通20个边远自然村有线电视。2012年，成功举办广东·德庆龙母文化节，孔庙祭孔、龙母诞庙会等节庆活动亮点纷呈，德庆县知名度和影响力显著提升。

从1983年起，德庆县各种群众体育运动协会纷纷成立。各镇、县直各系统和百人以上的企事业单位也成立体育领导机构。1986年7月，在德城镇西北香山脚动工兴建德庆县体育中心。中

---

① "六进"：指优秀传统文化进校园、进机关、进社区、进乡村、进生产生活、进军营的公益活动。

心内设 13 层看台、可容纳 4500 名观众的水泥灯光篮球场 1 个，400 米煤渣跑道标准田径场 1 个（内含标准足球场），水泥篮球场 2 个，连片门球场 5 个，健身路径 2 条。1992 年 5 月，县政府投资 200 万元在体育中心内建成室外标准游泳池（25 米×50 米）2 个。1995 年，开始对县内体育场馆实行市场化管理改革。1996—2000 年，全县实施《全民健身计划纲要》，城乡广泛开展全民健身活动。其间，县舞龙队获得全国第二届舞龙比赛规定套路、自选套路总分三个第三名，全国舞龙重庆赛第三名。2000 年，营业性质的体育活动场馆开始涌现。是年末，全县各机关、学校有 400 米煤渣跑道田径场 2 个，200 米煤渣跑道田径场 16 个，篮球场 198 个（其中水泥灯光球场 55 个），乒乓球活动室 160 间，桌球室 25 间，游泳池 4 个，门球场 6 个。各乡镇中学、中心校体育场地器材基本达到上级规定要求；儿童公园、县直属机关幼儿园建有滑梯、双人档椅、联合运动器、转盘等体育设施；县老干部局内有健身房、麻将室、象棋室、舞厅等体育设施。2003 年，新建乒乓球馆一间；2004 年 3 月，德庆体育中心灯光篮球场改建康城体育馆；2005 年，龙湖全民健身广场建成；2007—2008 年，体育设施建设结合创建生态文明村进行，各镇以行政村为主新建 84 个水泥篮球场。全民健身活动深入开展，体育健儿扬威全国赛场。2008 年，在北京残奥会上，德庆籍运动员覃小俊与队友一起荣获男子乒乓球 M6—8 级男子团体冠军。2009 年，德庆籍运动员陈燕梅、顾兵在第十一届全运会中分别获女子 4×400 米接力赛冠军和马术盛装舞步团体冠军。同年，德庆县获得"全国实施农民体育健身工程先进县"殊荣。2011 年，体育培训中心改造 400 米标准田径场 1 个，标准游泳池 2 个，五人篮球场 2 个，三人篮球场 4 个。2012 年，县体育中心田径场（内含标准足球场）开始动工改造。截至 2019 年，全县 193 个村（居）委会均建设有水泥地篮球场。全民健身运动蓬勃兴起。

六、医疗条件日益向好

改革开放以来，德庆县的医疗条件日益向好。

1979 年，全县有医疗卫生机构 19 个，医务人员 363 人。2001 年底，专业卫生技术人员 1041 人。2012 年，全县有医疗机构 301 个，其中县直医疗机构 6 个、社区卫生服务中心 1 个、镇级卫生院 12 所、村级卫生站 240 所、民营医疗机构 2 个、其他医疗机构 40 个。高级技术职称 48 人，中级技术职称 176 人，医师 505 人，乡村医生 259 人。

1979—1989 年，县人民医院投资 182.85 万元，兴建楼房 11 幢，1990—2000 年，投资 1909.8 万元，兴建楼房 23 幢。主要建筑有医技楼、教学楼、三门诊急救中心。医疗条件得到很大改善。至 2012 年，为了进一步适应新时代医疗发展的需要，县人民医院启动了异地整体搬迁建设项目。

1985 年 6 月，随着医疗事业的发展，以原德城镇卫生院为基础，组建了德庆县中医院。1990—1991 年，以中医院为龙头，开始带动各镇农村中医工作的开展，逐步完善农村中医药服务网络。1991 年 8 月，中医院投资 100 多万元，建成 4 层住院大楼，大大改善中医就医环境。1996 年，中医院通过二级中医院评审。2011 年，中医院新住院综合大楼主体工程完成，同时完成的还有县妇幼保健院整体搬迁装修工程。

乡镇医疗条件也在不断改善。1981 年 6 月，由肇庆地区卫生局核准的 5 所地段卫生院调整为 3 所，改称为"中心卫生院"。分别设在交通便利、方便群众、人口集中的播植、莫村、官圩 3 个公社。1986 年，新圩、高良、莫村、古有卫生院投入使用。1988 年底，全县有各级医疗机构 367 所，其中县人民医院、中医院各1所，镇（乡）卫生院14所，乡村卫生站329所，厂矿企事业单位医疗室22所。初步建成县、镇（乡）、村三级医疗卫生网的机构布局，学科分类也日趋完善。

1996年，永丰、官圩、凤村、莫村、高良5所卫生院被评为一级甲等医院。1997年，德庆县通过省初级卫生保健达标验收。2000年，全县已发展有综合医院1所，专科医院3所，防疫机构1个，镇卫生院14所。专业卫生技术人员达1041人。2002—2009年，全县投入1100万元建设医疗卫生单位工作用房，先后新建成县疾病预防控制中心、卫生监督所、回龙卫生院、高良卫生院、悦城卫生院以及凤村卫生院、官圩卫生院、永丰卫生院新门诊住院综合大楼。村级卫生站也全部完成规范化建设。

七、县城建设展现新貌

新中国成立初期，德庆旧城区最兴旺的街道只有解放街、回龙街、谷圩街、文汇街和望口街5条街道，其余的街道都是居民住宅，没有街市气氛。

1978年，德庆县乘着改革开放这股强劲的东风，以建设现代滨江旅游城市为目标，加快对县城改造与建设。1979—2000年，政府出台了一系列的征迁政策，精心规划，投资4.21亿元，连续20年对县城区进行改造建设，把县城架构分为行政中心区、工业区、商住区、文化教育区、仓储、景点游览区等块状型城市。2000年5月，为了加快建设步伐，政府继续完善征迁政策，许多居住在改造项目范围内的居民积极配合改造建设工作，纷纷搬出旧居。其间，对包括康达市场、德庆学宫旅游小区、朝阳购物中心、旧电影院、欧陆广场在内的5个旧城区项目实施升级改造。这些改造建设项目的成功，推动了其他改造建设项目的开展。1986—2000年，先后建成了朝阳东路、康

199

城路、文兰路、德庆大道、仁寿路、端溪路、青云路、康城西路等多条街道。其中德庆大道中央设有 8 米宽绿化带，两边有 5 米宽的非机动车道和 8.5 米宽的人行道，中央绿化带和两边绿化带均安装上路灯，成为县城的样板路。1998 年，建成三元塔公园、城雕公园、西江大堤、西江大桥，完成规划文化广场、西江大桥桥头公园、青云花园。县城街道路网、市政建设日趋完善，城镇品位不断提升。

2002—2006 年，继续不断完善县城基础设施建设，向着高起点、高标准建设现代滨江旅游城市的目标前进。其间，建成龙湖公园、香山公园、文化广场、莲花公园，美化江滨大堤、城西步行街等一批公共设施。同时，对县城各主要街道实行绿化、美化、亮化工程建设，营造良好城市环境。

2009 年，县城市政工程建设进一步加快，完成登云南路、石牛巷等县城道路升级改造，县城朝辉路南段开发改造工程顺利开展，通津中路步行街项目回迁安置房建设全面完成，县城污水处理厂建成投入运行，投入 200 多万元对县城主要街道和县城工业区进行绿化美化，县城绿色照明 LED 节能亮化工程加紧实施，城东农贸市场投入使用。2011 年，进一步规范县城开发建设，建成龙湖湾小区、龙珠大酒店、清华花园三期、碧华苑三期等重点项目。同时启动了碧桂园三期、清华花园四期、聚龙湖畔等一批高档商住小区建设，加快青云山区域、解放南路东侧、山头仓区域等"三旧"① 改造工程，实施县城城区出入口美化改造、龙湖公园及文化广场升级规划设计。

至 2012 年，宜居城市呈现新面貌。坚持规划先行，完成县城总体规划修编，县城面积拓宽至 26 平方千米。德庆大道、县文化

---

① "三旧"：指旧民居、旧商铺、旧厂房。

广场、城雕公园、莲花公园、城南公园等升级改造工程全面完成，一批内街小巷、水浸黑点得到有效整治，国道321线德庆段78千米亮化绿化工程全面竣工，城市品位明显提升，滨江旅游城市初具规模。

第五节 军民团结一家亲 共创"双拥"模范县

拥军优属、拥政爱民工作是凝聚军心民心，加强国防建设，加快地方经济社会发展一项十分重要的工作。改革开放以来，在县委、县政府的正确领导下，秉承革命老区的优良传统，"双拥"工作不断取得佳绩。

一、落实拥军优抚政策

1987—2000 年，德庆县连续 14 年被肇庆市评为"征兵工作全优单位"。每年征兵任务下达后，各级党委、政府和兵役机关认真落实各项具体工作，保证征兵工作顺利进行。主管征兵工作的县人武部每年都组织各镇（街道）武装部、派出所、村（居）委干部组成的征兵走访调查组，对全县应征入伍、体检合格的青年进村入户走访，深入做好宣传发动工作，调查摸底，全方位掌握应征青年的综合情况，严挑细选，保证为部队输送高素质兵员，确保实现"无弄虚作假、无违规违纪、无责任退兵"，确保"一个不少、一个不跑、一个不退"。1987—2011 年，始终高标准完成各年征兵任务。2011 冬季征兵高中比例高达 82% 以上，整个兵员素质名列肇庆市前茅。

对烈军属、荣誉军人的群众性优抚，既是国家规定的公民应尽的义务，也是中国历史的优良传统。德庆县历来重视落实优抚这项政策。1979 年，全年发放优抚费 85376 元，为 1971 年 38038

元的 224.9%，到 1987 年达到 165843 元，比 1979 年增长 94.3%
1988—1998 年，全县享受定期抚恤人数 7366 户（人），共发放抚
恤金 537.91 万元。1999 年，全县发放抚恤事业费 883964 元，比
1979 年提高了 10 倍。2000 年后，德庆县建立起优抚对象抚恤补
助标准自然增长机制，优抚对象生活得到进一步落实和保障。接
着，出台《关于切实做好复员退伍军人优待工作的通知》，在劳
动就业、工程建设、房屋规划、卫生医疗等方面给予复退军人优
待优惠。2006 年，又出台《德庆县扶持困难复退军人发展经济办
法》。这一年，有 3200 人次享受该政策待遇。县农信社对困难复
退军人发展柑橘、蔬菜种植和禽畜养殖等给予贴息贷款，为 960
名复退军人提供贷款 940 万元，政府贴息 65.8 万元。同时，从
2000 年 7 月 1 日起，对居住在农村的烈属每人每月给予不低于
428.5 元的补助，居住在农村因公牺牲的军人遗属，每人每月补
助不低于 400 元，居住在农村的病故军人遗属，每人每月补助不
低于 388 元，在乡镇的复员军人每人每月补助不低于 287.5 元，
带病回乡的退伍军人每人每月补助不低于 204 元，"五老人员"①
每人每月补助不低于 130 元。2009 年，全面落实优抚安置政策，
提高残疾军人、"三属"②、老复员军人、参战涉核退役人员的抚
恤补助标准，退役士兵接收安置率达 100%。

复员军人陈振南，从 1947 年开始参军，到 1956 年这 10 年
间，曾先后参加多场重大战役，在枪林弹雨中出生入死，屡立战
功，所属部队 1949 年 3 月 25 日在北平西苑机场接受了毛泽东、
朱德等中央领导的检阅。复员后，陈振南回到家乡以务农为生。

---

① "五老人员"：指老游击队员、老交通员、老党员、老苏区干部、
老堡垒户。

② "三属"：指烈士遗属、因公牺牲军人遗属、病故军人遗属。

由于在战场上受过伤，随着年龄的增大，他患上了严重的关节炎，基本上不能做繁重的工作，家庭经济比较差。然而，他为了不给政府增加麻烦，一直没有对自己的困难提出任何要求，硬是凭着自己坚强的毅力，在困难的环境中生活着。后来民政局等有关部门得知这一情况后，及时给予他帮助，不但按时发放优抚金，且每年建军节前都会组织专干上门探望，切实解决了他在生活中的实际困难。

2011 年，县委、县政府继续完善了抚恤补助自然增长 3% 的机制，按时足额兑现各项抚恤补助，各类抚恤补助标准位列广东省第九位、肇庆市第一位。

二、拥政爱民再立新功

驻军官兵以驻地为故乡，把人民当作亲人。他们积极投身地方社会经济建设，拥政爱民再立新功。

1999—2001 年，驻军官兵积极参与县城康城大道、德庆大道、朝辉路、光明路的创文创卫活动；参与迎宾大道、城雕公园、德庆西江大桥建设以及"畅通工程"、小商品城建设等活动。同时，在"爱民献功臣行动"中，驻地官兵捐款 2.8 万元，为 12 名功臣解决生活难、住房难、医疗难的"三难"的问题；筹集扶贫经费 11.3 万元，帮助 3 个村委会改善办公条件；捐资 1.8 万元帮助 15 名失学儿童重返校园。2005 年，官兵还积极参与治污治乱、绿化美化、建设生态文明村等重点工程，完成急难险重任务，参与抗洪抢险、勇扑山火和"严打"整治斗争活动。同年 6 月下旬，西江百年一遇特大洪水，县城处于洪水的威胁之下，危急关头，德庆县三防指挥部、县政府应急办把任务最重的一段堤坝交给了驻地官兵。县人武部接到紧急支援抢险救灾命令后，经报肇庆军分区批准，立即启动抗洪抢险应急方案，紧急驰援西江大堤抗洪抢险救灾第一线。官兵连续奋战近 4 个小时，装填和搬运沙石 40 余立方米，筑起一道宽 1 米、高 0.5 米、长 60 米的防洪大堤，稳固了堤坝防线。2007 年，县人武部支援莫村镇两个自然村的生态文明村建设。2008 年，人武部、消防大队、武警中队共出动 1100 人次、车辆 60 多台次，筹集资金 15 万元、水泥 38 吨支援生态文明村建设。他们还分别与回龙镇新寨村、九市镇上围心村和围顶村结成帮扶对子，为这些村的发展出谋划策，扶贫帮困。2011 年，他们继续结对帮扶困难群众 7 户，落实帮扶资金 1.7 万余元。

拥军优属、拥政爱民工作扎实开展，取得可喜成绩。2001 年、2004 年，德庆县被省委、省政府、省军区授予"广东省双拥模范县"称号，并于 2008—2012 年连续 5 年保持这个荣誉称号。

7

第七章

新时代奋进新征程（2013—2019）

　　党的十八大后，县委、县政府带领全县人民乘改革开放春风，坚持以习近平新时代中国特色社会主义思想为指导，继续全面深化改革，不断推动社会各项事业高质高效发展，大力实施"两化"带动、城乡一体化、绿色发展"三大战略"，坚持"工业强县、科技兴县"不动摇，坚持新发展理念，抢抓机遇，全面完成了《德庆县国民经济和社会发展第十二个五年规划纲要》和《德庆县国民经济和社会发展第十三个五年规划纲要》提出的各项目标任务和要求。

第
一
节 **继续深化改革　提升综合实力**

2012 年 11 月，中共十八大胜利召开，以习近平同志为核心的党中央提出了经济建设、政治建设、文化建设、社会建设、生态文明建设"五位一体"总体战略和"创新、协调、绿色、开放、共享"五大发展理念。德庆县委、县政府按照中共十八大精神，围绕"争当全省山区城乡协调发展示范县"的目标，全力以赴稳增长、调结构、促改革、惠民生、保稳定，较好地完成了"十二五"规划的主要目标任务，全县经济社会和各项事业取得明显成效。

一、贯彻新发展理念，建设幸福安康家园

2013—2015 年，县委、县政府全面贯彻落实中共十八大精神，坚持走"绿色崛起、和谐共享"发展之路，努力实施"两化"带动、城乡一体化、绿色发展"三大战略"，突出以 50 项重点工作为抓手，加快推进新型工业化、新型城镇化和农业现代化建设步伐，圆满完成了"十二五"规划的主要目标任务。

2013 年，德庆县社会各项事业呈现"七个新"：一是坚持园区带动，突出项目建设，工业发展实现新突破；二是坚持特色主导，农民稳定增收，"三农"工作取得新成效；三是坚持规划引领，强化基础建设，城镇建设呈现新面貌；四是坚持发挥优势，积极创新发展，第三产业发展实现新提升；五是坚持绿色发展，注重节约集约，生态环境得到新改善；六是坚持以人为本，倾力保障民生，社会建设取得新进步；七是坚持依法行政，着力转变作风，政府自身建设得到新加强。2013 年，各项工作亮点纷呈。基础设施、重大发展平台和城市扩容提质"三大重点"，产业融合发展加快，促投入、稳增长、强后劲成效明显。是年，实现国内生产总值 106 亿元，规模以上工业总产值 201.27 亿元，固定资产投资 77.5 亿元，公共财政预算收入 7.53 亿元。城市扩容提质成效显著，县城新区主干道及管网建设陆续动工，迎宾大道与德庆大道交叉路口、城北出口、解放南路、香山体育场改造和一批内街小巷、水浸黑点得到改造整治。房地产发展迅速，交易活跃，锦园、聚龙湖畔、金汇豪庭等 17 个楼盘项目开工，建筑面积为 123 万平方米。文化与旅游深度融合发展，德庆县被评为"中国最美生态文化旅游名县""广东省县（市）域旅游综合竞争力十强县"。南方卫视《潮流假期》栏目和中央电视台 CCTV 7 频道《乡土》栏目分别对德庆县旅游发展及地方风土人情进行全方位推介。深化农村综合改革继续走在肇庆市前列。农村清洁工作走在广东省前列，《南方日报》等新闻媒体深度报道"德庆经验"，吸引广东省内多地组团前往德庆调研学习取经。

2014 年，德庆县多项工作走在肇庆市、广东省乃至全国前列：创建全国义务教育发展基本均衡县通过国家评估验收；被农业部评为第二批全国农村集体"三资"① 管理示范县（全肇庆市唯一）；成为中央农办农村改革试验点和省农村土地承包经营权确权整县推进试点县，在肇庆市率先完成农村土地承包经营权确权登记颁证工作；探索农村金融改革，创新推出"一证两中心＋

---

① "三资"：指农村集体资金、农村集体资产、农村集体资源。

市场化运作"抵押贷款新模式①，获得了省委、省政府领导的批示肯定；在广东省率先实现"网上便民"村级全覆盖；在肇庆市率先实现金融"惠民通"村级全覆盖；成为首批广东省级新农村示范点（全肇庆市唯一）并获得广东省补助资金1亿元；在肇庆市率先完成政府部门权责清单制度改革试点工作。德庆工业经济提质增效，园区建设加快推进，新投入建设资金1.54亿元，园区333公顷规划调整用地获得广东省政府批准。全面完成工业园污水处理厂建设及污水管网、天然气管道铺设工程，工业大道、110千伏变电站及园区绿化等配套工程加快建设。招商引资成效明显，新签合同项目18宗，总投资9.07亿元，达标达产后新增工业产值15亿元，工业税收7500万元。重点项目加速推进，林产化工、木材深加工、电子机械和新型建材四大支柱产业实现产值183.57亿元，税收入库1.74亿元，占全县工业税收的58%。服务企业提速增效，县政府出台《德庆县产业转移工业园管理办法》，建立德庆产业转移工业园建设工作联席会议制度，实现"一厂一策""七个一"②常态化跟踪服务，有效化解企业融资、用地、用工、用电等问题，顺利完成重点企业节能降耗考核任务，"煤改气"工作有序推进，全县有21家企业实现环保清洁生产。

2015年，是"十二五"规划目标任务的收官之年。这一年，也是各项工作取得重要进展的一年。一是继续积极实施

---

① "一证两中心+市场化运作"抵押贷款新模式：以确权颁发农村土地承包敬业权证为前提，依托县征信中心、镇（街道）农村产权管理和交易中心作支持，实行借贷市场运作来开展土地承包经营权抵押业务。

② "一厂一策""七个一"：德庆县针对不同企业遇到的不同困难，为企业度身定制扶持政策，强化点对点帮扶，实施一个项目"一名挂帅县领导、一个责任单位、一个责任领导、一班工作人员、一个工作细化方案、一个考核办法、一套档案资料"的工作责任机制。

"一厂一策""七个一""助保贷""暖企行动"等助企惠企政策，投入企业扶持资金1523万元，帮助中小微企业融资12亿元。全县"四下"转"四上"企业10家。二是突出投资拉动项目支撑进一步强化，43个重点项目基本完成年度计划，其中8个广东省、肇庆市重点项目完成投资12.2亿元，完成年度计划135.7%。三是旅游交通基础设施加快完善，总投资4.5亿元的中广核高良老区镇大顶山风电首期项目完成投资3.07亿元，已完成年度计划的102.3%。四是农村电网升级改造完成投资4455.47万元，改造低电压台区108个，康州输变电配套线路工程、官圩输变电工程和永丰荔枝岗扩建输变电工程3个110千伏电力改造工程投入使用。

2015—2019年，德庆县综合实力明显提升，经济社会发展主要目标已完成，全县实现地区生产总值120.7亿元，年均增长12.9%；农林牧渔业总产值41.2亿元，年均增长19.8%；社会消费品零售总额40.12亿元，年均增长13.2%；地方财政公共预算收入8.76亿元，年均增长13.2%；累计完成固定资产投资379亿元，年均增长18.8%。县域经济综合实力继续排在全市山区县首位。"十二五"期间，德庆县先后荣获"全国科技进步考核先进县""全国林业专业合作社示范县""中国最美生态文化旅游名县"等称号，以及被评为第二批全国农村集体"三资"管理示范县、全国农村商务信息服务试点县、广东省水利建设示范县、首批广东省级新农村示范点建设县、广东省基层公共服务综合平台建设试点县，县财政支出管理绩效综合评价进入全国200强。

二、贯彻十八大精神，推动社会全面进步

2013—2015年，县委、县政府坚持以科学发展观为统领，深入贯彻中共十八大和十八届三中、四中、五中全会以及习近平总书记系列重要讲话精神，不断推动德庆事业全面进步、全面发展。

现代农业加快发展，产业结构不断优化。德庆县三项产业比重已由25.2：31.6：43.2调整为22.1：37.3：40.6，第一产业比重持续下降，第二产业占比稳步提升。水利基础设施得到进一步完善，已建成高标准基本农田5873.3公顷，农民专业合作社、农业龙头企业、家庭农场分别为337家、25家、7家。旅游业持续发展，2015年旅游收入47亿元，年均增长15.1%。电子商务、信息消费、汽车服务、现代物流等新业态服务业对经济增长贡献不断增强。

改革开放持续深化，农村综合改革不断加快。中共十八大后，德庆县实施政府权责清单①制度改革，向社会全面公开政府权责清单，并成为中央农办农村改革试验联系点，全面完成土地确权登记颁证工作。在探索金融改革，实施普惠金融②试点工作过程中，金融服务已延伸到镇村。民营经济蓬勃发展，至2015年，全县外贸进出口总额18250万美元，是"十一五"期末的1.65倍，年均增长10.6%；实际利用外资5586万美元，是"十一五"期末的1.66倍，年均增长10.7%。

城镇扩容提质不断加快，各种功能日臻完善。"十二五"期间，累计完成基础设施建设投资8.6亿元，县城两区完成征地213.3公顷，新建成改造香山大道、德庆大道、龙母大街等16条

---

① 权责清单：知规定政府部门可以做的事情，"法无许可不能为"，在横向层面界定不同部门边界，实现一件事由一个部门主管；在纵向层面划清省、市、县三级政府权责边界，建立事权和财政相适应运行规则。

② 普惠金融：能有效、全方位为社会所有阶层和群体提供服务的金融体系，能让所有老百姓享受更多的金融服务，更好地支持实体经济发展。

城区道路，升级改造县文化广场、城雕公园、莲花公园和德庆大道、城北路与国道321线平交。县城建成面积由"十一五"期末的11.8平方千米扩充到13.8平方千米。至2015年，累计完成村道硬底化1320千米，危桥改造122座，创建广东省卫生镇6个、卫生村414个，县级生态文明村132个，市级生态文明示范村17个，革命老区官圩埌尾村创建成为广东省生态文明示范村。

社会事业全面发展。"十二五"期间，累计投入64亿元用于民生事业，每年民生支出占一般公共预算支出70%以上。文化事业繁荣发展，在肇庆市山区县中创建成为广东省教育强县、全国义务教育发展基本均衡县。文化事业繁荣发展，顺利通过"全国文化先进县"复评。改建综合文化站5个，创建村（社区）公共电子阅览室193个，建设体育公园10个，改造了康城体育馆、体育中心运动场，成功举办第五届德庆县运动会。医疗市场服务体系不断完善，县人民医院异地整体迁建项目建设速度加快，基层医疗卫生机构服务环境逐步改善，服务能力逐步提升。城乡居民生活水平明显提高，城镇居民人均可支配收入平均增长12.2%，农民人均纯收入年均增长13%。城乡就业再就业服务体系不断完善，新增就业2.31万人，城镇登记失业率控制在2.6%以内。社会保障体系逐步健全，城乡低保、各类生活补助等标准逐年提高，德庆县被评为"广东省城乡居民社会养老保险示范县"。"平安德庆"建设扎实推进、社会保持和谐稳定。安全生产"一岗双责"①落到实处，全县安全生产形势总体稳定。国防、人口计生、民族

---

① 一岗双责：一个岗位承担两方面的职责。"一岗"指一个领导干部的职务所对应的岗位；"双责"指一个领导干部对岗位业务工作和其他管理工作（即思想政治工作、党风廉政建设责任制、社会安定团结和计划生育工作等）负双重责任。

宗教、广播电视、防灾减灾、老龄、妇女儿童、青少年、残疾人等各项社会事业全面发展。

三、注重民生优先，着力办好惠民实事

中共十八大后，德庆县始终如一贯彻十八大精神，用习近平"以人民为中心"的思想，全力为全县人民办好了十件惠民实事。

改造农村交通路网。投入 500 万元，完成省道 352 线县城至官圩路段 13 千米 LED 路灯架设工程，解决该路段夜间行车存在的交通安全隐患。投入 1280 万元，完成 40 千米村道硬底化改造。投入 4460 万元，对省道 352 线马圩至两江大桥路段和县道 807 线马圩河路段面进行升级改造。

加快创建省教育现代化先进县。实现新圩镇中心小学扩容工程，新建了一幢综合教学楼，缓解了县城区小学优质学位紧缺问题。实现县城中小学和乡镇中小学多媒体教学平台"班班通"。

加大保障性住房建设速度。新增保证性住房 118 套，其中凤村、播植两镇共建 48 套医护人员公共租赁住房，企业长期租赁房 30 套，低收入住房保障家庭租赁补贴 40 套。建成 100 套人才公寓，为释放人才红利创造更好环境。

加快农村泥砖房改造。"十二五"期间，已对 482 户泥砖房进行了改造。至 2019 年，共完成泥砖房改造 1546 户。

实施农村电网升级改造。总投资 3092 万元，改造项目 46 个，涉及全县 13 个镇（街道），40 个村委会，58 个村小组，共 8181 户，至 2016 年底已全部完成。

改善公共医疗卫生服务。加快县人民医院整体搬迁工作，至 2019 年底整体工程已全部完成，于 2020 年 11 月 20 日正式搬迁并投入运营。基层医疗服务功能得到有效改善，全面完成全县各镇

卫生院医疗设备"五个一"① 工程，有老区村的 8 个镇则在 2015 年前全部改善完毕。城乡居民医疗实时联网结算正式实施，较好地解决了先自费结算后报销的问题。

公共法律服务进一步完善。全部落实"一村（社区）一法律顾问"工作经费，对全县 193 个村（社区）每年每个配套补助了 1 万元，实现法律服务基层常态化。

公共文化体育服务进一步优化。创建了 10 个社区体育公园，启动了县青少年业余训练中心建设。县图书馆已创建成国家一级馆。高良、新圩、莫村、凤村有老区村的镇以及回龙、武垄、播植共 7 个综合文化站已创建成省一级标准文化站。悦城龙母祖庙实施三期维修工程顺利完成。

生态环境大改善。新一轮绿化德庆大行动进一步推进。至 2015 年，已完成 1054.43 公顷生态景观林带造林，新增了 5 个森林公园，完成了 713.33 公顷森林碳汇造林，其中完成造林 380 公顷，完成封山育林 333.33 公顷，完成 31 个村的绿化美化。加快和推进了香山森林公园的建设步伐。加强了大气污染防治力度，空气清新度达到国家规定的指标数。

困难群众救济帮扶力度进一步加强。县敬老服务中心投入使用。低保残疾人生活津贴和重度护理补贴制度得到全面兑现和落实，全县 80 岁以上老人高龄补贴继续实施。

四、积极推进供给侧结构性改革

中共十九大提出供给侧结构性改革，德庆县认真贯彻落实广东省、肇庆市关于供给侧结构性改革的工作部署，制订了德庆县

---

① "五个一"：指救护车、500 毫安 X 光射线机（含 DR）、B 超仪、心电图仪、全自动生化分析仪。

"去产能、去库存、去杠杆、降成本、补短板"五个行动计划。重点抓好去库存、降成本、补短板。一是以推进城镇化为抓手，引导房地产商优惠促销，鼓励农村基层消费群体进城购房，2016年累计销售商品房1761套，面积16.15万平方米；二是以暖企护企为抓手，打好降低企业制度性交易成本及人工、税费等成本"组合拳"，减免企业各项税收1.12亿元；三是以增强经济发展薄弱环节为抓手，加快补齐工业化、交通基础设施等短板。2017年，全面落实供给侧结构性改革，进一步促进全县房地产业持续健康发展，是年，累计销售商品房面积22.51万平方米，增长39.47%，均价同比上升19.04%。通过供给侧结构性改革，较好地推动了降成本，最大限度为企业生产经营减负担、补短板，扶持实体经济发展，彰显了社会主义制度的无比优越性。

突出工业振兴　壮大实体经济

中共十八大后，德庆县坚决贯彻习近平中国特色社会主义新思想，大力发展地方工业。特别是广东省委提出以构建"一核一带一区"① 区域发展格局为重点，加快推动区域协调发展的战略部署后，德庆县准确把握"一核一带一区"新发展格局的内在关系，紧密联系实际，转变发展思路，坚持园区带动，突出项目建设，强化工业支撑，做大做强工业经济，大抓招商引资，改善投资环境，高质量提升县域经济综合实力。

一、盘活工业用地，建设工业园区

2013 年后，德庆县始终把省政府批准设立的产业转移工业园作为带动全县工业发展的引擎，作为工业强县的总体发展思路狠抓落实，着力办好产业转移工业园。具体抓好建设"一园三区"。办"一园三区"坚持以新型工业化为抓手，先是成立了肇庆高新区德庆工业园管理局，接着配备县委得力领导亲自挂帅，由一位常委专抓园区建设，不断加快推进园区路网、供水管网等基础设施建设。层级落实领导责任制和督查督办制度，盘活工业用地，通过增减挂钩等方式，于 2013 年取得用地指标 158.5 公顷，2014年推进县城工业基地扩园 200 公顷，2015 年产业转移工业园累计

---

① "一核一带一区"：指珠三角核心区、沿海经济带、北部生态发展区。

开发面积 258.7 公顷。"十三五"期间实现扩园开发 333.3 公顷。2016 年完成扩园开发 66.7 公顷。2017 年深入实施"园区建设年"活动，加快园区规划建设用地，完成储备土地征地 221.95 公顷，提前完成 200 公顷（2017—2019 年）目标任务。2017 年，新开发及盘活园区闲置土地 132 公顷，完成通用厂房建设 12.08 万平方米，投入 1.38 亿元完善园区路网、管网等配套设施建设。2018 年工业发展后劲持续增强，完成新开发及盘活用地 93.28 公顷，新建成及盘活改造通用厂房 13.08 万平方米，引进项目 36 宗，投资 12 亿元项目 1 宗，实现当年引进当年投产项目 9 宗，全年新开工项目 28 宗，新增投产项目 21 宗，主营业务收入超亿元企业 5 家、规模以上工业企业 12 家，全年实现规模以上工业增加值 32.2 亿元，增长 11%。省产业园建设发展绩效评价获用地指标和资金奖励。2019 年再次发力推进"一园一区一基地"① 开发园区建设，全面启动省级高新技术开发区创建工作，加快德庆产业转移工业园建设绿色循环化园区及扩园申报工作，优化园区规划布局，紧紧围绕德庆县主导产业发展布局，推进粤港澳大湾区肇庆（德庆）南药健康产业基地、装配式建筑产业基地建设，谋划建设光固化产业园、船舶产业园等产业基地。2019 年园区建设成效显著，加快推进了三个重大发展平台建设，全年投入 3 亿元推进征收土地、土地平整、污水处理、道路改建等园区基础设施建设。县城工业园新增建设用地规模 73.33 公顷，新收储土地 148.97 公顷，新开发土地 79.35 公顷。粤港澳大湾区肇庆（德庆）南药健康产业基地规划建设顺利开展，聘请广东省城乡规划设计研究院对 800 公顷范围进行整体规划设计，回收土地 24.88 公顷、收储

---

① "一园一区一基地"：指德庆产业转移工业园、德庆县悦城新型建材工业区、德庆县城工业集聚基地。

土地 131.8 公顷、平整土地 17.47 公顷。2019 年，争取村地指标 215.47 公顷、用地指标 63.4 公顷，新开发及盘活用地面积 86.59 公顷，完成率排名肇庆市第一，10 万平方米科技企业孵化器基本建成，产业承载力不断提升。截至 2019 年，全县工业园区总面积 870.33 公顷，工业园区建设上等级、上水平、上规模。

二、大抓招商引资，助推项目建设

党的十八后，德庆县继续发扬敢想、敢干、敢为人先的创业精神，大抓招商引资，引进高新科技，拓展重点项目，狠抓重大项目落户"一园三区"，"以项目落地论英雄"，2013—2019 年，工业经济持续稳步提质增效，踏上了工业发展的快车道，初步实现了"十二五""十三五"规划提出的"工业强县"战略目标。

2013 年，着力推进新型工业化进程，大力推进"六个一批"① 项目和广东省、肇庆市、德庆县重点项目建设，园区工业项目发展加快，"一园三区"共落户企业 52 家，建成投产 36 家。林产化工、木材深加工、电子机械和新型建材四大支柱产业实现产值 161.9 亿元，比 2012 年增长 18.3%，实现税收入库 1.76 亿元，占全县工业税收的 73.3%。全县工业税收超千万元的工业企业有 8 家。是年，县政府还先后组织机关各部门、各镇（街道）领导赴珠三角发达地区招商引资，参加了东莞厚街的加工贸易产品交流会、粤港经贸合作交流会、香港—肇庆（台北）投资环境介绍会等。通过"走出去，请进来"，当年引进中国化工集团、

---

① "六个一批"：指争取一批项目列入省和国家重点项目笼子、落实一批企业增资扩产项目、加快一批重点项目落地动工、组织一批"三旧"改造项目招商、引进一批幸福导向型项目落户、启动一批城乡建设包括名镇名村项目建设。

香港叶氏集团投资林产化工项目顺利落户县城工业园区。该项目总投资为4亿元。2013年，全县规模以上工业总产值为201.63亿元，增长18.6%，规模以上工业增加值48.3亿元，增长19.1%。

2014年，实施优化平台，重招商发展策略，工业经济提质增效，林产化工、木材深加工、电子机械和新型建材四大支柱产业产值在2013年的基础上再跃新台阶，实现产值183.587亿元，税收入库1.74亿元，占全县工业税收的58%。天龙化工等多个重点工业项目也实现投产或试产，新增产值8.4亿元，创税5900万元。英克斯化工等16个重点项目加快推进，一座220千伏康州变电站正式投入使用，总投资4.5亿元的中广核高良老区镇大顶山风电项目获得省发改委核准批复。

2015年是"十二五"规划的收官之年，这一年，县委、县政府着力助企惠企，一方面继续开展"走出去，请进来"招商交流会，另一方面积极实施"一厂一策""七个一""助保贷""暖企行动"等助企惠企政策。通过开展10场次招商交流会，与300位客商对接产业转移及重大项目建设，成功引进了年产3万台商用洗碗碟机、年产2万吨钾长石深加工、年产2000台风电配套设备等项目，充实了工业经济发展的后劲。同时，投入企业扶持资金1523万元，帮助中小微企业融资12亿元。雅昌管业、康纳国兴、九洲船务等企业分别在新三板、天津股权交易中心、深圳前海股权交易中心挂牌上市，无比养生酒业成为肇庆市新三板后备上市企业。大亚木业、德通公司、杨光油墨等12家企业实施技改扩产，完成技改投资1.2亿元。2015年，在建工业项目15个，新增投（试）产企业8家，工业项目投资35亿元，比2014年增长45%。新增天龙化工、雅兴内衣等5家外贸企业，全县外贸进出口总额18250万美元。

2016年是"十三五"规划的开局之年。这一年，工业实现快速转型升级，为贯彻落实《肇庆市关于扶持与促进实体经济发展的 20 条政策措施》，德庆县出台《德庆县企业投资负面清单》，持续推行"一厂一策"，确保重点骨干企业运转正常。2014 年、2015 年引进的利而安化工二期、明珠纸业、雅兴内衣技改等项目相继建成投产运行，九洲船务在新三板完成了挂牌前期工作。招商引资实现新突破，县四套班子带头招商，继续主动"走出去，引进来"，构建起全县上下齐心协力"大招商、招大商"工作格局，并成功举办 2016 年广东·德庆弘扬龙母文化暨招商洽谈系列活动，签约合同、意向项目 15 宗，投资总额 37.51 亿元，其中三和管桩、恒润木门等投资超亿元的项目有 12 个，实现了"大招商、招大商"的良好愿望。

2017 年，迎来了中共十九大的胜利召开。这一年，县委、县政府坚持以习近平新时代中国特色社会主义思想为指导，更加有效地推动工业重点项目建设，做大做强工业经济，结合实际开展"园区建设年"活动，组建了 19 个招商引资小组，继续花大气力主动"走出去，引进来"，引进了重点项目 14 宗，投资总额 26.03 亿元。进一步加快了主导产业集聚发展。主动对接上肇庆市工业发展"366"工程①，新开工项目 14 个，总投资 9.01 亿元。其中奥众风机、东航环保材料、盈启特种水泥等项目实现当年动工当年投产。新增规模以上工业企业 10 家，全县规模以上工业企业 80 家。主要工业实现税收 2.6 亿元，增长 125%，实现"十三五"规划开门红。

2018 年，进一步优化和完善工业园区发展环境，突出科技创

---

① 肇庆市工业发展"366"工程：到 2021 年，培育新能源汽车、先进装备制造和节能环保 3 个产值超千亿元产业集群，引育 6 家主营业务收入超万亿元企业，新增 600 家主营业务收入超亿元企业。

新，在科技创新方面取得新突破。是年，实施技改规模以上工业
企业 15 家，新增国家高新技术企业 7 家，实现存量 13 家，比
2017 年增长 1 倍；新增广东省级工程技术研究中心 1 家、肇庆市
级工程技术研究中心 4 家、肇庆市级科技企业孵化器 1 家；发明
专利申请 47 件，增长 2 倍，拥有发明专利 26 件，增长 1 倍。
2018 年还成功创建德庆县首个广东省博士工作站，5 家企业获批
建立广东省院士专家工作站，实现零的突破，拥有肇庆市第一，
成立全广东省首个县级紧缺人才储备中心，引进高层次（尖端）
紧缺人才 27 名，被评为广东省科普示范县。

2019 年，一是"一园一区一基地"开发建设同时发力，全面
启动广东省级高新技术开发区创建工作，德庆产业转移工业园建
设绿色循环化园区及扩园申报工作取得成功。粤港澳大湾区肇庆
（德庆）南药健康产业基地规划建设顺利开展，成功引入"《福布
斯》中国成长企业潜力榜 100 强"前五位、上市公司广州香雪制
药集团摘牌买地落户，香雪大道启动建设。启动粤港澳大湾区德
庆内河船舶产业基地规划建设，聘请广东省船舶工业协会完善规
划设计，岸线需求已报国家交通部审批。二是招商引资再创新高，
是年底，全县签约项目 30 宗，总投资 52.69 亿元，项目平均投资
额 1.76 亿元，奥森微生物、鑫润家具等项目实现当年投产。其
中，南昌航天科技集团高等教育、分布式能源及天然气配套专线、
华发船务运输等 10 亿元以上项目 3 个，行业 100 强企业香雪南药
产业园 1 个，外资项目 3 个，尤其是引进首个产业专业化平
台——荣仕宝科技产业园，项目容积率 2.0 以上项目 4 个，实现
招商数量、质量双提升。三是项目建设精准到位，推广产业投资
项目"双容双承诺"直接落地改革，欧德宝家用、商业洗碗机等
6 个项目实现直接落地建设，全年新开工项目 24 个，总投资 46.2
亿元，在建项目 42 个，总投资 81.52 亿元，21 个广东省、肇庆市

重点项目完成投资 23.81 亿元，完成年投资计划的 123.08%。四是实现项目建设推动经济高质量发展，实体经济长足发展，新"入规"工业企业 12 家，新增主营业务收入超亿元企业 3 家，实现规模以上工业增加值增长 12.9%、装备制造业增加值增长 21.14%、装备制造业投资增长 163.7%，均排名肇庆市第一。德庆无比养生酒业被认定为肇庆市卓越标杆企业，实现肇庆市政府质量奖零的突破。截至 2019 年，全县规模以上工业总产值 180.01 亿元，"工业强县"目标初步实现，实体经济不断壮大。

第三节 以十八大、十九大精神为引领
社会各项事业成效显著

中共十八大、十九大后，县委、县政府始终把山区县的科教文卫体摆上重要议程，坚持科技领先，并提出"加快绿色崛起，促进和谐共享，争当全省山区城乡协调发展示范县，建设美丽德庆、幸福德庆"的号召。科技计划成果在 1979—2012 年改革开放的基础上，再迈新台阶，再创新领域，奋进新征程。

一、科技领先，造福人民

2013—2019 的 7 年间，德庆县一是结合山区县的工业实际，先后对落户工业园区的林产化工、木材深加工、电子机械和新型建材四大支柱产业进行技改扩产，转型升级。二是科学制定《德庆县推广使用 LED 照明产品实施方案》，积极推广使用 LED 照明新产品。2012 年，在县城垣镇 30 多处地域露天安装 LED 路灯6060 盏，在室内安装 1600 盏，在 120 幢楼宇周围安装 1020 盏，从而美化亮化了县城垣镇。三是针对柑橘产业出现严重黄龙病，造成柑橘枯萎黄化等问题，由县政府组织农科部门成立专门研究治理机构，并与华南农业大学教授，组成农业技术队伍、柑橘病虫害防治专家开展对全县柑橘黄化弱树研究根治、防治工作，投入科研经费 2471 万元，专门破解柑橘的疑难杂症，确保柑橘产业长盛不衰。四是组织科学技术部门引领全县科技人员不断探索促进德庆科学发展新思路、新途径、新举措，积极向上争取科研经费落户德庆，造福德庆，使德庆科技有新创造、新发明。中共十八大、十九大后，德庆县开展组织实施的科技计划项目有10个，其中属国家科研计划的1项，属省科技计划的3项，属市科技计划的6项。获上级科研（普）经费共1011.49万元，其中2012年科技计划项目资金247万元。2015年，全县有12个项目申报资金464.49万元。2016年，德庆县专利申请87件，其中发明专利11件、实用新型41件、外观设计35件；专利授权76件，其中发明专利3件、实用新型32件、外观设计41件；有效发明专利10件。2017年，大力发展高新技术产业依靠科技创新支撑和引领产业转型升级，重点发展林产化工、木材深加工、电子机械和新型建材四大科技含量较高的高新支柱产业，支持中医院、人民医院、妇幼保健院申报科技创新项目。全年科技创新项目投入2725万元，有效地促进了科技创新企业的健康发展。2018年，制定《德庆县促进创新驱动发展若干政策奖励办法实施细则》，鼓励企业和科技人员自主创新，继续重点支持四大高新支柱产业的发展。全年科技创新项目投入2809万元。德庆农业科技园、德庆兴邦稀土新材料有限公司等项目成功立项，共获得150多万立项资金。2018年，拥有专利26件，发明专利4件。德庆县先后获得"全国县市级科技进步考核先进县"称号，获省科技成果鉴定项目1个、市科学技术奖2项。截至2019年，全县统计有自然科技人员6863人，其中获高级职称172人、中级3153人、初级3538人。科技队伍日益壮大，为推动德庆科技创新打下了坚实基础。

二、改革教育，均衡发展

2013年后，县委、县政府大力推进现代教育装备建设，累计投入"推现"资金2.5亿元，实施校舍新建扩建和维修改造，按标准配备教学功能场室，全县义务教育中小学校及小学教学点建设成为省义务教育标准化学校。在原新圩中学基础上再征地4.5公顷，投入1.1亿元，按国家级示范性普通高中标准建成孔子学校中学部，增加高中优质学位3000个；在香山中学山脚（香山苗圃场）征地2公顷，新建香山中学初中部，并设立香山初级中学；在悦城镇悦城行政村大石鼓征地6.7公顷，实现悦城中学整体搬迁，原悦城中学校舍全部拨给龙母小学使用。全县学校新增校园面积13公顷，新增校舍6.85万平方米，进一步优化了教育硬件设施。2014年，德庆县被评为全国义务教育发展基本均衡县，基本实现城乡教育发展一体化。2015年，德庆县在全省率先建成县、镇、村三级公共服务平台，有效打通联系服务群众的"最后一千米"，并创建成为广东省社区教育实验区。2016年，城乡教育发展一体化水平进一步提高，各类教育持续协调均衡发展，教育信息化装备和应用水平迈上新台阶，高考成绩再创新高，大力推进中华传统优秀文化教育走在肇庆市前列，创建广东省推进教育现代化先进县通过验收。2017年，着力抓好城乡教育均衡发展，探索推进"双元制"①职业教育，试行重点企业与肇庆市技师学院联合培训工业人才，教育信息化、现代化取得显著成效，荣获"广东省教育现代化先进县"称号。2018年，加大教育投入，完善办学条件，强化师资队伍建设，深化素质教育，各类教育均衡发展，县教育局荣获"广东省文明单位"称号，德城中学被教育部评为"国防教育特色学校"，德庆县实验小学被评为"省级规范汉字书写教育特色学校"；投资1.25亿元建设了孔子学校小学部，占地面积2.6万平方米，建筑面积1.8万平方米，2019年秋季投入使用，增加义务教育学位3000个，大大缓解了县城小学学位不足的矛盾，促进了老区教育事业的迅速发展。

---

① "双元制"：指整个培训过程在工厂、企业和国家的专业学校进行。

2019 年，乡村小规模学校、乡镇寄宿制学校建设项目有序推进；全面完成中小学教师"县管校聘"改革；积极发动社会力量支持教育发展，实现乡镇教育基金会全覆盖。2019 年高考本科上线率首次突破 60%，排名全肇庆市第二。

三、医疗卫生事业蓬勃发展

2013 年，卫生医疗改革取得新进展，县妇幼保健院顺利搬迁完毕，县人民医院异地整体搬迁工程步伐加快，一批镇卫生院综合门诊大楼建设顺利进行。2014 年，县级公立医院综合改革试点工作稳步推进，全县基层卫生院（社区卫生服务中心）机构建设符合国家标准建设要求，175 个行政村 192 所村级卫生站已按规范化建设投入使用。2015 年，巩固和完善基层医疗卫生机构综合改革，完成县级公立医院医改目标任务，县人民医院整体迁建工程进展顺利，积极推进乡镇卫生院医务人员公租房建设工作和乡镇卫生医疗设备"五个一"工程。悦城、官圩卫生院成功创建为首批全国"群众满意卫生院"。至 2015 年，全县共创建广东省级卫生村 21 个，受益人口 8930 人，完成播植镇、马圩镇创建广东省卫生镇的申报验收等工作。实现医保省内异地就医即时计算，德庆县获得"亿万农民健康促进行动广东省示范区"称号。2016年，积极创建省级卫生县城，继续推进县人民医院迁建工作，开展村卫生站公建规范化建设工作，完成首批 14 所的建设任务。德庆县中医院梁宏业被肇庆市政府认定为"肇庆市名中医"。2017年，医疗卫生服务水平不断提升，完成 12 家镇卫生院标准化建设，德庆县被列为全省首批健康县城试点。残疾人服务力度加大，建成残疾人社区康园中心 6 个，完成 2 个乡镇卫生院医护人员周转房建设。2018 年，县人民医院迁建项目一期工程主体结构完成，加快内部装修和二期工程建设，县中医院、县妇幼保健院升级建设项目动工建设，与广州金域合作建成县域医学检验中心；全国基层中医药工作先进单位、省级健康县城、省远程医疗平台项目、县级公立医院综合改革试点工作扎实推进。2020 年 11 月 20 日，县人民医院实现了整体搬迁并投入使用，县中医院、县妇幼保健院升级建设项目完成主体工程，县医疗急救指挥中心项目完成建设；全国基层中医药工作先进单位已通过省级评审复核，成为全国紧密型县域医共体建设试点县，广东省健康试点县正加快创建。医疗救助"一站式"结算平台正式升级上线，实现医保报销、大病保险、医疗救助"三位一体"即时同步结算。

四、旅游文化融合发展

建设文化强县、旅游旺县，推进文化惠民，提升文化幸福，是县委、县政府贯彻中共十八大、十九大精神的任务之一。德庆文化旅游体育事业繁荣发展，呈现出蓬勃生机。2013 年，充分挖掘摩崖石刻文化，成功引入德庆三洲·桃花源景区项目；同时，充分挖掘古村落文化，大力培育文化旅游新亮点，全力打造"玉龙寨"文化旅游新景区，"玉龙寨"被列为第三批"广东古村落"。积极推动新兴文化产业，与肇庆日月文化传播有限公司联合投资 450 万元，全力打造以动漫形式弘扬龙母文化、岭南文化的原创动画片《龙母》，该动画片还在省、市电视台分别播出，从而扩大了德庆龙母的影响力。组织德庆县华表石文化旅游区开发项目、德庆县西江游艇旅游项目、古蓬村古村落文化旅游开发项目、竹篙粉美食文化街项目参加第十一、十二届深圳文博会进行推介招商，不断提高德庆的知名度和美誉度，使文化旅游业得到快速发展。同时，依托传统旅游资源，创新发展旅游文化品牌，万民闹元宵活动首次突破 30 万人次，被广东省评为全省群众性文化活动优秀品牌。

2014 年，特色旅游产业持续兴旺，旅游文化逐步融合。龙母文化旅游创意产业园累计完成投资 9500 万元，入选高端旅游项目，获得省政府专项扶持资金 1000 万元，三洲岩旅游区完成投资 7000 万元，桃花源景点建设初具规模。是年，德庆县荣获"第二十届金旅奖·十大文化魅力旅游目的地"称号，悦城龙母祖庙荣获"第二十届金旅奖·最具中华文化特色旅游景区"称号。全年接待游客 679.68 万人次，相关旅游收入 42.59 亿元。

2015 年，旅游业持续发展，德庆县坚持以打造创建"宜居宜游宜业的现代滨江旅游城市"为目标，围绕"丝绸之路旅游年"主题，突出抓好龙母文化旅游创意产业园、三洲桃花源旅游度假区重点工作，举办德庆孔庙春秋祭孔、龙母两诞庙会传统文化旅游活动、"龙腾天下感知德庆——东莞万人游德庆活动"、广东·德庆弘扬龙母文化暨招商洽谈系列活动、龙母感恩节和德庆十大名菜、紫淮山美食评选活动等。是年，德庆县荣获"2015 中国十大养生旅游城市""2015 年广东县（市）域旅游创新十强县"称号。全年接待游客 736.5 万人次，相关旅游收入 47.23 亿元。

2016 年，旅游文化加速融合。传统文化、饮食文化、体育文化、休闲娱乐、农业旅游加快融合发展。建成竹篙粉风味小吃街、三洲桃花源景区，每季度一主题举办德庆闹元宵、龙母诞等特色文化旅游活动，促进了旅游业持续兴旺。省级新农村示范片基本建成，打造"春赏花、夏避暑、秋品果、冬温泉"乡村休闲旅游新名片，成功举办全省首个乡村马拉松赛——2016 年肇马·德庆乡村马拉松赛。是年，德庆县荣获"中国最佳美食文化旅游县"称号，悦城龙母祖庙被评为"中国最具特色文化体验旅游胜地"。全年旅游收入 49.8 亿元，同比增长 6.2%。

2017 年，特色文化旅游持续焕发活力。举办了闹元宵、祭孔、龙母诞等独具影响力的传统文化活动，依托省级新农村示范片，加快文化旅游、农家乐旅游融合发展，连续两年成功举办肇马·德庆乡村马拉松活动，同时被升级为中国田径协会 B 类认证赛事，成功举办首届中国南方诗歌节，成为中国南方唯一的中国诗歌学会创作基地，官圩镇被中国诗歌学会命名为"中国诗歌小镇"，德庆深厚的历史文化得到进一步挖掘。全年接待游客 826.8 万人次，实现旅游收入 52.9 亿元，同比分别增长 6.31%、6.28%。德庆县成为第二批广东省全域旅游示范区创建单位。

2018 年，全域旅游持续发展。创建广东省全域旅游示范区，制定落实《德庆旅游产业发展三年行动计划》。创新旅游发展模式，启动"千年德庆学宫万人游学之旅"活动，推出"传统文化＋美丽乡村"游学线路，接待香港、澳门、深圳等粤港澳大湾区核心城市"修学游"，游客超过 1 万人次。成功举办广东·德庆龙母文化节暨融入粤港澳大湾区一体化发展经贸洽谈会、首届环粤港澳大湾区城市自行车挑战赛（肇庆德庆站）、德庆乡村马拉松暨德庆贡柑开摘节等大型活动，"旅游＋"融合发展成效突显。加快乡村旅游发展，成功创建了一批乡村旅游示范镇（村）点，在官圩镇高标准建设了"田园诗舍"等民宿示范点，官圩镇金林村入选全国 100 个特色村庄，武垄镇武垄村入选第五批"中国传统村落"名录。全年实现旅游收入 56.3 亿元，同比增长 6.23%。德庆县被评为广东省 2017—2018 年度旅游综合竞争力十强县。

2019 年，加大力度推进广东省级全域旅游示范区建设，锦龙国际酒店被评为四星级酒店，三元塔景区通过 3A 景区验收。继续深入挖掘孔子文化、龙母文化内涵，进一步丰富研学游产品，吸引粤港澳地区学校学生团队 2 万人次参与乡村旅游。官圩镇金林村入选广东省旅游特色村，悦城镇罗洪村被评为肇庆市乡村旅游特色村，"龙母故里　乡思德庆"旅游线路被评为省级精品旅游线路。成功举办第二届中国南方诗歌节、南粤古驿道定向大赛、第二届环粤港澳大湾区城市自行车挑战赛、第四届德庆乡村马拉松等活动，成功发布全国首个《乡村马拉松赛事管理规范》团体标准，中央电视台《我的美丽乡村》栏目组到德庆县拍摄录制。"旅游＋"融合发展不断深化。欧广勇艺术馆正式开馆，邓文中桥梁博物馆加快建设。新增卓峰罗公祠、沛堂书室、高良革命老区大寨乡农民协会旧址、古楼冼氏大宗祠等县级文物保护单位11个，新增罗洪莫氏大宗祠、丽先谈公祠、清任书室等省级文物保护单位3个，全县现有县级文物保护单位33个、省级8个、国家级2个。全年实现旅游收入59.7亿元，同比增长6.02%。德庆县连续两年被评为全省年度旅游综合竞争力十强县。旅游文化的融合发展，确保了第三产业的兴旺发达，更好地推动了地方经济的发展，促进了地方文化、生态、农业、工业、体育与旅游的深度融合。

五、交通电力日臻完善

2016—2019年，投入资金4.16亿元加快建设汕湛高速公路德庆段，投入资金1563万元完成德庆西江大桥及引道维修加固工程、智能防撞系统项目建设，投入资金1.1亿元推进"四好农村路"建设，农村公路安全生命防护、未通客车行政村整治工程窄路基路面拓宽、农村公路危桥改造整治率分别达到100%、100%、61%。推广绿色出行，新增27辆电动公交车投入使用。2019年12月，汕湛高速德庆段建成通车，德罗高速公路纳入《广东省高速公路网规划》，国道321线德庆县城一级过境公路改线工程纳入省、市重点建设前期预备项目，全县公路通车里程2043.43千米，公路密度每100平方千米90.54千米。有力推进"四好农村路"建设，完成"畅返不畅"路面整治项目214千米、村道路面改造工程 113 千米、村道安防工程建设 3 条线路 7.4 千米，10 座危桥改造工程已完工。县、镇、村三级物流节点实现全覆盖工作。

2018 年，德庆县辖区内已拥有度电站 13 座（不含用户站），总容量 764.7 兆伏安，公用配变 1330 台，总容量 33.5 万千伏安，供电客户 14.61 万户。2018 年完成供电量 8.145 亿千瓦·时，比 2017 年增加 6.34%。完成售电量 7.99 亿千瓦·时，其中工业售电量 5.57 亿千瓦·时，居民售电量 1.49 亿千瓦·时。电网连续安全稳定运行 2557 天，当年电费回收率 99.97%。2019 年完成 10 千伏线路 37.51 千米和低压线路 341.9 千米电网建设，建成充电桩 24 个，全县全社会用电量 8.28 亿千瓦时，同比增长 3.62%。

聚焦乡村振兴　攻坚脱贫致富

　　中共德庆县第十二次、第十三次代表大会分别于 2011 年 9 月和 2016 年 10 月召开，两次大会都明确提出要以中共十七大、十八大精神为统领，聚焦关注"三农"，持续发展现代农业，坚持产业立县，农业富县，攻坚脱贫，决胜全面实现小康。2017 年，中共十九大又向全党全国人民发出乡村振兴，建设美丽乡村的伟大号召。2013—2019 的 7 年间，德庆县始终重视"三农"，聚焦现代农业，做特做优现代农业，依靠科技，发展主导产业，不断提高人民生活质素，增进人民福祉，让广大人民获得更多的幸福感。

一、持续培育和发展特色农业

　　重振柑橘产业。早在 2005 年，德庆贡柑、砂糖橘就获得了"中国柑王""中国橘王"称号。德庆贡柑、砂糖橘不仅进入神州大地寻常百姓人家，而且还进了北京人民大会堂，受到国家领导人、北京市民的青睐。德庆果农因种贡柑、砂糖橘而逐渐富裕起来，广大农村建起了一幢幢"柑橘楼"，购买一辆辆摩托车、小汽车，2006 年县城闹元宵，108 辆摩托车、68 辆小汽车从县政府德庆大道中绕东向西漫游了一圈县城，展示了德庆农民种柑橘致富的亮丽风姿。同时，官圩、马圩、高良老区的果农还组成 108 人包专机赴北京旅游，告诉北京人民和全国人民，德庆柑橘"顶呱呱"。2008 年严重的雪灾和 2010 年的黄龙病危害，致使柑橘产业一度受阻，红火多年的柑橘产业面临巨大危机。面对困境，德庆广大果农决不气馁，他们乘中共十八大、十九大东风，在县委、县政府及上级科研部门的带领、指导下，从 2013 年起，重振柑橘产业。一是政府搭台帮助果农全力振兴柑橘产业，与省农科院合作共建德庆柑橘研究所，建设柑橘无病毒苗圃繁育基地、贡柑复种示范场，在种植管理上全方位实行科学管理；二是结合山区实际，政府制定并出台了一系列关于加强柑橘栽培管理的若干措施及办法，印成小册子发到每位果农手上，让广大果农知晓种植的现代科技知识，对柑橘黄龙病实行防治结合；三是重新擦亮"中国柑王""中国橘王"这两张金牌，继续向广东省相关科研机构申报科研成果。功夫不负有心人，经过百折不挠的努力，贡柑、砂糖橘重整旗鼓。种植面积逐年递增，2017 年，种植贡柑恢复到7000 公顷，产值 20 亿元，种植砂糖橘 5333.33 公顷，年产砂糖橘16.5 万吨，产值 12.5 亿元；2018 年，种植贡柑 7333.33 公顷，产量 22 万吨，产值 22.5 亿元；2019 年，种植贡柑 76666.66 公顷，产量 2.5 亿千克，产值 25 亿元。柑橘产业的发展，不但带动了当地农民增收、增效，促进了柑橘产业健康发展，而且还吸引了碧桂园现代农业产业园落户德庆，截至 2019 年，碧桂园现代农业产业园已种植高标准贡柑 20 公顷，全县建立有无病毒贡柑苗木繁育基地 3 个，面积 10 公顷。2017 年，德庆贡柑获取"柑王"称号后，又荣获全国"2017 百强农产品区域公用品牌"称号。2018 年，德庆贡柑产业园入选首批广东省现代农业产业园，获广东省发展贡柑奖金 5000 万元，德庆贡柑产业促进项目入选中央实施绿色循环优质高效特色农业促进项目，其贡柑栽培技术项目荣获广东省科学技术三等奖。2019 年，革命老区马圩镇（贡柑）被评为全国"一村一品"示范村镇和广东省"一村一品、一镇一业"专业镇。德庆贡柑被评为国家区域公用品牌，其价值 108 亿元。德庆贡柑入选全国 100 个农产品品牌，并且获国家农产品地理标志 2 个、注册国家地理标志商标 3 个。

推广种植紫淮山。自古以来德庆农民就有种植淮山薯的习惯。2013 年，全县广大农村自发形成了规模种植，并把淮山薯创新为"大红大紫紫淮山"，紫淮山已成为中共十八大后大江南北受欢迎的优质薯类品牌。紫淮山品质优良，口感鲜甘香甜，具有暖胃驱寒、降"三高"①的功效，其畅销港澳地区及东南亚。2014 年后，全县广大农民充分利用旱坡地大面积连片种植紫淮山。仅 2017 年，全县就已种植紫淮山 3000 公顷，年产值 11.02 亿元，官圩、马圩、悦城、回龙 4 个紫淮山种植基地获得供港澳蔬菜种植基地检验检疫备案证书。

大力发展地道南药。中共十八大、十九大后，德庆农民根据山区县的实际，因地制宜发展特色农业，尤其种植最受欢迎的广佛手、巴戟、何首乌、肉桂等南药。2013 年后，全县新种南药（肉桂、巴戟、广佛手、何首乌）面积 4.7 万公顷。种植生产出来的南药备受各地宾客喜爱。2019 年，德庆巴戟、何首乌被选入"粤字号"县城名特优新农产品区域公用品牌，全县有 16 个南药团体标准正式发布实施，并成功举办了第二届岭南中药材保护与发展研讨会暨南药展览会。南药的种植发展，既带动了农民致富，又吸引了外商前来德庆兴办南药加工厂。2019 年，广州香雪制药厂正式落户官圩工业园区。种植南药专业大户相继在全县各镇落地生根，开花结果。

---

① "三高"：指高血压、高血糖、高血脂。

二、农村互联网平台发展迅速

中共十八大后，德庆农村互联网发展与时俱进，农村电子商务加速发展。2013年6月6日，国家商务部行文正式确定德庆县为全国农村商务信息服务试点县，县建立信息化综合服务平台和县、镇、村三级服务体系，实现"县建平台、网络到镇、信息进村、应用入户"，拉开了德庆农村商务的序幕。2014年继续做好农村商务信息服务试点工作。是年，在互联网经营农产品的网店1200家，其中经营德庆贡柑的网店就有350家，为推销德庆农产品走上了一条全新发展道路。2015年4月，德庆巴戟、贡柑等特色农产品成功入驻淘宝"特色中国—广东馆"，搭建起农产品电子商务官方平台"德庆农业e家"，全县1300多家网店进驻平台，在各镇（街道）建立130家电子商务服务站和200家农家网店。至是年底，进驻"广东馆"销售贡柑的网店450家，成交量13万件。2018年，建立德庆农产品网络交易统一平台，德庆特色农产品网店进驻该平台1277家，年内通过电商销售贡柑的网店有1000多家，销售量700万千克，销售额1.4亿元，其中紫淮山10万千克，销售额160万元。是年，全县建立村级电子商务服务点200多家、农家网店1500多家。至2019年，全县农副产品网上销售的总值达2亿元以上，仅腾龙果业合作社，通过网络销售总值就有2000万元。县内农副产品特别是德庆名优产品贡柑、砂糖橘、紫淮山、高良富笋、鸳鸯桂味荔枝等，通过互联网销售到全国30多个省、市和港澳及东南亚等地。农村互联网的快速发展，为加快攻坚脱贫，全面实现小康开辟了一条金光大道。

三、农业水利设施建设进程加快

2013年，德庆县农业机械化综合水平达到65.46%，全县粮食种植面积 2.37 公顷，粮食总产量 12.2 万吨。2014 年，成为中央农办农村改革试验联系点。2015—2017 年，共投入资金 4893.9 万元建设高标准基本农田 5873.3 万公顷。与此同时，德庆县重点实施广东省级水利建设示范县 122 宗项目工程，项目计划总投资 7.1 亿元，其中：省级投资 4 亿元，县级自筹 3.1 亿元。经过 5 年时间的艰苦努力，总投资 4.94 亿元，于 2017 年，已完成工程 85 宗，其中：中型灌区 3 宗，小型灌区 56 宗，中小河流治理工程 2 宗，山洪灾害防治非工程措施 1 宗，小型病险水库除险加固工程 19 宗，山塘除险加固 2 宗，农村中、小型机电排灌工程 2 宗。正在加紧建设工程 37 宗，其中：中型灌区 3 宗，小型灌区 11 宗，小型水库除险加固 2 宗，山塘除险加固 8 宗，小流域综合治理工程 2 宗，农村甲、小型机电排灌工程 11 宗。上述各项工程，经德庆人民齐心协力，共投入资金 2.47 亿元，终于 2018 年 12 月全部完成，向广东省水利厅交上了一份满意答卷，受到了省的肯定。农业科技创新、农业机械现代化步伐继续加快，仅 2018 年，德庆县就投入农业机械化建设资金 2016 万元，帮扶农民购置了一大批先进农业机械设备，如拖拉机、无人驾驶喷药飞机、种植机、排灌机、田间管理机、收割机、插秧机、饲料粉碎机、畜牧机等。农田水利、农业机械现代化，较好地促进了农村农业经济快速发展，确保农业增产增效，使广大农民获得更多的获得感和幸福感。

四、实施农业人才战略，着力培养新型农民

随着改革开放的深入发展，大量的农村青年进城务工。农业生产发展人才短缺，已成为德庆农业生产发展的短板。中共十八大、十九大后，德庆县出台了《德庆县培育拔尖人才实施办法》，制定了一系列优惠政策，对在新农村建设有突出贡献的人才给予支持和奖励，提出了培训一批有知识、有技术的新型农业人才发

展战略，充分发挥人才在农业经济发展中的引领作用。德庆县实行多渠道、多层次、多形式培训新型农民，鼓励农村青年回乡创业，引导农村青年扎根农村，发家致富。一是农业部门每年举办农业技术培训班，传授农业生产新技术。二是劳动部门鼓励支持开办培训学校，举办农民工职业技术培训班，培养农村各类技术人才。三是发挥"五老人员"传、帮、带的作用，通过县关心下一代工作委员会举办农村创业青年培训班，培养"双带型"① 新型农民。中共十八大、十九大后，农业部门先后培训有农业技术专长的技术人才 2000 多人次；劳动部门和职业教育部门培训各类生产技术农村青年 5 万人次。"双带型"新型农民在乡村振兴和带动农民攻坚脱贫中发挥了积极作用。德庆县实施农村人才战略，培养了一批有理想、有技术、愿意扎根山区的农村创业青年，确保了老区农业生产后继有人。例如，梁碧华 2016 年大学毕业后，毅然回乡创业。她在家乡创办起一间大型农产品加工企业，主要生产经营蔬菜加工制品，以加工腌制酸豆角和酸菜及酱料为主，拥有传统手工艺生产和加工流水生产线，有完善的产品检测设备，并配备有专业技术人员。她申请注册了"润加倍"商标，致力打造品牌化的健康、绿色、零添加食品。到 2019 年，已成立 3 家公司（分厂）和 1 所合作社。实行"工厂＋党建＋合作社＋基地＋农户"的经营模式，实现了产、供、销一条龙服务，为周边农村劳动力提供大量就业和创业致富机会。公司有 600 公顷蔬菜种植基地，梁碧华将发展蔬果种植、加工、销售与观光旅游及农家乐相结合，打造文化、旅游和现代农业融合发展的经济模式。另外，通过兴办蔬菜加工厂，带动了周边 1016 户农户（其中贫困户 196 户）发展蔬菜种植，带动当地农村 3000 人就业。仅诰赠生产基地

---

① "双带型"：指带头创业致富和带领群众共同致富。

就带动贫困户 192 人脱贫，带动 462 名农民增产增收。梁碧华于 2018 年获得中国农业风云人物奖，2019 年获得"广东百名最美乡村女能手"称号。在 2020 年中国·深圳（第 6 届）国际现代绿色农业博览会上，梁碧华被评为"中国现代农业领军人物 30 人"其中之一。

五、实施乡村振兴战略，建设美丽宜居乡村

"十二五"期间，县委、县政府以创建生态文明村和广东省卫生村为目标，不断改善农村人居环境，积极建设社会主义新农村。至 2015 年，累计完成村道硬底化 1320 千米，危桥改造 122 座，创建省卫生镇 6 个、卫生村 414 个，县生态文明村 132 个，市生态文明示范村 17 个。革命老区官圩镇埌尾村创建成为广东省生态文明示范村。同时，大力推进饮用水源保护、节能减排、污水处理、造林绿化等生态工程建设。2013—2019 年，全县累计更新造林 9226.8 公顷，新增森林公园 16 个，完成 141 个乡村的绿化美化工作，完成中幼林抚育 32441.9 公顷，培育优质壮苗 2330 万株，义务植树 564.5 万株，参加人数 183.5 万人次。通过绿化，城镇乡村宜居环境不断改善，截至 2020 年，全县共有生态公益林 5.4 万公顷，比 2012 年 3.4 万公顷增加了 2 万公顷，初步实现了"绿水青山就是金山银山"的发展理念。2016 年，农村环境综合整治有力推进，完成九市镇、马圩镇农村环境综合整治示范镇建设和武垄村、明星村、罗平村 3 个农村连片综合整治，成为广东省农村连片综合整治示范县。是年，全县新增广东省卫生村 23 个，新建农村污水处理设施项目 20 项。2017 年，县委、县政府把乡村振兴，建设美丽宜居乡村作为县的重要工作，科学制定乡村振兴发展规划，推动发展要素下乡，全面促进农业增效，农民增收，农村发展，加快建设"产业兴旺、生态宜居、乡风文明、

治理有效、生活富裕"的社会主义新农村。全域推进农村人居环境综合治理，农村生活垃圾处理率达到93.1%，全县七成20户以上自然村完成人居环境综合治理。2018年，全面落实县委《关于争当全国乡村振兴示范县的决定》精神，邀请国务院发展研究中心专家学者为多村振兴把脉规划，绘制美丽蓝图，依靠中国农业科学院、华南农业大学编制了德庆县乡村振兴战略发展规划及五年规划。同时，与仲恺农业工程学院签订全面推进乡村振兴战略合作协议，与高等院校肇庆学院推动百名教授"上山下乡"，携手推进乡村振兴，并以"631"工程①为抓手，使乡村振兴战略起好步、开好局。2018年，总投资4.52亿元用于乡村振兴，同时还引进碧桂园现代农业产业园等农业项目15宗，投资3亿元将官圩镇列入全市第一批实施乡村振兴战略书记项目示范样板镇。2019年，悦城镇列入全市第二批实施乡村振兴战略书记项目示范样板镇。悦城镇仅用一年时间，就全面完成了县委下达整治环境、改造建筑外围立面和修建悦城悠闲公园的艰巨任务，一个亮丽整洁的重点镇展现在游客和百姓面前。

建设美丽家园的另一项举措是深入开展村庄清洁大行动。2018年全面完成"三清三拆三整治"②之后，2019年，继续深入

---

① "631"工程："6"指"一核三治"乡村治理、农村产业"四化"、生态宜居美丽乡村"百村示范"、人才"上山下乡"、乡风文明"三级培育"和城乡"二元融合"发展六大抓手，"3"指首批国家农村产业融合发展示范园、省级农业科技园区、省级现代农业产业园三大产业平台，"1"指新型乡村助农服务体系。

② "三清三拆三整治"："三清"指清理生产工具、建筑材料乱堆乱放，清理房前屋后和村巷道杂草杂物、堆积垃圾，清理沟渠池塘溪河淤泥、漂浮物和阻碍物；"三拆"指拆除危旧房、废弃猪牛栏及露天厕所茅房，拆除乱搭乱建、违章建筑，拆除非法违规商业广告、招牌等，"三整治"指整治垃圾乱扔乱放，整理污水乱排乱倒，整治"三线"乱搭乱接。

开展春节、春季、夏季三大清洁战役。全县 13 个镇（街道）各选取一个行政村列入当年"镇委书记项目"，并将其打造为德庆农村人居环境整治示范村，达到"干净整洁"示范村标准。回龙镇回龙村、新圩镇河东村、官圩镇官圩村等 57 个行政村，全县 41 个创建全国文明城市范围自然村，均被列入首批创建生态宜居美丽乡村建设项目。为建设美丽乡村，县委、县政府加大对农村垃圾、污水处理力度，建立和健全村庄环境卫生长效管护机制，推进农村"厕所革命"，提升农村卫生品位，创建干净整洁村庄。2019 年，全县创建省级卫生村、生态文明村 19 个，受益村民 1.13 万人。编制《县城乡村建设规划》，投入 1540 万元巩固原有"三清三拆三整治"成果，统筹投入 2.77 亿元加快建设 57 个行政村和 41 个自然村。革命老区官圩镇成为全县农村人居环境整治示范镇，官圩镇的金林自然村被评为 2019 年中国美丽休闲乡村。

农村垃圾治理是建设社会主义新农村的一场绿色革命。中共十九大后，县委将其纳入各级党委、政府的政绩考核，始终围绕"生产发展、生活宽裕、乡风文明、村容整洁、管理民主"这一目标振兴乡村。至 2019 年，全县六成以上镇创建成省卫生镇，五成以上自然村创建成省卫生村，九成以上自然村创建成生态文明村，全县农村生活垃圾有效处理率 98.22%，分类减量比率 53.8%，自然村保洁覆盖率 100%，农村生活污水处理率 46.29%；新建农村公厕 81 座，全县农村无害化卫生户厕全覆盖；完成 167 个行政村"村村通"自来水工程建设，农村自来水普及率 96.79%。德庆县被评为广东省农村生活垃圾治理示范县、广东省农村人居环境整治示范县，连续两年在肇庆市山区县农村生活垃圾处理第三方测评中排名第一。

德庆县有 16 个省定贫困村基本创建成为中等以上水平社会主义新农村示范村。这 16 个贫困村分别是：回龙镇回龙村、建发村，新圩镇历麻村，官圩镇红中村，马圩镇东升村，高良镇沙水村、云利村，永丰镇河村，武垄镇双象村、云楼村，播植镇文定村，凤村镇匝村、桂村，九市镇留村、洞寮村，莫村镇益村。武垄镇双象村原来是一个比较贫困的村庄，由于村民不怕艰苦、团结拼搏，勇于进取，攻坚克难，终于建设成为肇庆市新农村示范村，实现贫困村从落后变先进，一跃成为样板村。在双象村的带动下，全县乡村经济得到迅速发展，人居环境有较大改善，初步呈现出产业兴旺、生态宜居、乡风文明、治理有效、生活富裕的新景象。

六、攻坚脱贫取得决定性胜利

2013—2015 年，根据省、市的工作部署，按照"产业＋商铺＋能人＋智力"的路子，全面开展第二轮扶贫开发"双到"①工作。2013 年，共投入资金 1676.5 万元（其中省补助资金 717 万元、市补助资金 119.5 万元、每户补助 3.5 万元、搬迁户自筹资金 836.5 万元），对列入省搬迁计划的武垄镇的四围茄埌、罗冲大坪，莫村镇的双楼白石坑（老区），官圩镇的永安龙胫，马圩镇的马圩格木根（老区）、诰赠六宅（老区），新圩镇的官车龙佛一（老区）、龙佛二（老区）、铜古塘（老区）、塘北江面（老区）等 10 个"两不具备"的贫困村庄共 239 户 895 人（其中老区 173 户 648 人）进行搬迁安置。

2014 年，全县有 36 个重点村列入新一轮扶贫开发"双到"工作帮扶村，共有贫困户 2640 户，贫困人口 9332 人。是年，重点帮扶村的集体收入达到 5.12 万元，比上年增长 140.4%，贫困户人均收入 7461.3 元，比上年增长 34.8%。

---

① "双到"：指规划到户、责任到户。

2015 年，是第二轮扶贫开发"双到"工作的收官之年，继续按照"产业＋商铺＋能人＋智力"的路子，全力推进第二轮扶贫开发"双到"工作，累计投入帮扶资金 1.92 亿元，全县有 36 个贫困村的贫困户人均收入 1.1 万元，比帮扶前增长了 13.5 倍。至是年底，全县 36 个重点帮扶村及贫困户 2197 户、贫困人口 8910 人全部脱贫。

2016 年，精准扶贫全面铺开。全县共落实驻村工作组 46 个，驻村干部 201 名，广东省定 16 个贫困村，5276 户贫困户均落实了挂钩帮扶单位（人员），产业扶贫、就业扶贫、兜底保障工作扎实开展，3600 名贫困人口实现了精准脱贫。

2017 年，脱贫攻坚有力推进。是年，重点实施"五大示范工程"，树立"脱贫致富"示范户 600 户，分别落实"创业带富"示范党员、退伍军人各 250 名，"创业带富"示范能人 300 名，带动 1426 户贫困户发展农业生产，金融扶贫贴息贷款 922 户，贷款金额 143.78 万元。累计投入扶贫资金 1.42 亿元，启动帮扶项目8.5 万个，贫困人口人均增收 4604 元，4200 名贫困人口脱贫，1073 户建档立卡贫困户危房改造全面完成。同时，大力推进 16 个省定贫困村建设社会主义新农村示范村各项工作，尤其抓好新农村建设，做好规划编制工作。

2018 年，脱贫攻坚精准发力。各级财政帮扶资金累计使用10758.47 万元，财政资金使用率 95.7%，累计 9481 名贫困人口达到"八有"① 标准，并实现脱贫。是年，大抓产业扶贫，全年投入帮扶资金 7292.73 万元，新增产业帮扶项目 2343 个，通过参与产业发展、合作社和企业带动等方式，实现了在家有劳力贫困

---

① "八有"：指吃穿有靠、就业有厂、安居有房、疾病有医、读书有教、年老有养、饮水有源、组织有力。

户都有一个以上产业项目的目标。其中与粤电集团合作开发全市规模最大、总投资 3 亿元的光伏扶贫项目于 6 月底实现并网发电，帮扶贫困户 1400 户 5356 人。积极发动和引导贫困户青壮劳力到珠三角发达地区就业，实现转移就业 1694 人。全面落实社会保障，纳入 2018 年危房改造计划的 644 户贫困户完成改造；符合条件的 2182 名贫困学生 2017—2018 学年春季教育补助已按政策规定足额发放，全县贫困人口养老保险、医疗保险实现全覆盖。

2019 年，脱贫攻坚成效明显。产业扶贫、就业扶贫、金融扶贫、社会扶贫等脱贫攻坚各项工作都作出了明确的要求，为全县工作的开展列明了清单、明确了目标、提出了要求。此外，还举办德庆县 2019 年脱贫攻坚工作驻村干部和扶贫系统干部培训班，对全县驻村扶贫干部、第一书记、党建指导员进行抓党建促脱贫攻坚专项培训。同时，大力推广"企业＋基地（合作社）＋贫困户"的帮扶模式，2019 年共投入扶贫资金 3273.36 万元，新增产业帮扶项目 3715 个。加快就业脱贫，组织贫困劳动力技能培训 1098 人次，引导贫困户外出务工 2111 人，为贫困人口安排公益性岗位 132 个，创建扶贫车间 35 个，实现 148 名贫困人口在自家门就业。"两不愁三保障一相当"[①] 总体实现，纳入 2019 年危房改造计划的 98 户贫困户完成改造，累计完成 3354 户贫困户危房改造；核发 2019 年春季贫困学生教育补助 2361 人，连续 3 年实现养老保险、医疗保险贫困人口全覆盖、县财政全兜底，无劳力贫困户 100% 落实兜底政策。

2019 年，德庆县着力解决贫困村"两不愁三保障一相当"突

---

① "两不愁三保障一相当"：到 2018 年稳定实现农村相对贫困人口不愁吃、不愁穿，义务教育、基础医疗和住房安全有保障，基本公共服务主要领域指标相当于全省平均水平。

出问题和全面推进贫困户"八有"标准落实，巩固和推进扶贫开发"双到"工作。经全县上下齐心协力，初步实现贫困户人均可支配收入达 1.39 万元，人均年纯收入 10094 元，贫困村集体年均收入 16.95 万元。全县 4892 户 10486 人落实"八有"标准，实现 97.9% 贫困人口脱贫；新圩历麻等 16 个省定贫困村基本实现"两不愁三保障一相当"，并全部摘掉了贫困帽子。贫困村村道、排水、电力、水利、网络、有线电视等基础设施基本符合脱贫出列标准，村级党组织建设得到进一步加强，脱贫攻坚战取得了决定性胜利。

第五节 加快城镇化建设步伐 创建全国卫生文明城市

坚持走新型城镇化发展道路，是中共十八大提出的目标任务，也是德庆县委"十二五"规划纲要的重要组成部分。"十二五"期间，经全县人民共同奋斗，县城镇功能日臻完善，城镇扩容提质不断加快，累计完成基础设施建设投资8.6亿元，县城西区完成征地213.3公顷，新建或改造香山大道、德庆大道、龙母大街等16条城区道路，升级改造了县文化广场、城雕公园、莲花公园和德庆大道、城北路与国道321线平交。增建城区面积由"十一五"期末的11.8平方千米扩大至13.8平方千米。房地产发展迅速，房地产开工项目共32个，销售面积68.33万平方米。累计完成村道硬底化1320千米，危桥改造122座，创建广东省卫生镇6个、卫生村414个。

2016年，县城"东拓西延中部提升"工程项目进度加快，政府投入2200万元，分别对县城主干道路、排污设施、广场公园等进行改造整治。新城大道、香山大道西、紫荆路、香枫路等西区主干路网动工建设。完成棚户区改造519户。德庆县成功创建全市首个"省级卫生县城""省级农村生活垃圾收运处理达标示范县"。武垄镇成功创建广东省卫生镇，并荣获"广东省宜居示范城镇"称号。全县全面实现"六好"① 平安和谐社区。

---

① "六好"：指党员干部示范带头好、社区居民遵纪守法好、社会矛盾调处理好、社区治安好、安全生产管理好、"五类人员"管理好。

2017 年，创文创卫成效显著，以全省第一名的成绩创建成为广东省县级文明城市，创建国家卫生县城顺利通过技术评估。市政设施进一步完善，修复了一批街道坏烂路面、下水管道，城区路面硬底化率达 95%，下水道管网覆盖率达 93%。城市管理进一步加强，大力开展"六乱"① 等专项整治，拆除乱搭乱建、违规广告牌 1800 处，取缔流动占道经营摊档 650 家；合理规划增设停车位，在主次街道增设小车位 8600 个、摩托车位 1.3 万个。县城香山片区加快开发，香山大道西路、新城路等路网加快建设，解放北路完成改造。

引入保洁公司清洁县城街道。从 2008 年 3 月开始，县城环卫管理服务引入市场竞争机制，将城区范围内的环卫作业推向市场化运作。保洁公司承包县城街道、内街小巷的清洁，让路面无明显杂物、积水。同时，路面洒水降尘已进入环卫作业的标准工序，内街小巷和城郊北面新圩卫星新村的卫生死角也得到及时清除，城内城外卫生整洁亮丽。此外，县政府还不断增加投入，添置配备一批环卫车辆，增设果皮箱（垃圾桶）2100 个，并采取一系列措施，分期分批对县城 14 座公厕进行升级改造，广东城区环境卫生状况得到全面改善。

升级街道主干线路灯。根据县城"三横、六纵"的布局特点，县政府又对街道主干线进行 LED 路灯更换，对德庆大道两旁楼宇进行 LED 亮化改造，在德庆大道、康城大道、朝阳东路等路段安装灯饰，形成了层次分明、错落有致、典雅和谐的城市夜景。每年春节前夕，县政府分别在康城大道、文化广场安装大型灯组，在康城大道灯杆、龙母大街灯杆、城雕公园、三元塔等安装装饰

---

① "六乱"：指乱搭乱建、乱堆乱放、乱设摊点、乱搭乱挂、乱贴乱写乱画、乱扔乱吐。

物，悬挂大灯笼，让市民感受节日气氛的同时感受县城亮丽的环境，提升了全县人民的获得感和幸福感。

大力开展园林绿化建设。先后对龙湖公园、莲花公园、城雕公园、城西出入口等进行升级改造，在德庆大道、文化广场、新圩花坛、文兰花坛三角安全岛等地段种植观赏花卉植物，点缀美化街道。截至2019年，德庆县城建绿地面积361.39万平方米，绿化覆盖率达到40.3%，人均公共绿地面积达到11.8平方米。此外，还不断完善城市功能，相继对朝阳路、解放路、环城路、德庆大道、龙母大街等路段进行改造，新建香山大道、文武北路、登云北路等道路，逐步完善城区道路交通体系。

增设微型景观，提升创文氛围。随着创文行动的深入推进，在县城街头增设了多处微景观以及大幅公益广告，增添浓浓的创文氛围，进一步提升了城市品位。在县城的德庆大道、康城大道、崇德广场等地看到，新增设的大型微型景观竖立在显眼位置，在蓝天白云的映衬下把县城装扮得更加亮丽。微景观融入了龙母文化、孔子文化以及三元塔等历史文化，将习近平总书记的金句以及中国梦图景等元素巧妙地在微景观上展示出来，成为点缀城区广场、公园、主街道一道亮丽的风景。"新时代是奋斗者的时代""幸福都是奋斗出来的""只争朝夕，不负韶华"等充满正能量的公益广告，不但为整个县城增添了浓浓的创文氛围，也在潜移默化地影响着德庆40万人民的精神面貌。

"创文明城市""创卫生城市"是创建社会主义精神文明的重要举措。全县上下积极投身"双创"建设，尤其是革命老区人民，不忘革命先辈当年的坚定信仰，传承大爱情怀，继续在德庆这片红土地上为"创文创卫"的成功而发光发热。自2015年9月，启动广东省县级文明城市创建后，全县始终把提高人民群众的文明素质和幸福感作为根本出发点，以培育和践行社会主义核心价值观为主线，把创建国家文明城市与创建国家卫生县城工作紧密结合，建立健全工作机制，大力实施"双创"联动，充分发挥广大群众主体作用，全力打造"崇德之城"。

2018 年后，坚持惠民靠民、常态长效，打造"崇德之城、文明德庆"取得显著成效，连续两年在广东省 7 个县级全国提名城市年度测评中排名榜首。一是健全创建机制，强化组织协调。县委书记任创建工作领导小组组长，四套班子分别牵头负责 18 个专责组。实行网格化管理，县四套班子领导还下沉乡镇，挂点城乡 33 个片区 175 个网格。细化责任分工，推进创建工作与部门单位日常工作深度融合，实行"一月一考核"，确保常态长效。二是强化宣传教育。坚持户外宣传、媒体宣传、入户宣传三管齐下，广泛开展"中国梦""讲文明树新风""核心价值观"等宣传教育活动，提高了群众文明素质，营造了全社会支持、参与创文的浓厚氛围。三是完善市政设施建设。投入 4.7 亿元，抓好城乡道路、排污渠、市场、社区小区、背街小巷等改造；实施"创文微实事，服务大民生"行动，完成小修小补等"微实事" 1.6 万件，增强了群众获得感。四是规范城市管理。重疏导，建成摆卖疏导区 10 个，新增停车位 1.8 万个和一批分类垃圾等设施；严管理，坚持文明执法，常态化开展"六乱"整治和诚信门店等评选活动；勤劝导，落实门前"三包"制度，网格员常态化做好文明劝导，提高了精细化管理水平。五是打造崇德品牌。做好"崇德"文章，突出"一园一主题、一街一特色"，打造龙母大街户外广告招牌示范街、崇德园、孔子文化公园、法治文化公园、崇德家风家训广场、崇德文化长廊以及一批公益广告特色景观小品，崇德园被评为广东省核心价值观主题公园。六是突出铸魂立德。推进全国新时代文明实践中心试点县工作，建成县、镇、村三级新时代文明实践中心（所、站）和 160 个学雷锋志愿服务驿站，组建县、镇、村三级志愿服务队 308 支，打造"新时代·微党课""杏林之鸽"等 15 个文明实践品牌，全县获得地市级以上道德模范、身边好人称号 50 名。这些文明单位、志愿组织、先进人物在创卫创文和脱贫攻坚中发挥了模范作用。

全县总动员，创建文明城市、卫生城市。全民齐参与"双创"活动，并取得显著成绩。至 2016 年，全县有 44 个村被评为广东省卫生村，县城被评为广东省卫生县城；2017 年，德庆县以第一名的优异成绩获得"广东省县级文明城市"称号，官圩镇五福村被评为全国文明村。通过开展创建文明城市、卫生城市的"双创"活动，有力推动了精神文明建设。2020 年，德庆县终于成功取得"全国文明城市"这一光荣称号。

中共十八大、十九大后，德庆人民团结拼搏，在新的历史时代，奋进新征程，促进工农业生产和各项事业快速发展。2019 年，全县完成地区生产总值 150.17 亿元，同比增长 7.4%。一般公共预算收入、税收收入分别为 4.56 亿元、3.23 亿元，分别增长 7.5%、4.4%。固定资产投资 97.9 亿元，增长 3.5%。实际利用外资 6010 万元，外贸进出口总额 10.26 亿元。社会消费品零售总额 49.98 亿元，增长 9.6%。全体居民人均可支配收入 22953 元，增长 8.3%。老区人民满怀豪情走进了小康社会，昂首阔步奋进新征程。

持之以恒加强党的建设

据统计，至 2016 年，德庆县共有基层党组织 695 个，其中党委 29 个、总支部 41 个、支部 625 个，党员 14843 人。中共十八大后，德庆县坚决贯彻落实新时代党的建设总要求，持之以恒加强党的建设，从严管党，从严治党，强化各级党委（党组）从严治党主体责任，全方位加强党的政治、思想、组织、作风、纪律和制度建设，深入进行反腐败斗争，着力锻造各级党组织，为加快德庆发展提供坚强的政治和组织保证。

一、在党员中开展专题教育

中共十八大后，县委根据上级党委部署要求，在全县党员中开展了三个专题教育：一是党的群众路线教育实践活动；二是"三严三实"① 教育活动；三是"两学一做"② 学习教育。

党的群众路线教育活动从 2013 年 8 月开始至 2014 年底结束。在开展党的群众路线教育实践活动中，县委联系实际，围绕党的先进性和纯洁性，深入开展以为民务实、清廉为主题的教育，进一步转变干部领导作风，密切联系群众，使干群关系和谐、和衷共济，树立为民务实的清廉形象。县委制定《德庆县深入开展党

---

① "三严三实"："三严"，指严以修身、严以用权、严以律己；"三实"，指谋事要实、创业要实、做人要实。

② "两学一做"：指学党章党规、学系列讲话、做合格党员。

的群众路线教育实践活动实施方案》，各级基层党组织也相应制定实施方案。在活动中，广大党员通过进行读书交流、系列宣传、谈心谈话以及写心得体会文章，举办教育实践活动专题学习，助推活动的深入开展。在深化学习的基础上，县委制定了领导干部联系群众制度，把党员干部联系群众作为一项常态化的工作来抓。县委召开动员会后，各镇（街道）迅速行动，组建团队每逢周二到驻点村（社区）与群众面对面，倾听群众心声，为群众答疑解忧，坚持联系群众最直接、全覆盖、常态化、制度化，进一步巩固和深化党的群众路线教育实践活动成果。全县各镇（街道）组建驻点团队和辅助团队各 193 个。据 2014 年底统计，全县开展这项活动就有 1158 次，派发驻点联系"连心卡" 4.8 万张，定点接待群众 5027 人次，分片走访村（居）民 3.36 万人次，个体工商户 386 个，外出人员 3864 人次，外来人员 1248 人次，上门慰问群众 2067 人次，群众反映问题 996 件，征询群众意见 3329 人次，当场解决 771 件，交办转办 225 件。党员干部联系群众的教育实践，拉近了干部与群众距离，密切了党群、干群关系，化解了许多基层矛盾，群众上访人数越来越少，为县委、县政府排忧解难，开展各项决策提供了依据。

2015 年 4 月，中共中央开展对县处级以上领导干部进行"三严三实"的教育活动，找出工作中存在的问题，制定整改措施。县委制定《德庆县领导班子党风廉政建设责任清单》，对全县党风廉政建设和反腐败工作主要任务进行细化分解，分别落实到县四套班子领导和县委、县政府直属各部门责任单位，将党风廉政建设主体责任落实到岗、具体到人，使领导干部"一岗双责"制度化、科学化。其间还对"两新"组织①开展上党课活动，特别

---

① "两新"组织：指新经济组织、新社会组织。

是规模以上的非公企业上党课共 9 人次。通过举办庆祝建党 94 周年美术书法作品展，开展如何当好"两新"组织党组织书记讨论活动，组织开展"企业核心价值观"讨论活动和开展"学党章、守规矩"等活动来加强基层党组织凝聚力、战斗力，发挥党组织的战斗堡垒作用、党员先锋模范作用。

2016 年 2 月，中共中央办公厅印发《关于在全体党员中开展"学党章党规、学系列讲话、做合格党员"学习教育方案》。县委根据中共中央的部署要求，组织全县党员开展"两学一做"活动。活动中，县委成立了"两学一做"学习教育协调小组和督导小组，制定督查清单，细化检查要求。全县党员按照县委要求，开展"合格党员在行动"主题系列活动，掀起领导带头学党章党规、学习习近平一系列讲话热潮。县委书记带头给党员干部上党课，全县各级党组织书记深入农村基层、田间地头、企业、学校、社会组织为基层党员上党课，带动全体党员真学、真懂、真用。协调小组和督导小组对"两学一做"进行分类指导，根据不同领域、不同行业的学习对象，分类开设培训班，邀请不同领域的专业讲师、基层党员代表到机关、学校、企业、镇、村进行宣讲。2016 年，全县共举办各类培训班 74 期，参加学习共计 1.12 万人次，各级干部上专题党课 693 堂次。通过学习，引导党员发挥先锋模范作用，立足德庆实际，把"两学一做"与全面贯彻落实中央"四个全面"① 战略布局和五大发展理念相结合，与贯彻落实中央、省委、市委和县委决策部署相结合。通过"两学"，引导广大党员自觉按照党员标准规范言行，坚定理想信念，提高党性觉悟，增强政治、大局、核心、看齐意识，坚定正确政治方向；

---

① "四个全面"：指全面建成小康社会、全面深化改革、全面依法治国、全面从严治党。

进一步打造清风正气，严守政治纪律规矩，强化宗旨观念，勇于担当作为，在生产、学习、工作和社会生活中发挥先锋模范作用。

二、整顿软弱涣散村（社区）党组织

中共十八大后，县委组织部门对全县 193 个村（社区）进行摸底排查，发现有 19 个村（社区）党组织存在软弱涣散现象。对 19 个村（社区）党组织均结合实际制定整改方案，明确存在问题、目标任务、整改措施、落实责任，并建立整改台账。明确各镇（街道）党（工）委书记为第一责任人，选派"第一书记"进驻各软弱涣散村（社区），集中力量进行整顿。全县 19 个村（社区）党支部全部完成整顿工作，实现整顿转化率 100%。紧接着县委及时开展对农村基层党组织设置升级优化工作。采用试点方式，每镇（街道）选择一个村（社区）党员人数超 50 名的党支部升格为党总支，村（居）民小组采取单独建或联合建的形式设立党支部，争取全县所有超 50 名党员的村（社区）党支部都能升格。将官圩、马圩两个老区镇（广东省级新农村建设示范片）所涉及的村全部纳入试点，共有 15 个村委会成立了党总支。与此同时，县委还继续探索在农民专业协会、农民专业合作社等经济组织设立党支部，充分发挥协会、合作社党组织和党员致富带头人的作用。

三、切实加强党风廉政建设

从严治党，反腐倡廉永远在路上。中共十八大后，县委始终以高压态势，坚定不移正风肃纪反腐，深入贯彻落实中共中央、广东省委、肇庆市委关于推进全面从严治党的各项决策部署，认真履行县委党风廉政建设主体责任。严格执行省委对各级党组织一把手监督的六项规定，健全上级党委书记、纪委书记约谈提醒下一级一把手机制和镇（街道）党（工）委、县直机关部门一把手在县纪委全会述责述廉述德机制。强化"一岗双责"，建立县委领导班子、县委书记、县党政领导班子成员主体责任清单，基层党（工）委书记与县委签订党风廉政建设责任书，各镇（街道）、各部门单位班子成员及管辖党组织负责人与本单位党组织签订责任书。广泛进行提醒谈话活动，各级党组织在民主生活会、民主评议、组织生活等党内政治生活中，将党风廉政建设责任制执行情况列为会议的重要内容。同时，完善领导干部向县纪委全会述责述廉述德制度，重点突出政治巡察，规范巡察方式和巡察内容，紧盯重点人、重点事、重点领域，着力构建执纪监督、检查监督格局。

在加强党风廉政建设中，县委注重抓责促廉，力推党风廉政建设责任制落到实处。一是传导压力，明确责任。层级签订了党风廉政建设责任书，印发《县直有关单位党风廉政建设和反腐败工作任务分工方案》。二是敲打提醒，强化责任。中共十八大后，每年坚持召开全县廉政教育工作会议，就核实党风廉政建设主体责任再强调、再叮嘱。在纪委全会上，对四套班子领导成员开展民主评议。三是监督巡查，落实责任。2018 年，德庆县监察委员会正式挂牌成立，各项工作顺利推进开展，党风、政风焕然一新，全面落实新时代中国共产党建设总要求和中共党的组织路线，旗帜鲜明讲政治，推动广大党员干部牢固树立"四个意识"①，坚持"四个自信"②，把"两个维护"③ 作为最高政治原则和根本政治

---

①　"四个意识"：指政治意识、大局意识、核心意识、看齐意识。

②　"四个自信"：指中国特色社会主义道路自信、理论自信、制度自信、文化自信。

③　"两个维护"：指坚决维护习近平总书记党中央的核心、全党的核心地位，坚决维护党中央权威和集中统一领导。

规矩来执行，始终在思想上、政治上、行动上与以习近平同志为核心的党中央保持高度一致。牢牢掌握意识形态工作领导权、管理权、主动权，构建党委统一领导、党政齐抓共管、宣传部门组织协调、有关部门分工负责的工作格局，全方位加强意识形态阵地管理。大力强化正确的选人用人导向，着力打造忠诚、干净做事、勇于担当的高素质专业化干部队伍。全面加强基层党组织建设，深入贯彻落实《广东省加强党的基层组织建设三年行动计划（2018—2020年）》和《德庆县贯彻落实中央八项规定精神实施意见》，不断把基层党组织锻造得更加坚强有力。同时，开展第一书记领头雁工程，持之以恒开展党员"戴党徽、亮身份、树形象"活动，开展党员志愿者服务活动，以"固定党日＋组织生活"等系列活动为载体深入开展党性教育。通过开展党的一系列活动，使全县国民经济和社会风气不断迈向新辉煌、新征程，全县广大党员干部始终坚定不移正风肃纪反腐，认真贯彻落实中央八项规定和实施细则精神，永保定力，寸步不让，严责各种隐性变异"四风"① 问题，运用"四种形态"② 强化监督执纪问责，建立健全德庆县委巡查工作机制，始终保持反腐高压态势，坚决永葆党的英雄本色。

---

① "四风"：指形式主义、官僚主义、享乐主义和奢靡之风。

② "四种形态"：第一种是党内关系要正常化，批评和自我批评要经常开展，让咬耳扯袖、红脸出汗成为常态。第二种是党纪轻处分和组织处理要成为大多数。第三种是对严重违纪的重处分、作出重大职务调整应当是少数。第四种是严重违规涉嫌违法立案审查的只能是极少数。

附　录

大事记（1919—1949）

1919 年

6 月　德庆学生罢课集会游行示威，响应北京五四反帝爱国运动。

1920 年

2 月　葡萄牙籍华人、天主教神父陈旧禄来德庆传递新思想、新文化。

1925 年

9 月上旬　高良罗秋村的广州油业工会会员聂秋荣（又名聂应秋）受中共广东省工委委派，与广东省农会特派员林焕文、郭剑华来德庆发动组织农会工作。

同月　德庆县第一个农民协会——高良大寨乡农民协会成立。

是年秋　在莫村大庙岗筹建"悦秀文社"，旨在以文会友，发展文化，宣传进步思想，讲解革命道理。

1926 年

春　德庆县政治宣传员办事处成立。由西江宣传养成所结业学员江少洪等 10 人任职，宣传国民革命，发动组织农会。

6 月下旬　高誉雄介绍谢祝三、梁义安、孔炎亭、刘翰平加入中国共产党，德庆县第一批中共党员诞生，第一个中共党组织建立，即中共德庆县支部，地点高良旺埠太平田村。

7 月 11 日　德庆县第三区农民协会成立。这是德庆首个区级农会。

7 月 24 日　第三区农会在高良圩召开乡农会干部扩大会议，通过"二五"减租决定。

7 月 25 日　第三区农会 2000 多人要求罗阳村地主李璋莹减租减息，李璋莹以武力抵抗，数百名农民包围罗阳村，与李璋莹一方激战一昼夜，迫使李璋莹接受"二五"减租。

1927 年

3 月 15 日　高誉雄在高良召开区乡农会干部会议，成立德庆县农民协会筹备委员会，议定 5 月 1 日在德城召开县农会成立大会。

4 月 19 日　国民党"清党"后德庆的反动民团和地主恶霸镇压农民运动，被称为"四·一九"事件。农民运动受重创。

9 月 1 日（农历八月初六）　县农民运动领导人高誉雄、谢五昌、刘翰平、江少洪、江灼生（积生）在肇庆英勇就义。

12 月　大革命失败后转移到香港的聂秋荣（应秋），参加广州起义，在战斗中光荣牺牲。

1929 年

1 月　中共德庆县支部暂转移肇庆、广州秘密活动，为遥控领导高良三河农民开展"抗山捐"斗争奠定基础。

1930 年

7 月 7 日（农历六月十二日）　高良爆发反抗抽缴出入口货经纪附加捐（税）斗争，简称"抗山捐"斗争。

同月 10 日　县公安局局长冯鹄廷带兵扣留了 6 个农民代表，打死农民黎连庆、黎苟妹 2 人，激起公愤。

1932 年

春节过后不久　中共党员黄义康、梁义安从香港到高良太平田秘密开展革命活动，发展中共党员 3 人。

10 月　德庆第一个农村党支部——中共三河支部成立。

1938 年

5 月　德庆县抗日自卫团（大队）成立，下辖 3 个中队。

8 月　中共党员徐儒华以广东省抗日自卫团德庆县统率委员会政训员的公开身份回县参加抗日救亡工作。

9 月　秘密成立中共德庆县支部，连同外来的党员共有 11 人，徐儒华任支部书记。

10 月下旬　广东民众战时动员委员会战时工作队（即广东青年抗日先锋队）134 队，在共产党员孔昭銮的率领下到德庆开展宣传抗日活动。

1939 年

9 月　广东省银行乡村服务团到德庆县，发放农贷支持农民生产生活自救，共贷出国币 121.9 万元。

12 月　中共德庆县工作委员会成立，分别在县城、官圩、马圩、高良、悦城、九市和广东省银行德庆乡村服务团中秘密开展党的工作。

1940 年

8 月　中共西江特委机关迁来德庆县城，冯燊（又名冯新）任书记，梁威林任副书记，隶属中共粤北省委，至次年 1 月迁离。

8 月　中共西江特委德庆交通站设县城东豪东街"新记"商店秘密联络点，至次年年初撤走。

9 月　中共西江特委在德庆秘密举办西江各县党员训练班，先后举办了两期。

1944 年

7 月 15 日　德庆县紧急动员委员会奉令成立，筹划应对日军入侵德庆后各种工作。

9 月 22 日　日本侵略军一二六大队攻占德庆县城。德庆县城沦陷。

9 月 23 日　粤海师派驻德庆县，于沙旁大埌顶截击进犯之日军，激战一小时，毙敌 20 余名，后撤离。

9 月 24 日　盟军飞机于马圩河口河面轰炸日军炮舰"母子号"，毙日军指挥小仓外吉海军大佐，夜，再炸县城日军驻地，炸毁日军所占东胜街德胜银号及附近商店数十间。

9 月　平和乡民主选举徐儒华为乡长，成立乡抗日自卫中队，开展抗日、锄奸、肃匪活动。

11 月下旬　占领县城的日、伪军 300 余人进犯罗阳，被平和、罗阳等乡抗日自卫中队和三河民众击退。激战 3 小时，日、伪军死伤多人。

1945 年

8 月 17 日　日本侵略军驻德庆部队撤退。德庆光复。

1946 年

1—2 月　中共樵云中学党小组、斌山中学临时党小组先后成立。余渭泉任斌山中学党小组组长，谭丕桓任樵云中学党小组组长。

10 月　中共三罗特派员派陈家志来负责德庆地下党组织工作。

11 月　恢复中共德庆三河支部。

1947 年

8 月　德庆地下党组织关系转入中共粤桂湘边区工委。

1948 年

2 月 28 日　叶向荣率领部队配合德庆党组织和德庆人民成功举行了武装起义。

3 月 2 日　高良起义队伍宣布改组成广德怀人民抗暴义勇总队德庆区队，由徐儒华任队长，刘超明、陈家志任副队长。

4 月初　刘超明率抗暴义勇队小分队 30 多人抵九龙下替窟村，遭国民党民团突袭，牺牲战士 2 名。

4 月下旬　叶向荣、陈胜、徐儒华率抗暴义勇总队主力及德庆区队 200 多人转战三坑村，处决了敌探"跛森""孖指"等人。

4 月底　广德怀人民抗暴义勇总队德庆区队改编为中国人民解放军粤桂湘边纵队绥贺支队第二团。

6 月 1 日　广东、广西两省国民党联合出动 11 个县武装 1700

多人，残酷扫荡怀南革命根据地，一天杀害起义人员及群众
358 人。

6 月下旬　部队在黄石降村进行整训，吸收了匡吉、林江等
一批优秀战士加入中国共产党。

6 月　绥贺支队二团夜袭国民党驻凤村匝村中队，毙敌 1 人，
俘敌 3 人。

7 月底　绥贺支队二团袭击双郭村，歼敌自卫队 30 人，缴获
长、短枪 30 支及弹药一批，初步控制九龙地区局面。

9 月 17 日　刘超明、何涛率队 100 多人袭击象牙山的地主武
装，击毙保长及其子，拔掉敌人安插在象牙山麓的"钉子"。

9 月初　莫村开明人士刘炫基率当地教师、学生、农民 20 多
人组成悦河人民抗征队，投奔绥贺支队二团。

12 月中旬　李昌武工队在马圩上彭村活动时，遭敌袭击，队
长李昌和唐新在战斗中光荣牺牲。

12 月 21 日　国民党德庆县县长华文治向三区专署请兵 640
多人"扫荡"三河游击根据地。绥贺支队二团化整为零，致使国
民党这次"扫荡"扑空。

1949 年

1 月 2 日　陈胜、刘超明、刘季生率绥贺支队二团袭击匝村
刘富南自卫队，歼灭 11 人，毁机枪 1 挺，缴获长、短枪 11 支。

1 月 29 日　部队在黄石降司令部召开指战员会议。

1 月　绥贺支队二团在马圩河口建立西江税站（公开番号为
"广东人民解放军西江护航大队"），控制西江航运。匡吉任站长。

2 月 22 日　绥贺支队二团 200 多人袭击金郡乡公所，全歼乡
自卫队 20 多人，缴获长、短枪 20 多支及弹药一批，次日开进永
丰街，打开永丰粮仓济贫。

3 月中旬　在三河游击根据地成立三河乡人民政府，陆仲天任乡长。

4 月中旬　刘超明率队 30 多人两次夜袭马圩：15 日首袭马圩，破乡公所，收缴机枪 1 挺、步枪 5 支；18 日再袭马圩，破国民党德庆县警第一中队，俘中队长梁桂标等官兵 29 人，缴获长、短枪 29 支及弹药一批。

4 月中下旬　旺埠自卫队队长梁旭芳率领 16 人向游击队投诚。

4 月 22 日　绥贺支队二团组织 100 多人突袭回龙警察分驻所，俘警长及警兵 5 名，缴获枪支 10 余支。

6 月初　绥贺支队二团 40 多人与粤中纵队四支队三团配合袭击六都警察所，歼敌 20 余人，缴枪支弹药一批。同时，陈胜、刘超明、陈大良先后过江与粤中纵队四支队联系，共同控制了南江口至金鱼沙全长 50 千米的西江交通航线。

6 月　梁光、徐宝武工队在马圩大剑洞遭敌袭击，梁光负伤，黎买、何龙带身负重伤，被敌人杀害。

8 月 15 日　中国人民解放军粤桂湘边纵队绥贺支队第二团对外公开番号。二团团长为刘超明，政委为陈大良，政治处主任为徐儒华。

9 月 1 日　绥贺支队总部率二团夜袭凤村圩三乡联防自卫队，活捉联防主任罗剑波及其部下 50 余人，缴获机枪 3 挺，长、短枪 40 余支，弹药一批。支队牺牲战士 2 人。

10 月 15 日　绥贺支队发布《本军当前政策》十条，晓谕军民，配合南下大军解放县城。

10 月 22 日　国民党广州绥靖公署西江指挥所第三"清剿"总队第二大队大队长梁本盈率部 200 余人，携带机枪 5 挺、电台 1 部、武器弹药一批，向绥贺支队二团投诚。

10 月 23 日　叶向荣、陈胜率绥贺支队总部及二团进军县城，德庆解放。

10 月 25 日　德庆县人民治安委员会成立。

10 月 28 日　中共德庆县委员会成立。

11 月中旬　绥贺支队二团发布《为清除匪患告人民书》和《对德封边境匪徒最后警告》，开展剿匪安民工作。

12 月 1 日　德庆县人民政府成立。

附录二 革命遗址和纪念场所

从 1925 年起，德庆掀起了波澜壮阔的革命运动，留下了重要的革命遗址和纪念场所。这些革命遗址和纪念场所，铭刻着革命志士和人民群众为民族独立和人民解放而英勇奋斗的光辉历程，蕴含着中国共产党人和德庆人民艰苦奋斗、不屈不挠、一往无前、不怕牺牲的革命精神。

1. 大寨乡农民协会旧址

大寨乡农民协会旧址，位于德庆县高良镇大寨村。1925 年 9 月初，广东省农民协会派特派员、第二届广州农讲所学员、顺德籍的郭剑华和第三届广州农讲所学员、清远籍的林焕文，在广州油业工会会员、德庆籍的聂秋荣陪同下，来到德庆县宣传革命，

大寨乡农民协会旧址

发动农民，组织农会。同年 9 月，在高良区大寨乡成立大寨乡农民协会，这是德庆县第一个乡级农民协会，办公驻地在高良大寨谢公祠。大寨乡农民协会成立后，迅速影响和推动了周边农民运动的蓬勃发展。1926 年 10 月，董敬明首先在禄村成立了农民协会。同年 12 月，百步村农民协会成立。1927 年 3 月 14 日，保坪村农民协会成立。

2. 中共三河支部旧址

中共三河支部旧址，位于德庆县高良镇旺埠村委会太平田村。1932 年春，中共两广省委驻香港机关派共产党员黄义康与梁义安回德庆县秘密开展地下革命活动，建设党组织，发展农村党

中共三河支部旧址

员。10 月，何沛生、黎永钦、陈文雄 3 位农运骨干由中共党员梁义安、谢祝三介绍，经黄义康批准，光荣地加入了中国共产党。他们 3 人的入党宣誓仪式就在太平田村陈文雄家里举行。德庆县第一个农村党支部——中共三河支部，就设在太平田村陈文雄家。中共三河支部成立后，利用这个地方组织和领导农民继续开展"抗山捐"斗争。在斗争中，无辜农民被土豪恶霸枪杀后，黎永钦和王佐龙、何沛生首先以"德庆县第三区全体民众"的名义写了《呼吁书》和《控告书》，同时把《请看恃世擅杀、诬良凌弱之惨剧》的传单印发全县乃至西江两岸各县，把李鉴莹、张德堂一伙非法设卡、滥收山捐、擅杀农民等种种暴行劣迹公开揭露出来，赢得各方广泛同情。后来，中共三河支部还继续在这个地方进行抗日、除奸、剿匪等斗争，发挥了组织和领导作用，同时，还发展和组织了一支有 30 多人的三河农民乡团武装。该旧址现为

县级文物保护单位。

3. 鹿鸣书院——中共肇庆师范党小组驻地旧址

鹿鸣书院——中共肇庆师范党小组驻地旧址，位于德庆县播植镇镇委、镇政府大院内。1940 年初，日本侵略军步步逼近西江，肇庆沦陷。同年 5 月，肇庆师范全校师生 800 多人迁来抗战后方德庆播植鹿鸣书院继续办学，1945 年 8 月抗战胜利后迁回肇庆。前后 5 年时间里，学校党小组始终按照党的方针、政策，培养了不少抗日救亡积极分子和进步教师。在中共地下党员黄泽沧、梁日新、梁瀚薇的引导和影响下，全校师生思想活跃，积极学时事政治、

鹿鸣书院——中共肇庆师范党小组驻地旧址

学文化、学军事，创办鹿鸣书院星星文艺社，大力宣传抗日救亡运动，课余时间大唱《大刀进行曲》《松花江上》《保卫中华》等抗日歌曲，用漫画、海报等形式宣传全国抗日形势。1944 年 9 月 22 日，德庆沦陷。日军入侵播植时，野蛮地将居民蔡洋倒吊在一棵大榕树上。校长梁赞燊知道后，马上召集地下党员和当地进步人士冯翠江、梁业敬与随校军训教官何劲、马英伟等人，出面营救了蔡洋。后来，在这里就读的肇庆师范毕业生，绝大多数参加了抗日战争和解放战争。1988 年 5 月，鹿鸣书院被列为德庆县爱国主义教育基地；现为县级文物保护单位。

4. 中共西江特委机关德城旧址

中共西江特委机关德城旧址，位于德庆县德城街道胜利东路 110 号。1940 年 8 月，根据形势的需要，中共西江特委机关由肇庆迁至德庆，驻在德城中共地下党员谢道源家（胜利东路 110 号，

即原惠积街）。西江特委机
关驻德庆期间，在德城东
豪东街建立了"新记"联
络站，在德城谭泉里 45 号
和官圩金林村的一间祠堂
里举办了两期西江各县共
产党员训练班。为了加强
德庆党组织工作，西江特

中共西江特委机关德城旧址

委加派了宋兆真、潘达等人到德庆县，帮助开展抗日宣传活动。
西江特委副书记梁威林曾在谢道源家以做生意为名开展地下革命
活动。1941 年 1 月，西江特委机关在德庆的活动被国民党德庆当
局察党，特委机关紧急撤离德庆，迁往三水。西江特委机关德城
旧址对指导德庆开展革命活动发挥了积极作用。

5. 中共西江特委德城党员训练班旧址

中共西江特委德城党员训练班旧址，位于德庆县德城街道谭
泉里 45 号。1940 年 8 月，中共西江特委由肇庆迁至德庆。西江特

中共西江特委德城党员培训班旧址

委根据中共中央、广东省委关于"坚持抗战，反对投降；坚持团结，反对分裂；坚持进步，反对倒退"和"长期积蓄力量"的指示精神，为统一党员思想，坚定信心，提高党员的时事政治觉悟和党的基本知识，组织特委下辖的各工委的党员领导干部在德庆举办了两期党员训练班。每期参加培训有 10 多人。9 月初，第一期党员训练班在此开班。参加这期训练班的有李平、崔建邦等 13 人。训练班由西江特委副书记梁威林主持，特委组织部部长杨甫、委员龙世雄作辅导讲授，原西江特委委员梁嘉作总结讲话。在训练班上，重点学习毛泽东《论持久战》《中国共产党在民族战争中的地位》等著作。第二期党员训练班改在官圩镇金林村的一间祠堂进行。学员们通过学习，提高了马列主义理论素养，返回原工作单位后成为骨干，继续开展革命工作。

6. 中共西江特委德城联络站旧址

中共西江特委德城联络站旧址，位于德庆县德城街道东豪东街 43 号，温家大门楼东侧。1940 年 8 月，中共西江特委机关迁到

中共西江特委德城联络站旧址

德庆，在德城东豪东街建立"新记"联络站。由孔泉夫妇在"新记"店以经营烟果作掩护，秘密开展革命活动。联络站负责人邓英华，负责接通德庆党组织与西江特委机关的联系。西江特委领导人梁嘉、梁威林等来德庆均是先由德城"新记"联络站接头，然后与德庆党组织接上关系的。西江特委在德庆开办的两期党员训练班，都是在德城"新记"联络站研究筹备的。原在四会从事地下工作的中共党员潘达，因开展活动被敌人察觉，受敌特跟踪通缉，党组织将潘达转移到德庆时，正是通过该联络站为跳板转移的。1941 年 1 月，中共西江特委机关被国民党德庆当局察觉，联络站随即撤销，并转移至三水。

7. 清任书室——绥贺支队二团团部旧址

清任书室——绥贺支队二团团部旧址，位于德庆县凤村镇大村村。1948 年 6 月，中国人民解放军粤桂湘边纵队绥贺支队第二团主力开进凤村九龙地区建立游击根据地后，第二团领导机关即设在大村的清任书室，时间长达一年之久。绥贺支队二团在清任书室召开了多个重要军事会议，指挥过多个战斗。1948 年 7 月，绥贺支队司令员陈胜、政委叶向荣在清任书室内召开武工队长会议，研究攻打国民党双郭自卫队战事。同月下旬，在清任书室门前广场多次召开数千人群众大会。1949 年 8 月 15 日，绥贺支队二团在清任书室门前召开群众大会，对外公布"中国人民解放军粤桂湘边纵队绥贺支队第二团"番号，并宣布二团团部设在清任书室。8 月 30 日，绥贺支队二团在清任书室召开重要军事会议，研究攻打凤象乡公所。1988 年 2 月，该旧址被

清任书室——绥贺支队二团团部旧址

公布为德庆县爱国主义教育基地；现为县级文物保护单位。

8. 绥贺支队司令部黄石降旧址

绥贺支队司令部黄石降旧址，位于德庆县高良镇五星村委会黄石降村。1948 年 3 月起，黄石降村就成为中国人民解放军粤桂湘边纵队绥贺支队二团前身的军事组织——广德怀人民抗暴义勇总队德庆区队队部驻地。4 月，中共粤桂湘边区工委批准成立绥江地委，地委书记叶向荣长时间驻在黄石降，驻地支队 800 人左右。6 月，绥江地委组织党员学习和新发展一批党员，当时匡吉、林江、梁光、邵权、陈洪、李胜、祝章、叶波等人就在黄石降司令部中厅举行入党宣誓仪式。1949 年 1 月 29 日，绥贺支队在黄石降红砖大屋召开战地会议，贯彻中共中央香港分局及粤桂湘边区工委的指示与大夫田会议精神。叶向荣在会上作了重要报告。黄石降作为重要历史事件和师级重要机构驻地，从 1948 年 3 月起到 1949 年 10 月，前后共 1 年零 8 个月。1988 年 2 月，该旧址被

绥贺支队司令部黄石降旧址

列为德庆县爱国主义教育基地，2017 年 12 月被定为肇庆市爱国主义教育基地；现为县级文物保护单位。

9. 中共德庆地下党小组驻地旧址

中共德庆地下党小组驻地旧址，位于德庆县马圩镇斌山中学内。斌山中学原属文武宫，是学文习武的地方，后取文武之意而命名斌山中学。它是由社会进步人士通过做好开明士绅的思想政治工作，于 1944 年秋正式招生开办的初级中学。当时学校历任校长均由中共地下党安排进步人士或地下党员担任。1946 年 1 月，建立了斌山中学党小组，余渭泉任党小组组长。党小组在校内对学生进行思想教育，教唱革命歌曲。曾在斌山中学任教的中共地下党员有周钊、余渭泉、黎曼青、李君怡、徐儒华、林国华、岑彪等，这些党员充分利用斌山中学这一阵地进行统战工作，秘密接送情报，转移撤离党的干部，确保党组织不受破坏。解放战争时期，在斌山中学任教的老师和学习的学生就有 18 人毅然走上革

中共德庆地下党小组驻地旧址

命道路，成为中国人民解放军战士或留在敌占区从事地下革命的工作者和积极分子，他们当中就有徐儒华、周钊、余渭泉、黎曼青、梁谦、李君怡、林国华、岑彪、方琳、程天、陈晶、邵金尧、黎锦焜、潘少强、潘叶金、张志坤、张柳坤、何梓桥、梁家裕、潘汉光、何钊华等。斌山中学成为培养革命志士的"大熔炉"。1988 年 2 月，该旧址被定为德庆县爱国主义教育基地。

10. 罗阳炮楼——罗阳抗日战斗旧址

罗阳炮楼——罗阳抗日战斗旧址，位于德庆县高良镇罗阳村。

1944 年，日军为打通中国大陆交通线，实施湘桂会战第二期西进作战计划，驻守在广东的日军第二十三军二十二师团和一〇四师团以及海军第二遣华舰队，分三路沿西江水陆并进。1944 年 9 月 22 日，德庆沦陷。中共党员徐儒华当即从德城赶回高良旺埠村，召开中共党员会议，决定建立平和乡抗日自卫中队，徐儒华任总指挥，徐少雄、黎焕宝、苏文章为中队长，并发动族老捐枪，联系帮助马圩浩赠成立抗日自卫队。11 月下旬，占

罗阳炮楼——罗阳抗日战斗旧址

领德城的日军一〇四师团步兵一二六大队，纠集日、伪军 300 余人进犯罗阳村。中共德庆抗日临时领导小组组长徐儒华在平和乡动员抗日自卫中队 1000 多人分两路抗击入侵罗阳的日军。原罗阳抗日自卫队和当地民兵 30 多人占据坚固的炮楼，利用楼壁炮窗，集中火力向来犯日军扫射。日、伪军一进入罗阳村，就遭到抗日武装力量的打击。同时，浩赠抗日自卫队 100 多人赶到，投入战斗。大同村抗日自卫队也随之赶至。顿时，日军四面遇敌。经过

3 个多小时的战斗，日、伪军仓皇溃逃。此战，击毙日、伪军 10 名，缴获枪支弹药一批，有力地打击了日、伪军践踏德庆的嚣张气焰。罗阳炮楼成为西江中游人民抗击日军的标志性旧址。

11. 光裕堂——德庆"二·二八"武装起义夺取的据点旧址

位于德庆县高良镇罗阳村委会罗阳村。1948 年 2 月 28 日，在中共德庆地方组织主要负责人陈家志的领导下，在广德怀部队的支援下，德庆成功举行"二·二八"武装起义。这次起义共夺取敌人三个据点：一是智取旺埠据点；二是攻占罗阳光裕堂据点；三是巧取高良乡公所据点。在攻打罗阳光裕堂据点中，由中国人民解放军粤桂湘边纵队绥贺支队派出的挺进队军事指挥吴腾芳和分队长林安带领，星夜向罗阳地主武装据点光裕堂进发。光裕堂四周筑有大围墙，两侧有深水塘作堑，后面有两座炮楼居高临下对峙护卫，戒备森严，是个易守难攻之地。由于地形复杂，敌人防守严密，挺进队派爆破手郑容坤用炸药包炸开光裕堂围墙，在

光裕堂——德庆"二·二八"武装起义夺取的据点旧址

机枪火力的掩护下，从围墙洞冲进光裕堂内，以迅雷不及掩耳之势，占领整个据点，缴获枪支弹药一批。1988 年 2 月，该旧址被公布为德庆县爱国主义教育基地。

12. 徐儒华故居

徐儒华故居位于德庆县高良镇旺埠村。旺埠村建于明洪武年间。徐儒华父亲徐秉容在旺埠村兴建传统广府民居（三间两廊）一间，属泥砖土木结构瓦房，占地面积 120 平方米。徐儒华兄弟4 人在此出生。德庆第一个农村党支部、1929—1933 年德庆人民"抗山捐"斗争、德庆"二·二八"武装起义等重大事件都发生在徐儒华的家乡。徐儒华的爷爷、父亲辛苦建起的房屋，在中国共产党领导的"二·二八"武装起义后，被国民党放火烧毁。患难与共的亲弟弟徐金华（35岁）惨遭敌人杀害；侄子徐小弟（徐金华儿子，出生满月几天）在一次战斗中死难；65 岁的父亲

徐儒华故居

徐秉容、63 岁的母亲何三妹、24 岁的弟媳谢焕清也被敌人抓获惨遭杀害，光荣牺牲。在徐儒华故居，为革命牺牲了 5 位亲人。

13. 德庆革命烈士纪念碑

德庆革命烈士纪念碑位于德庆县德城街道香山南麓睡牛山上。德庆人民在中国共产党的领导下，在长期的革命斗争和社会主义革命和建设事业中，许多革命仁人志士为了人民的利益，抛头颅、洒热血，立下了不朽功绩。为缅怀先烈，激励后人，德庆县委、

县政府特立碑作纪念。该纪念碑于 1985 年 4 月 5 日建成揭幕，总占地面积 1349.7 平方米。碑名由原中国人民解放军粤桂湘边纵队司令员兼政委梁嘉题写。纪念碑第一平台面阔 33 米，长 34.9 米。碑前石步级阔 6 米。德庆革命烈士纪念碑于 2000 年 8 月被肇庆市精神文明建设委员会、肇庆市委宣传部公布为肇庆市爱国主义教育基地，2013 年 6 月被肇庆市委党史研究室定为肇庆市中共党史教育基地。

德庆革命烈士纪念碑

14. 德庆革命烈士纪念园

德庆革命烈士纪念园位于德庆县城香山森林公园、香山中学教学楼西侧，坐北朝南，四周绿树成荫。靠右沿梯级往上是革命烈士纪念碑，往左侧花岗岩石级走"之"字道是革命烈士纪念园，入口处刻有"德庆县零散革命烈士纪念园"字样，低于 23 度坡，分成梯级形状排列，全园共有 8 行排列，每排约有 20 个烈士墓碑。中共十八大后，进一步加大资金投入，坚持"庄严肃穆、节约简朴、注重实效"的原则建设纪念园，于 2014 年 9 月 30 日竣工，总占地面积2.3 公顷。纪念园建成后，县民政部门便为从新民主主义革命至解放战争时期和中华人民共和国成立后在抗美援朝及对越自卫还击战中牺牲的 219 名烈士分别刻名立碑纪念。纪念园全部用优质大理石镶砌，每墓刻上烈士芳名及简要事迹。德庆革命烈士纪念园已被列为德庆县中小学生爱国主义、革命传统教育基地。

德庆革命烈士纪念园

15. 德庆"二·二八"武装起义纪念亭

德庆"二·二八"武装起义纪念亭位于德庆县德城街道香山公园环山公路路边山腰处。1948 年 2 月 28 日，中共德庆地方组织在中国人民解放军粤桂湘边纵队的援助下，成功发动武装起义，一举攻下旺埠、高良、罗阳 3 个地方的国民党据点，开仓济贫。武装起义震撼西江流域。随后，起义部队编入中国人民解放军粤桂湘边纵队绥贺支队第二团。全体将士浴血奋战，粉碎国民党多次军事"围剿",巩固和发展以高良三河为中心的游击根据地,创建三河乡人民民主政权。开辟九龙、悦河、官马等游击新区;与粤中兄弟部队携手合作,把西江中游北岸与桂东、湘南连成一大片游击回旋地域,成为粤桂湘边游击战区的重要一翼,为后来配合南下大军解放粤西作出重大贡献。"二·二八"武装起义是德庆人民解放事业走向胜利的标志性历史事件。为纪念"二·二八"武装起义,中共德庆县委、县政府兴建了这座纪念亭。该纪念亭于 1997 年 10 月动工,1998 年 2 月 28 日竣工并举行揭幕仪式。2007 年 12 月,德庆"二·二八"武装起义纪念亭分别被肇庆市精神文明建设委员会、肇庆市委宣传部定为肇庆市爱国主义教育基地。

德庆"二·二八"武装起义纪念亭

附录三 主要革命人物和革命烈士

从 1919 年五四运动到 1949 年中华人民共和国成立，德庆在俄国十月革命影响下，在中国共产党领导下，涌现出一批革命志士。他们受党派遣，长期潜伏，隐姓埋名，忍辱负重，经受着极其艰辛的磨炼。在长期的革命斗争中，他们舍生忘死，浴血奋战。面对凶残的敌人，他们宁死不屈，视死如归。他们不愧是中国共产党人的优秀党员，德庆革命事业的英雄人物。下面谨对刘田夫、梁威林、梁嘉等 21 位主要革命人物和革命烈士予以介绍。

1. 刘田夫

刘田夫（1908—2002），男，四川广安人。1934 年参加共青团，任团支部书记、团区委书记兼宣传部部长。抗日战争时期由团转党。1940 年任第四战区中共特别支部书记。在担任中共西江特委书记期间，先后三次奔赴德庆开展党的工作。1940 年 9 月，西江特委机关设在德城惠积街谢道源家，刘田夫多次与谢道源进行密谈，共商德庆救亡大事，领导德庆人民开展生产自救，指示特委副书记梁威林与三河支部书记黎永钦研究山区抗日救亡工作。与此同时，刘田夫还在德庆两期党员训练班上讲授马克思列宁主义理论和党的知识。刘田夫为德庆抗日斗争付出了艰辛汗水。

2．梁威林

梁威林（1911—2008），男，广西博白人，大学学历。1935 年参加革命，1936 年加入中国共产党。梁威林任中共西江特委委员、副书记期间，曾多次冒险深入德庆开展革命活动。1940 年9 月，西江特委机关在德庆开展革命斗争期间，

他与谢道源秘密谈论德庆如何发展壮大农民武装，学习毛泽东农村包围城市的理论主张，亲自深入广大农村，到高良旺埠太平田村，与中共三河支部书记黎永钦调研山区人民生活状况，指示德庆县工委要在高良都杰村召开工委扩大会议，传达西江特委的指示精神，按照特委指示，帮助德庆人民实行生产自救，切实解决人民的生活困难。同年 10 月，梁威林利用德庆有利条件，先后主持举办了两期西江各县共产党员训练班并亲自讲课。他的讲课唤醒了人民，引起西江各县党员的共鸣。党员受训后，对马克思列宁主义理论和党建理论水平有了进一步提高。他们回到各自的革命岗位上，分别作出了积极贡献。

3．梁嘉

梁嘉（1912—2009），男，广东开平人，中山大学毕业。1932 年从事革命活动，1935 年参加由中共领导的中国青年同盟，1936 年加入中国共产党。抗日战争时期，梁嘉任中共西江特委组织部部长时，曾多次来德庆开展地下工作，指导德

庆开展抗战工作，举办了两期党员训练班。在训练班上，他号召德庆的全体党员要时刻保持严肃认真的姿态做好党的地下工作，要用毛泽东在广州农讲所的讲话武装头脑，同敌人进行有效斗争，坚决把日本侵略军赶出中国。另外，在西江特委机关迁来德城这段时间，他经常利用晚上时间秘密走访群众，宣传革命，用毛泽

东农村包围城市的理论主张武装抗战骨干和广大士兵。解放战争时期，梁嘉转战于粤桂湘边区。根据广东区党委指示，分别在绥江下游和四雍、大夫田等地召开多次重要军事会议，其中在"四月会议"上认真传达贯彻中共中央香港分局"二月会议"精神，结合边区实际，向西向北发展，冲出老区。在军事战略上重新进行划分和调整；在军事编制上成立两个支队一个独立团；在部队人力安排上，抽调主力从三个不同的战略方向冲出老区。梁嘉还提出"扬帆五岭，饮马西江"和"坚持老区，发展新区"战略部署，挺进粤桂湘边区，组织德庆"二·二八"武装起义，开展反"清剿"，拓展东西两翼。梁嘉为德庆抗日和解放事业作出了重要贡献。

4. 匡吉

匡吉（1928—2020），男，曾用名周智明、周匡吉，广西东兰人，香港达德学院毕业。1947年12月参加中国人民解放军，历任战士、文化教员、连长。新中国成立后，历任德庆县一区区长、区委书记，三区区委书记，县公安局局长。1948年7月，匡吉随绥贺支队以高良三河为根据地，向凤村九龙、西江边区拓展新游击区。10月，匡吉、李昌、徐镜泉等若干个武工队，在绥贺支队二团政委陈大良率领下，深入马圩浩赠、河口开展活动。12月7日，国民党德庆县县长华文治召开国民党党部会议，制订围攻游击区作战方案。12月14日，国民党广东第三"清剿"区司令部电令德庆自卫总队队长刘富南对高良三河进行"清剿"。华文治、刘富南的行动计划被共产党员谢道源获悉，及时秘密报知匡吉，匡吉即刻派人报告绥贺支队二团总部。总部立即召开干部会议，商讨对策，决定留下武工队在三河坚持斗争，大部队跳出包围圈，伺机消灭敌人。由于匡吉和部队提前获知情报，做好准备，很快粉碎了敌人的军事"围剿"。1949 年初，绥贺支队在马圩河口的青榕村创建了西江税站，匡吉任站长。国民党广东当局对西江税站大为震惊，调集重兵"围剿"税站。国民党德庆县县长严博球大肆搜捕税站人员，并放火焚烧大河村。匡吉带领税站人员和民兵扑灭大火，帮助群众修建被烧房屋。新中国成立后，匡吉直接参与了德庆的社会主义革命各项建设工作，为德庆的社会主义建设事业作出了积极贡献。

5. 林江

林江（1928—2012），男，广东新会人，大专学历。1947 年11 月参加革命，1948 年6 月加入中国共产党。历任中国人民解放军粤桂湘边纵队绥贺支队政治服务员、副指导员、指导员，德庆县一区区长，中共德庆县共青团委书记，中共德庆县委委员、宣传部部长。1948 年3—8 月间，林江首先是随叶向荣、陈胜从六龙坑转战高良三河三坑村，在南源、旺埠、龙村、替马等村开展频繁武装宣传活动。接着亲自参加叶向荣、陈胜总队主力与粤桂两省两专署 11 个县拼凑的国民党军和各地地主武装数千人的六龙坑激烈作战。数千敌人从三路向六龙坑四面包抄过来。面对敌我悬殊，总队为保存力量，决定向广宁森鹰洞转移，然后利用这一带的坡地与敌人周旋，直奔德庆。战斗中，植启芬所部被打垮，广宁、怀南两个区队被冲散，广宁区队转移到四雍，怀南区队与敌人周旋了 48 昼夜，最后剩下他和其他两位战士。林江脱险后于1948 年8 月10 日乔装到了香港，找到地下党组织，重新回到德庆参加社会主义革命和建设。

6. 叶向荣

叶向荣（1916—2009），男，广东中山人。1936 年 10 月参加革命，同月加入中国共产党。1948 年 2 月 25 日，叶向荣和吴腾芳等率领部队主力挺进德庆，支援德庆人民武装起义。同时与德庆

地下党组织一起发动"二·二八"武装起义，捣毁了国民党旺埠、罗阳、高良3个反动据点。4月下旬，叶向荣与陈胜率广德怀人民抗暴义勇总队主力及德庆区队200余人从怀集诗洞六龙坑转回高良三河，并在旺埠各地开展武装宣传活动。他亲自组织民兵，动员农民青年参军。6月，国民党集中桂东粤西11个县的兵力共1700多人分三路"围剿"绥贺支队各团。绥贺支队二团的部分后勤人员及家属被困在广宁古兴坑山上七天七夜。1949年1月，指派匡吉前往青榕建立西江税站控制南北两岸重要交通要道。1949年9月，叶向荣会同陈胜率部发起凤村战斗，活捉国民党三乡联防主任罗剑波及部下50多人，缴获武装弹药一大批，彻底挫败国民党一八六师和严博球的军事"围剿"。

7. 林锋

林锋（1919—2013），男，广东新会人。1936年参加革命，1938年5月加入中国共产党。1948年，林锋在德庆任职期间，积极配合陈家志、叶向荣筹划德庆人民武装起义，起义时他因病不能参加战斗，病愈后即挺进德庆开展游击战争。林锋根据中共粤桂湘边区工委提出的"扬帜五岭，饮马西江"战略目标，指挥德庆的革命斗争。

8. 陈胜

陈胜（1920—2021），男，广东顺德人，初中学历。1944年参加革命，先后任珠江纵队二支队顺德大队大队长、珠江纵队西挺大队副大队长，广德怀人民抗暴义勇总队副总队长，中国人

民解放军粤桂湘边纵队绥贺支队司令员兼二团团长。解放战争时期，陈胜任绥贺支队司令员期间，特别是战斗在德庆期间，他有勇有谋，善于掌握和分析敌、我、友三者情况。陈胜谙熟"知己知彼，百战百胜"的兵法。凡到每一处，他首先察看地形，经常亲自出马。1949年4月，中共粤桂湘边区工委书记梁嘉指示绥贺支队要尽快派员过西江南岸与粤中部队联系，共同商定联合控制西江中游的军事行动方案。绥江地委接到命令后，决定派支队司令员陈胜过江。陈胜接到命令后，二话没说，马上从高良黄石降司令部出发，一路上走山绕道到达马圩河口青榕村，与西江护航大队大队长刘伟生（即匡吉）会面，后由匡吉安排船只与船工，送陈胜到西江南岸。当船划到江中心时，突然被敌人发现并猛烈开枪扫射。幸好船工全力划船，陈胜卧藏船舱才免于一难。陈胜经过南江口的响水村后，再从乡间小路沿途来到云浮，找到了粤中纵队四支队三团团长兼政委麦长龙。麦长龙则派人带陈胜又抄山路前往罗定县罗城镇，找到粤中纵队四支队司令员李镇静和政委唐章、部队领导吴桐等，双方研究制定了控制西江的战斗方案。从而实现了西江两岸军民共同协作，有力地控制西江，掌握住西江交通大动脉。陈胜渡江险象环生，充分体现了一个军事干部的机智与勇敢，体现了一个军事指挥官的淡定与担当。

9. 陈大良

陈大良（1923—2018），男，上海市人。1936年参加革命，曾任中国人民解放军粤桂湘边纵队绥贺支队二团副政委、政委，新中国成立后首任中共德庆县委书记。1948年8月，绥贺支队二团政委陈大良率领匡吉、李昌、徐镜泉、徐宝莲、林今灵、黄世旭、赵俭生武工队挺进河口、官圩、诰赠、马圩、金林、江村、九市及西江南岸等地展开游击活动，并以凤村古杏粹祥陈公祠为秘密联络站。凤村解放前夕，陈大良曾多次带着小分队秘密进入古杏村，每次都住在粹祥陈公祠，他还动员古杏村青年陈广生、陈锡彬、陈榕彬等人为联络员。陈大良利用粹祥陈公祠距离国民党凤村乡公所较近为前沿阵地，经常化装成当地村民到凤村圩赶集，深入凤村乡公所了解敌情，掌握情况。这为后来消灭凤村乡公所敌人打下了坚实基础。同时，陈大良还在凤村农联象牙湖、狮子岗一带建立了前沿阵地，确保西江交通线路畅通。1949年4月，陈大良率领陈镜泉、赵俭生、黄世旭、徐宝莲武工队挺进官圩、马圩平原，消灭国民党德庆县警独立第一中队，彻底摧毁国民党6个乡公所。同年11月11日，陈大良任德庆县支前委员会主任，全力进行支前工作。他组织督导队，分赴各乡组织后勤队，协助部队运输、架桥、修路等；调动民工300多人，工作人员100多人，调运军粮250万斤支援解放海南岛战役。新中国成立后，陈大良任中共德庆县委书记期间，着力抓好支前工作和接管旧政府、建立新政权和党的建设等工作，积极开展清匪反霸、肃反和土地改革运动。

10. 刘超明

刘超明（生卒年不详），男，广东博罗人。1937年参加革命，1938年加入中国共产党。1948年3月，任广德怀人民抗暴义勇总队德庆区队副队长兼直属中队队长；同年4月，任中国人民解放军粤桂湘边纵队绥贺支队二团副团长，6—10月任二团团长。在德庆的革命斗争中，刘超明在指挥德庆人民抗暴、反"三征"、"二·二八"武装起义、建立和巩固革命根据地过程中，积极默契配合叶向荣、林锋、徐儒华、陈胜、陈家志所负责党的组织工作和武装起义工作，一边深入群众、发动群众、组织群众，一边整合部队资源。为了有效提高部队指战员的政治思想觉悟和军事素质，他亲自为部队指战员上政治课、军事理论课、军事演练集训课等。1948 年 3 月下旬，刘超明根据中共中央香港分局及西江特委的指示，在高良三河地区创建三河游击区。他两次带兵攻打凤村大村乡公所敌人。一次是 1948 年 12 月 21 日晚上，刘超明带兵夜袭了盘踞在凤村大村清任书室的敌人。另一次是 1949 年 9 月 1 日晚上，刘超明率领驻扎在凤村农联垌坑坪的绥贺支队二团 170 多人的队伍，夜袭了凤村圩国民党三乡联防自卫队，当即活捉了联防主任罗剑波及其部下 50 多人，缴获机枪 3 挺，长、短枪 40 支。为打通三河游击区到西江边的通道，遵照绥贺支队党组织指示精神，刘超明率 100 多人于 1948 年 9 月 17 日袭击了象牙山的地主武装，击毙了反动保长邱仕攀及其子，拔掉了安插在象牙山脉的"钉子"。10 月间，刘超明又率队 70 多人沿象牙山脉挺进西江两岸，协助武工队在河口、青榕一带的西江河岸打开斗争局面。刘超明率队所到之处，深入发动群众，组织民兵，开展反"三征"斗争，严厉打击顽固的匪首，争取愿意改邪归正的匪众加入武工队。同时还平定了这一带的匪患活动，在马圩河口的青榕村创建了西江税站。税站建立后，刘超明决心拔掉云浮六都警察所和云城锡矿公司这两颗"钉子"。1949 年 6 月初的一个晚上，他率领小分队和护航大队精干人马秘密横渡西江，越过云浮县扶卓村，经黄湾站西江边而上，直奔六都圩，到了六都圩后马上兵分两路，一路包围云城锡矿公司，一路袭击警察所，大获全胜。这场战斗，部队在刘超明的统领下，全歼敌警察所所长及警员 20 余人，缴枪 10 余支。刘超明这次率兵夜袭六都驻敌，有效地震慑了敌人，奏响了西江中游两岸游击队联合控制西江水运胜利的序曲，为德庆的解放事业作出了重要贡献。

11. 黄万吉

黄万吉（1918—1991），男，又名黄中，广西北海人。1936 年 11 月参加革命，同月加入中国共产党。1939 年 10 月，任中共德庆县工委书记。此期间，尤其是在指导成立中共德庆县工作委员会的艰巨工作中他倾注了极大心血。为加强德庆党组织的领导，1939年10月，中共西江特委把新兴县工委副书记黄万吉调往德庆筹备成立中共德庆县工作委员会，黄万吉到德庆后首先与徐儒华秘密接头联系，了解德庆的革命斗争情况。双方交换意见并统一思想后，接着前往德城城郊的大桥村（春牛亭村）秘密与城东党支部取得联系。黄万吉当时就住在中共党员林国华家中，林国华当时的公开身份是保长，以保长身份掩护黄万吉开展工作。在林国华的掩护下，黄万吉很快与德城的党员取得联系，并约见了全部党员，与党员进行交心。之后黄万吉又在徐儒华的协助下，来到官圩、马圩、高良一带与那里的党组织和部分党员见面联系碰头，逐一宣传党的政治纲领，灌输说明成立工作委员会的重要性，为日后顺利成立德庆县工作委员会打下了基础。同年11月，中共西江特委又先后调派王顺之、崔建邦、白萍、李瑞云等同志到德庆协助黄万吉工作，一切工作进展顺利，终于在12月正式成立中共德庆县工作委员会，黄万吉任书记。1940年夏，国民党反共逆流在西江一带却大肆逮捕共产党员和农民骨干，黄万吉在马圩小学的革命活动被暴露，遭到国民党德庆县政府的便衣密探跟踪。为保护黄万吉，上级于1940年12月把黄万吉调离德庆。

12. 陈家志

陈家志（1915—2004），男，广东东莞人，初中学历。1938年参加革命，同年加入中国共产党。陈家志任中共德庆地下党负责人期间，工作埋头苦干，刚一踏进德庆，就与谢道源取得联系，指示谢道源秘密通知高良的黎永钦来德庆接头，并由黎永钦带他到高良以"双华烟铺"老板身份隐蔽下来领导德庆地下党的工作。陈家志还以此身份出入高良三河山区，了解情况，布置任务，精心制订武装起义具体作战方案。为了加强党对农民武装起义的领导，陈家志迅速恢复德庆地下党组织活动，重建高良农村支部，传达学习上级党组织指示和要求，明确当前武装斗争新任务，要求全体党员迅速行动起来，投入武装起义准备工作。

为筹划"二·二八"武装起义，陈家志辗转南北，不顾个人安危，一心筹划好德庆人民的武装起义，为德庆人民武装起义创造组织条件和物质枪械条件，更重要的是提高起义队伍的政治思想觉悟。1947年2月，陈家志到郁南都城向谭丕桓详细汇报了德庆的情况后，根据西江地方党组织提出的"集中力量，拟在挺进据点和交通线上发动群众，组织武装起义，配合挺进部队"的发展方针，结合德庆实际制订出德庆举行武装起义的计划。陈家志利用梁嘉拨给的1000元港币，以经营烟叶、烟丝，兼营钨矿、山货等为掩护，一边深入高良，一边往马圩、永丰、凤村等山区乡村进行宣传发动工作，不断完善武装起义计划。"二·二八"武装起义胜利，与陈家志艰辛付出息息相关。

13. 徐儒华

徐儒华（1910—1969），男，德庆县高良旺埠村人，大学学历。1938年5月加入中国共产党。新中国成立前历任德庆县斌山中学校长，中共德庆县支部书记，德庆平和乡抗日政府乡长、平和乡抗日自卫中队总指挥，中共德庆地下党小组组长，广德怀人民抗暴义勇总队副总队长兼德庆区队队长，中国人民解放军粤桂湘边纵队绥贺支队二团政治处主任。新中国成立后历任德庆县治安委员会主任，德庆县人民政府首任县长。1937年抗日战争爆发，徐儒华投身抗日救亡运动。他到广州找到当年中山大学校友、时任中共广东省委青年委员会委员的梁嘉。

1938 年 5 月，徐儒华在广州由梁嘉介绍加入中国共产党。同年 8 月，徐儒华受党组织派遣，回到德庆，首先找到中共三河支部，然后与在德城的共产党员接上了关系。经过一番酝酿，成立中共德庆县支部，徐儒华任支部书记。接着成立"青抗会、妇抗会"等抗日团体。徐儒华亲自深入偏僻山区悦城军冈、永增沙尾一带发动群众，开展抗日救国宣传活动。1944 年 9 月，徐儒华从县城赶回家乡旺埠村，召开中共三河支部紧急会议，决定改组平和乡公所，成立平和乡抗日政府，徐儒华任乡长，同时成立抗日自卫中队。1945 年底，徐儒华不顾个人安危，只身上山找到匪首左养，规劝其悬崖勒马，改邪归正。但左养听不进忠言，徐儒华劝说土匪不成，即调动农民武装进行围剿，在南瓜坑捉拿了土匪徐桂生、徐扬生，并依法处决。此外，他还利用土匪互相争夺地盘的矛盾打击匪徒。匪首左养为争夺地域而杀死陆运和，趁他们互相残杀之际，徐儒华派徐少雄带领一小分队迅速围剿姚岳妹这股土匪和左养这股土匪。1945 年秋，国民党德庆县县长覃维政以县政府名义，招聘徐儒华到县政府任职，并通知其将抗日自卫中队改编入县武装队伍。徐儒华看穿了覃维政的调虎离山计，不听其调动，将抗日自卫中队化整为零，枪支弹药分散掌管。他带领部分武装骨干转移到黄岗大山，重组武装力量。国民党德庆县政府见状下令通缉徐儒华，还出花红一万斤谷悬赏。面对通缉，徐儒华无所畏惧。1946 年 12 月，徐儒华与上级派来的中共党员陈家志一起积极筹划德庆武装起义。起义后，他一家又随起义部队转移到怀集六龙坑，开展新的战斗。在战斗中，他一家为革命牺牲了 5 位亲人。

14. 谭丕桓

谭丕桓（1912—1997），男，广西玉林人，大学学历。历任中共西江特委秘书、西江地委共青团委员兼德庆县特派员。1942

年 6 月、7 月间，谭丕桓面对中共粤北省委遭受破坏的不利形势，遵照西江特委指示，前往德庆做好安置外地党员工作，协助德庆工委接收党员工作。在工作中，谭丕桓一丝不苟，秘密严谨，始终与中共三河支部保持秘密联系，尤其积极指导徐儒华、谢道源地下党组织活动的转移、隐蔽

工作。在安置和接收外来党员中，谭丕桓始终贯彻上级指示精神，严格进行"勤职、勤学、勤交友"的"三勤"活动，认真履行"隐蔽精干、长期埋伏、积蓄力量、以待时机"十六字方针。1944 年 9 月，谭丕桓任广宁县委宣传部部长（后任三罗特派员）时，又一次奉命来到德庆以樵云中学教师身份为掩护，指导德庆的党组织活动，一边教学，一边秘密地进行革命活动。通过到群众中去宣传革命道理，争取进步人士入党，同时组织大家学习马克思列宁主义和毛泽东著作，读报纸讲时事，讲党的方针政策。

15.　高誉雄

高誉雄（1897—1927），男，广宁县新楼区白沙坑人。1925 年加入中国共产党，首任中共德庆县支部书记。1926 年 5 月，中共西江地方执委派共产党员高誉雄到德庆组建党支部。高誉雄遵照上级指示，把建党工作重点放在乡村农民协会上，重点在农民运动中发展党员，以加强党对农村的领导。高誉雄在此期间，深入高良，物色了一大批先进分子，逐步培养其成为建党对象。经过一段时间的培养和考察，高誉雄决定发展德庆县第一批中共党员。1926 年 6 月，德庆农会骨干谢祝三、梁义安、孔炎亭、刘翰平成为共产党员，始建了中共德庆县支部。1926 年 11 月，在高誉雄的指导下，德庆农村掀起了一场迅猛异常的革命风暴，其攻击目标是土豪劣绅、贪官污吏，触及种种封建势力和制度。这个攻击深刻地触及地主政权、地主集团的切身利益，农民协会初步

成为乡村权力机关，做到"一切权利归农会"。至 1927 年 3 月底统计，全县正式成立区级农会 3 个，乡级（村或联村）农会 60 个。受 1927 年四一二反革命政变事变影响，德庆县农民运动惨遭厄运。1927 年 4 月 19 日清晨，高良地主恶霸李璋莹、李镜秋、李英伟，都洪地主郭惠慈、邓式如、郭赟初和旺埠张丽荣等反动民团与广东守备军第三营，奉命猖狂进攻高良区农会。高良农军奋起抵抗。但因事出仓促，实力悬殊，高良区农会被反动势力攻陷，一天之内，高良地区被反动民团捕杀了农会骨干和农军队员达 31 人，死伤惨重。整个高良山区顿时乌云密布，农会会员深受其苦、饱受其害。同日下午 3 时，德庆反动民团头目梁砺果和高良旺埠反动地主张德堂带领爪牙，勾结莫村大地主刘子庄、董贡初等围攻莫村区农会，抓走了正在那里秘密工作的高誉雄、莫村区农会负责人刘翰平等一批农会骨干。高誉雄在狱中受尽酷刑拷打，但始终坚贞不屈，9 月 1 日在肇庆城郊北校场英勇就义，牺牲时年仅 30 岁。

16．谢道源

谢道源（1906—1982），男，德庆县德城镇人。1930 年夏，念完高中后即往澳门天主教会主办的圣约瑟神学院读书，其间开始秘密接触马克思列宁主义书刊，向往革命。1935 年秋，因阅读进步书刊而被学校开除。之后进入岭南画派大师
高剑父的春睡画院学画，一年后，返回西江从事教育工作。1940 年 10 月，谢道源赴罗定泗沦金陵中学任教，任教时经徐儒华介绍、李文麟（李超）批准，加入中国共产党。1944 年 1 月，谢道源受党派遣，返回德庆担任樵云中学校长。他利用校长职权安排徐儒华、梁彤辉、李育才等几位党员来校任教，使该校成为共产党活动的秘密据点。抗日战争胜利后，谢道源建议把党组织的特委联络站设在当时任国民党德庆县党部书记长（其岳父）家中，以减少政府特工人员怀疑，从而确保安全接待西江特委领导的顺利进出。1946年，谢道源受党指派，被选为德庆县参议会参议员，打入地方豪绅势力严博球派系内部，从中了解、收集和掌握顽固派军事情报。1948年2月28日，德庆武装起义胜利后，国民党政府对革命根据地实行"大围剿"。谢道源不顾个人安危，把联络站设在家里，自己亲自担任情报员，及时将情报转送到高良三河根据地。同年12月7日，他得知国明党德庆县县长华文治组织640多人的队伍计划于21日"扫荡"根据地的消息后，及时将情报转知绥贺支队总部，从而粉碎了华文治的"扫荡"阴谋。1949年夏，国民党一八六师和地方民团拟订几次"围剿"根据地计划，谢道源都及时精准将情报送出，从而一次又一次地粉碎了敌人阴谋，保护了根据地。

17. 谢五昌

谢五昌（1877—1927），男，德庆县高良大寨村人。祖父是读书人，做过小官，到其父亲时就已一贫如洗，以务农为主。其年少时读了几年私塾，稍有文化，对人剥削人的不平等现象极为不满。1925年9月，谢五昌受省农会特派员林焕文、郭剑华帮助教育和国民革命思想影响，革命情绪高涨。1925年9月至1926年7月，大寨乡农会和第三区农会次第成立，他先后当选为该乡、区农会主席。1926年6月19日，他组织第三区各乡农会会员、群众和农军以及莫村、马圩等区、乡农会干部2000多人，把为首抗拒"二五"减租的罗阳村地主豪绅李璋莹、李镜秋及其所在地包围了一昼夜，迫使他们屈服，同意当年租谷按常年额租八折后再实行"二五"减租。此行动较好地促进了全县农民运动发展。1927年3月15日，德庆县农民协会筹备会成立，谢五昌当选为筹备委员。4月19日，县政府组织武装大规模镇压农民运动，谢五昌被捕。他在狱中受尽严刑毒打，审讯逼供，甚至灌屎灌尿，但始终英勇不屈。审问者拿他没有办法，只好用大铁线捆住他的双手押往肇庆。在肇庆狱中，他同样遭到各种严刑拷问，但仍然坚贞不屈。1927 年 9 月 1 日，谢五昌被押往肇庆城郊杀害，牺牲时年仅 50 岁。

18．江少洪

江少洪（1890—1928），男，原名江应端，德庆县马圩江巷村人。出生于一个普通农民家庭，小时候曾在其叔父开设的私塾读过几年书，聪明敏锐，接受能力好，斗争性强。步入青年后，目睹当时社会黑暗地主恶霸勾结官府狼狈为奸，横行霸道，敲诈勒索，鱼肉乡民，其深恶痛绝，遂萌发要改变这个不合理社会的意念。1925 年 11 月，江少洪到肇庆西江宣传养成所学习。学习期间，开始接触进步思想和理论。1926 年春，江少洪学成回家乡，于德庆县政治宣传员办事处工作。之后更经常与省农会派来指导农民运动的林焕文、郭剑华以及省农会西江办事处主任周其鉴、特派员高誉雄等深入高良、马圩、莫村等地，宣传发动农民组织农会。在江少洪等人的组织发动下，高良大寨、平治等乡农会率先成立。之后马圩、荣村、大宅等 9 个乡农会和第二区农会也相继于 1926 年 5 月和 1927 年 3 月成立，江少洪被推选为第二区农会主席。1927 年 4 月 2 日，第二区各乡农会会员代表大会召开，会上江少洪邀请广州粤剧名班"汉裕芳"剧团来马圩演戏助兴，大长农民威风，马圩农民运动迅速兴起。同年 4 月 19 日下午，县长黄秉勋密令马圩地主豪绅潘逊霞、徐桂攀等民团包围马圩农会，捣毁了马圩各区、乡农会，并逮捕了江少洪等农会骨干。1927 年 6 月，江少洪被押到肇庆，1927 年 9 月 1 日在肇庆被杀害，牺牲时年仅 38 岁。

19．刘翰平

刘翰平（1905—1927），男，德庆县莫村平岗人。少年刚毅好学，与人相处和谐，深得乡人称赞，读私塾 9 年免收学费，学成（16 岁）应聘平岗乡学堂先生。刘翰平是广州农民运动讲习所第四期学员，属德庆首个接受马克思主义教育先驱。他与刘文灿一起创办莫村"悦秀文社"。1925 年秋，刘翰平在省农会特派员林焕文、郭剑华、聂秋荣的宣传感染下，开始接触革命理论，如饥似渴学习中共广东省委机关刊物《人民周报》、省农会机关刊物《犁头旬报》，立志投身农民运动。在省农会西江办事处特派员高誉雄的物识培养考察后，刘翰平于 1926 年 6 月加入中国共产党，成为德庆首批中共党员之一。1927 年上海"四一二"和广州"四一五"政变后，4 月 19 日，国明党德庆县县长黄秉勖实行"清党"镇压农民运动，当天下午 3 时，高良旺埠民团头子张德堂与莫村民团头子刘子庄、董贡初勾结配合，包围莫村区农会，刘翰平、高誉雄等农会领导人被捕。刘翰平先是被拘押到旺埠临时"清党"乡指挥所，之后被押解肇庆，在囚禁长达 4 个月的时间里，敌人用尽各种酷刑迫害，但他始终横眉冷对，一声不吭，大义凛然。敌人在刘翰平那里一无所获，于 1927 年 11 月 1 日将其押赴肇庆北校场杀害，牺牲时年仅 22 岁。

20．陈伯娣

陈伯娣（1921—1948），女，德庆县高良菱角塘村人。家庭贫困，幼年尝尽封建剥削制度的痛苦。1945 年嫁到替马村冯家，丈夫秘密参加了共产党领导的革命活动，家公是土地革命时期的乡农会骨干分子，抗日战争时期从事过共产党秘密联络通讯工作。陈伯娣在丈夫、家公的革命思想熏陶下，经常与丈夫一道到附近一带村庄宣传发动群众，宣传抗日救亡道理。不久，她家便成了共产党秘密联系群众、联系党组织人员的革命据点，而她是这个据点站岗放哨的负责人。1948 年 2 月 28 日，高良武装起义胜利后，陈伯娣毅然参加了抗暴义勇队，并被党组织委派充当内线联络通讯员。从事通讯工作既要胆大，又要小心谨慎，同时还要善于思考，发挥自己的聪明智慧，巧妙应对敌人的盘查和恐吓。每次为共产党传送情报，她都能顺利完成任务，被部队战士称为"铁姑娘"。1948 年 12 月的一天，在执行一次传递任务途中，陈伯娣不幸被敌人逮捕，押到高良大同村。敌人用尽各种残忍手段对她进行严刑拷打，一会儿用皮鞭抽打，一会儿又用烧红的铁板烙，把她折磨得皮开肉绽，但她始终坚贞不屈，敌人最终不能从她口中获取抗暴义勇队的信息情报。敌人恼羞成怒，于 1948 年 12 月 27 日捆绑陈伯娣游乡示众，之后在大同村金龙庙将她残酷杀害，牺牲时年仅 27 岁。

21. 徐金华

徐金华（1913—1948），男，德庆县高良旺埠村人。徐金华是徐儒华的亲弟弟，因受兄长徐儒华革命进步思想影响，1948 年 2 月 28 日，参加了德庆"二·二八"武装起义。武装起义胜利后，徐金华随即参加抗暴义勇队，成为一名英勇战士，跟随部队多次转战怀集六龙坑一带，后调任抗暴义勇中队总务。1948 年 6 月 1 日开始，国民党军队对怀南地区的革命武装进行"大围剿"，并派兵包围了整个怀南地区。8 月 13 日，徐金华所在的部队以及随军家属 50 余人，在突围中因带路人牺牲，部队迷失了方向，被围困在广宁古婴坑的山顶上。山顶上缺水缺粮，在这种恶劣险要的环境下，徐金华与中队首长、战友仍坚持战斗。为了不暴露部队目标，使战友安全隐蔽在山上，他和妻子忍着悲痛亲手将"出生满月几天"的儿子活活扼死，避免孩子哭声而暴露部队。忍痛扼死孩子后，徐金华低声流着泪鼓励妻子说："就算死在这里，也不向敌人投降，宁做断头鬼，不做俘虏兵。"9 月 1 日，在一次突围战斗中，徐金华不幸被捕，当即被敌人押到广宁县南街一所监狱审讯。初时，敌人审讯徐金华，他没把真名报上，只说自己是挑行李的担夫，但后来被旺埠村大地主张彬荣认出，并告诉敌人，此人正是徐儒华之弟徐金华。敌人知道后，对他严刑拷打，威逼他供出部队的去向情况，他始终一言不发，没吐露出半个字。敌人对他无可奈何，便于 1948 年 12 月 22 日把他押到广宁南街郊外杀害，牺牲时年仅 35 岁。

附录四 **历史文献资料**

2003年6月，中共肇庆市委党史研究室编，四会市新华印刷厂印刷的肇庆党史资料汇编第三辑《西江地区大革命时期史料选编》（二）第138－141页的复制件

中共三罗特派员关于德庆等县的报告

——各县概况及工作中的优缺点

（1947年11月18日）

2003年12月，中共肇庆市委党史研究室编，肇庆市科建印刷有限公司印刷的《粤桂湘边区革命斗争史料选编》（第一册）第72-74页的复制件

2003年12月，中共肇庆市委党史研究室编，肇庆市科建印刷有限公司印刷的《粤桂湘边区革命斗争史料选编》（第一册）第371－375页的复制件

2003年12月，中共肇庆市委党史研究室编，肇庆市科建印刷有限公司印刷的《粤桂湘边区革命斗争史料选编》（第一册）第592－593页的复制件

颜锦得好的，所谓"因兵额尚未补足，故未能使用"（黄镇球谈话）的保警第十二、十三团分调去潮汕及惠阳应付；又调了九六旅一个团到汕尾。"三一"旅一个团到汕头，并向福建方面请了两个保警团的救兵，然而还在惊慌未定的时候，五月西江又告急了，那是以四月间德庆城山中学校长兼县参议员徐儒手起义赶了高良乡公所的械为开始（黄镇球也说）"西江北岸暴匪最初由德庆、广宁、怀集边区发现，至德庆某中学校长反案发后，声势壮大……五月七日对西江请愿代表谈话"，跟着在四月底德庆南都城镇长吴耀枢、桂川乡长龙肇琪自卫队劫给会主任委员李光汉，大队附率希文等义相继起义，都纷纷响应（见省港报），一下就号召了千余人。接连打下了桂圩、峡山、通门、迴龙、狮子崖等处乡公所，把自卫队缴械，并开放田粮仓库济贫，这些起义的所以会令统治当局大为惊骇的，因为第一、发动起义的人都是地方上的士绅（五月一日大公报说他们都是富绅，包括县参议员中学校长到乡镇长、自卫大队长及中队长等，这正如火山的爆发一样，从反动统治的内部爆发出来，成为空前一次的"绅士作反"，这是使统治当局万万料想不到的，其次这一起义一开头就与群众的利益相结合，到处开仓济贫，得到广大农民的拥护，故一开头就声势浩大，到处如摧枯拉朽的打下乡公所，扫荡伪政的自卫武装，造成了轰动一时的攻势。据中央社讯，计高良、旺垌、都城、罗旬等自卫队共被缴去轻机六挺，步枪百余支云（同报），这就使得那一向以浮报邀功的伪三区专员陈文（一面向宋子民告急求援，一面慌忙从广宁到了都城派官督"剿"，同时宋子民也慌忙调出了手下那一个"空额太多、官多于兵"（五月八日华侨报）的保第十四团到西江，并派了六艘巡河炮艇前去协"剿"，然而在这当中，从罗定县调去"剿匪"的两个自卫中队和中途又倒转了枪心，跟着起义了（五月六日星岛日报）。而且，正当上述这一连串的起义和得到统治者昏眩脑和的时候，南路人民武装突然向西江跃进，与原日活跃于中区及

广东战况综合报道（节录）

(1948年6月26日)

蓝　川

一、西江民变蜂起

东韩江告急，是三月间的事，使得宋子民慌忙把那还没有

西江南北两岸的人民武装相配合，于是声势更加浩大，造成了西江民变活跃的高潮。于是各县纷纷告急，而西江肇罗阳等十六县的官僚地主之流则组成了所谓"救乡会"向行辕及保警诉请愿（五月七日），同时宋子民也把陈文撤了职（改派莫福田去），这件事实正活画出了统治当局由上至下的惶惶恐惧与手忙脚乱的图画。

二、紧持南路，跃进西江

的痛，西江形势的骤然跃起，这仿佛和东韩江方面的民变活动遥相配合，形成对广州外围东西夹击的两钳，威胁了南京的统治中枢。本来不能令宋子文大感苦恼了。在西江对南路方面，宋子文早就使用了保警第一、二、九、十四团的兵力。并在今年二月间张骁骥奉命为粤桂南区"剿匪"总部，对广西方面的反动武力对南路人民武装进攻，甚至宋子文还派了八区专员董慰劳到越南与法越当局接洽，董焕普与法方的越北中将师团长圣松、谅山指挥官韦书化、西贡指挥官陈罗疆、芒街指挥官唐春外交专员等数度往还磋商（五月十一日国民日报），据三月十八日大公报说，"法军正沿罗江、茶岭两线推进，与兰（即土膠）团队夹击"，而且据说云，"法机不止一次地飞往游击区作侦察和轰炸"（参看正报第八十七期桂西南通讯）。这些消息说明了反动统治当局不惜出卖国家权益，丧心病狂地媚外求援以遂行其反对人民的毒辣阴谋，可是人民终会向他们作总清算的。南路民武在敌人不断的所谓"围剿""夹击"的威吓情况之下，一面以发展对付敌人的进攻，一面则保存了主力，随时找寻敌人的罅隙给敌人予歼灭性的打击，如四月八日在遂安公路上的伏击，歼灭保八保二十营一连八十余人，其中衔武过半，缴轻机二挺、枪炮炮一门（四月二十六日华侨报），即为此种战斗之一例。到了四月间，民武分向东西两路跃进，而在他们南路的根据地周围，留守部队和广大民兵的战斗，显出更为顽强和机智，使那妄想乘势突入的敌人终于在遭受严厉抗击中遇到挫败，如五月六日遂溪民武攻

余相纠土豪自卫队，俘六名，晚伤两名，缴轻机二挺，长短枪十七枝，子弹千余发（五月十九日南报），又四月底五月初县遂阳迎归乙等保警第二等破警第三区，由连长周某率领进攻城外滠红公路上受伏击，晚连长周某以下士兵十二名，俘三十名，缴轻机二挺，半机弹二枝，将报桥村土霸被围，爪牙四名歼灭外，七名被俘，民武缴轻机二挺，步枪十六枝，子弹千余发（六月明报）。

民武转战南路说明南路人民部队决心心和十六县人民团共出苦，不让宋家有喘口气的机会，因此南路活跃的主力部队的大空间，因此更加发展，但随时可以独地重出，当敌的一路军进攻西江，其中一部灵岗大井村进入信宜边境时，信宜的警察大队长游英昌率领了两个队前去"堵截"，不料受了沿途满路的大军，听得驻地出兵根本不进崗崇山，坐镇着民武大军被冲，（五月廿三大光报）又恰当阳江新县北罗界线职之日，民武进入高镇百卅里的北僨圩，委由乡公所，俘乡长范某一名，缴枪什全械，其村县内有六个镇岗岭，（五月廿一日大公报）到五月廿日民武又入阳江八大圩良某时，距离高等军却不过五里，守军明明知道了却都不敢出来。是晚民武的反围打击中大演说湖（同上），这些消息反映出了这支民军队伍的声势浩大，同样的事实还可以从此那些所谓区代表的行辕请愿时的控诉中反映出来。据估计目前西江民变有五六千人（一说六七千）。据另一估计，西江北岸羊廿"分一带的有兵力三千人，于南岸云浮新兴鹤山一带的有四千人，于罗定县一带的兵二千人以上了，合计有数万人。（五月五日华侨报）而且被组织起来的民武的民众有二万八人之多（省港各报），计这个多月来打下的乡镇公所及分发的田粮仓所，据五月大公官报以惊惶失得中泄露出来的，就有阳江之北贯圩，新兴之东城圩，鹤山之禾谷圩，台山之塞门圩，阳春之迴龙、伽禾之迴龙、狮子崖等，高明之更楼仓，鹤山之龙口之合水圩，等，新兴之高良、德庆之高良、惠积等仓，新兴之小禾仓中乡谷仓口、兰桥仓、德庆之迴龙、狮子崖等，高积等仓，鹤山之龙口合水圩，等，新兴之高良、德庆之高良、惠积等，新兴之小禾仓中乡谷仓及大南西乡谷仓……等等，至少有二十余处之多，至于缴获

枪械，则据西江"请愿代表"的供词说："初步调查已有机枪十七挺，步枪二百余杆"云（五月五日国民日报）。正如官方报纸所招供："此等'匪帮'……挟其优势'匪'力，历向我地方团队包围攻击，我方'剿匪'队伍常吃寡不敌众之亏。"（五月八日大光报）"队伍声势浩大，当地团队无法与抗。"（五月八日国民日报）而且初时有些官报却以为那是中区民武向西江发展的（如五月八日国民日报所报道），可见这支突然而来的武装队伍，简直有点象是从天而降的神兵，使反动当局一时摸不着头脑。

三、琼崖四面出击

（下略——编者）

(原载《正报》第二年45期，1948年6月26日)

2004 年 7 月，中共肇庆市委党史研究室编，肇庆市科建印刷有限公司印刷的《粤桂湘边区革命斗争史料选编》（第二册）第 304－308 页的复制件

奸匪突洗劫德庆四乡村

（1948年3月3日）

【中央社讯】二月二十八晚，突有奸匪七八十人，勾结土意约一二三百人，持有犀利武器，分头洗劫德庆县第一区高良、旺埠、都城、罗阳四乡村，且系突如其来，事前因戒备欠周，故未经抵抗，匪便得手，各乡枪械尽被掠夺，闻共失去轻机六挺，步枪盈百，并掳去罗阳村李宝林之子二人，二十九日黎明，连随打劫诰赠，幸该村是时准备集队驰援罗阳，遂与奸匪发生接触，鏖战异常激烈。

（原载《大光报》，1948年3月3日）

2004年7月，中共肇庆市委党史研究室编，肇庆市科建印刷有限公司印刷的《粤桂湘边区革命斗争史料选编》（第二册）第83页的复制件

德庆奸匪暴动所闻

（1948年3月6日）

【本报讯】德庆县原高良罗阳等地，于本年元月十八日晚十二时，忽起暴动，粮仓被搬移，枪械被缴去，并掳去当地李姓者三人，何×一人。闻此事系当地徐儒华、谢祝三二人联同广宁匪首叶向荣祸害乡里，传徐现任当地斌山中学校长，兼县参议员，故乡所不及防，第三清剿区陈兼司令闻讯后，即饬属及德庆县警队德庆团管区西江水警第一大队分头驰赴清剿。该奸匪，业为各乡击溃，已于六月廿一日四散窜入山中。

（原载《郁南南风报》，1948年3月6日）

2004年7月，中共肇庆市委党史研究室编，肇庆市科建印刷有限公司印刷的《粤桂湘边区革命斗争史料选编》（第二册）第84页的复制件

德庆县高良乡"二·二八"事变检讨

（1948年3月21日）

总国

甲、事变经过

一、主角徐儒华 此次事变，系由徐儒华主持，蓄谋颇久，徐为高良之旺埠人，曾在广州中山大学肄业，家贫出其旅费送读，因其言论过激，故族人不维持到底，而徐亦翘学返县，曾任该乡乡长，现任县参议员及马圩私立斌山中学校长，素变色，自称广州怀人民抗暴义勇队德庆区队长。

二、事变情形 完全计划，并非力取，由徐儒华勾结叶向荣匪部（一大队长童某），轻机一挺，步枪三四十支，潜到山圩村住宿一夜。28日晚八九时至旺埠，全合隆（张润荣室）及梁汉勋室、张彬索家，该家人以乡里熟人，入来闲谈，故着不提防，突被枪指吓，登楼搜掠走轻机，张、梁一家各一挺，及步枪、手枪等，旺埠得手后即分兵两路：一过罗阳李宝霖家，一落高良乡长家，至李宝霖家时，约午夜12时持枪外墙炸开，蜂涌而入，登楼缴械，李仅一子（名惟一）在家，梦

中醒，无法抵抗，即被掳去，罗阳炸弹声响后，高良即开始行动，乡长与另一副乡长李守洁，梦中被掳，后又至中兴军四门，揖去李宝霖子锦运及德民号李尚文，莫发号老板李宝周，其他杂户均未遭劫，统计被劫3处，一枪不受，而收获甚巨，各家枪支被缴去外，并掳去主要人物，其他财物，并未遭劫。29日晨即在高良闻浦，由徐儒华召集地方民众演讲，并编组社于，一方协同众搬运仓资，此事变经过之大略情形。

三、事变后县府职员从匪者

A.避龙乡征收主任郭聚芷：——高良人，事变后，请缨带枪，其父与兄则在高良协助搬运，其父并在杆乎，后被莫以查为仃留，时有县府军事科员少维词可担保此人，故在唔座接触，鼎期强枷脱胚，莫又扣留李少维。

B.金邸仓管仓员财文修，高良人，与郭同时请缨，同一原因捉扣留，亦系乡少维标孩官司担保之人，与郭同选取。

C.高良仓管理员徐佐榜，高良人，早已通匪，现从匪去。在此事前分兮仓谷5万余斤，去年徐儒华结婚时，立借仓谷一万斤，查该仓谷，因路运输困难，政府甚少提见，故管理员得为耶故为。

D.高良仓征收员何来靖：高良人，事变后则失踪，闻亦从匪。

E.高良居亭税征收员杨镇华：高良人，事变潜逃，闻亦附匪。

F.高良乡副乡长徐侨华，儒华之弟，事变时，在开门之内，已从匪去。

乙、我军进剿之面面观

一、兵力

A.我军兵力

（一）西江水警大队郁州中队及武装课捕队：

（二）独六营捕队之梁华分队：

2004 年 7 月，中共肇庆市委党史研究室编，肇庆市科建印刷有限公司印刷的《粤桂湘边区革命斗争史料选编》（第二册）第 386－391 页的复制件

1948 年,《华商报》登载德庆"二·二八"武装起义胜
利消息

1948 年,《广东省第三区清剿工作导报》第四期登载
德庆"二·二八"武装起义的情况

当时农会的收款收据存根

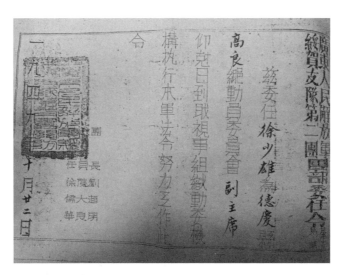

绥贺支队二团委任徐少雄为高良乡动员委员会副主席的任命书

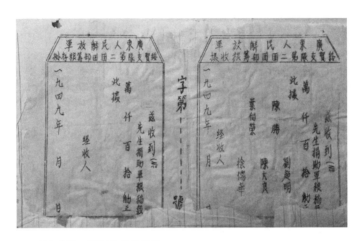

绥贺支队二团团部筹粮收据

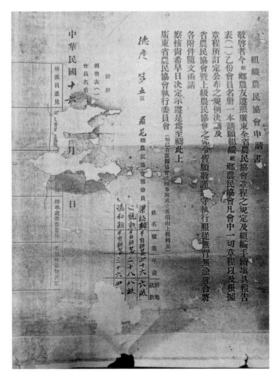

德庆县第五区农会申请书及筹备人员名单

高良三河农民骨干黎炳基、何沛生与德庆县整理筑路委员会签订的以工代税工程合约

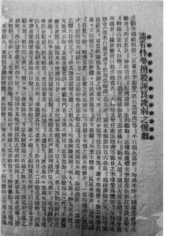

高良"抗山捐"斗争时，德庆县第三区全体农民向社会发布《请看恃势擅杀诬良凌弱之惨剧》传单

高良黎美堂、黎焕英等 33 人联名写给德庆县县长关于免征出口捐税的亲笔信

《广东第二次全省农民代表大会之经过及结果》通报，德庆有农民代表参会

51

<二> 抗税斗争历史：

请看

（二）《持势擅杀诬良凌弱之惨例》是□定县第三区人民向地主豪绅，抵抗勒捐山货出入税的呼吁书。

发生日期：民国十九年长历二月十二日（即1930年）。

地点：□友高良（即高良公元一带）

起因：第三区地主豪恶李鉴莹（黑面虎），化的爪牙张生堂（白面老虎）等，将高良三河山区人民，勒捐山货出入山税，弄得人民生活苦如黄连，在忍无可忍的情况下，山区人民份々起来反抗，开队出代表前来区公所，开展辩理，结果遭到血腥镇压，蔡连庆、蔡狗娃当场被惨捆打死，闹出了人命血案。这就是震撼西江的抗税斗争。为了争取社会广泛的同情和支持，特用铅印版印发了数千份呼吁书，公开张贴至西江一带重要村镇。

高良三河抗税斗争旁证资料

附录五 革命烈士名录

第一、二次国内革命战争时期牺牲的德庆籍革命烈士名录①

姓名	曾用名	性别	出生年月	所属镇村	政治面貌	革命情况简述	牺牲前所属单位及职务
孔炎亭	孔广勋	男	1865年6月	高良公社新江大队连宅村	中共党员	1926年入党，1927年4月在德庆县播植被杀害	德庆县高良农民协会秘书长
梁宝庭		男	1867年2月	高良公社新江大队马六湖村		1927年参加农民自卫军，同年4月19日在德庆县高良被杀害	德庆县高良农民自卫军队员
杨树庆		男	1867年4月	高良公社新江大队上泽村		1925年参加农民协会，1927年被捕，在钵湖村边被敌人杀害	德庆县高良农民自卫军队员
梁石二		男	1882年10月	高良公社江南大队社劳村		1927年2月参加农民自卫军，同年4月19日在德庆县高良被杀害	德庆县高良农民自卫军队员

———————————

① 德庆县民政局提供。

（续表）

姓名	曾用名	性别	出生年月	所属镇村	政治面貌	革命情况简述	牺牲前所属单位及职务
梁石三		男	1882年11月	高良公社江南大队社劳村		1927年参加农民自卫军，1928年在德庆县高良被杀害	德庆县高良农民自卫军队员
梁亚求		男	1886年7月	高良公社江南大队社劳村		1927年参加农民自卫军，1928年在德庆县播植被杀害	德庆县高良农民自卫军队员
梁坚		男	1874年11月	高良公社江南大队社劳村		1925年参加农民运动，1927年在高良社罗村河儿口被敌人杀害	德庆县高良农民自卫军队员
徐洪标		男	1877年10月	高良公社大寨村		1926年参加农民自卫军，1927年4月19日在德庆县高良被杀害	德庆县高良农民自卫军队员
徐蛤十		男	1883年6月	高良公社大寨村		1926年参加农民自卫军，1927年4月19日在德庆县高良牺牲	德庆县高良农民自卫军队员
谢五昌		男	1877年7月	高良公社大寨村		1926年参加农民自卫军，1926年4月19日在德庆县高良被捕后于肇庆被杀害	德庆县高良农民协会执行委员

（续表）

姓名	曾用名	性别	出生年月	所属镇村	政治面貌	革命情况简述	牺牲前所属单位及职务
何沛林		男	1884年10月	高良公社大寨村		1926年参加农民运动，1928年3月在德庆高良与敌军作战时牺牲	德庆县高良农民协会秘书
陈亚九		男	1907年11月	高良公社高良大队替字村		1926年参加农民自卫军，1927年4月19日在德庆县高良被杀害	德庆县高良农民自卫军宣传员
陆家英	亚唐	男	1897年11月	高良公社高良大队替字村		1927年参加农民自卫军，同年4月19日在德庆县高良被杀害	德庆县高良农民自卫军教员
梁宝兴		男	1881年7月	高良公社高良大队平治村		1926年参加农民自卫军，1927年4月19日在德庆县高良被杀害	德庆县高良农民自卫军队员
李程佳	亚六	男	1903年11月	高良公社罗阳村		1926年参加农民自卫军，1927年4月19日在德庆县高良被杀害	德庆县高良农民自卫军队员
李之华	李志华	男	1875年6月	高良公社罗阳村		1926年参加农民自卫军，1927年4月19日在德庆县高良被杀害	德庆县高良农民自卫军队员

（续表）

姓名	曾用名	性别	出生年月	所属镇村	政治面貌	革命情况简述	牺牲前所属单位及职务
李棣芳		男	1883 年 3 月	高良公社罗阳村		1926 年参加农民自卫军，1927 年 4 月 19 日在德庆县高良牺牲	德庆县高良农民自卫军队员
梁瑞洪		男	1878 年 6 月	高良公社云贞大队半埇村		1927 年参加农民自卫军，1928 年在肇庆被杀害	德庆县高良农民自卫军队员
陈杵章	陈荣桂	男	1877 年 10 月	高良公社云贞大队云冷口		1925 年参加农民协会，1927 年在云贞冲陂峒被敌人杀害	德庆县高良农民自卫军队员
郭金水		男	1903 年 11 月	高良公社联合大队垌表村		1927 年参加工人革命运动，1928 年 11 月在广西梧州被杀害	广西省工会委员
郭亚降	郭阿降	男	1874 年 6 月	高良公社联合大队垌表村		1925 年参加农民协会，1927 年 6 月被杀害	德庆县高良农民自卫军队员
谢伯弟		男	1879 年 9 月	高良公社永福大队旺村		1927 年参加农民自卫军，同年 11 月在德庆县高良被杀害	德庆县高良农民自卫军通信员
聂应秋	聂秋荣	男	1887 年 8 月	高良公社永福大队罗秋村		1927 年参加农民协会，同年 12 月参加广州起义，在巷战中牺牲	德庆县高良农民协会负责人

（续表）

姓名	曾用名	性别	出生年月	所属镇村	政治面貌	革命情况简述	牺牲前所属单位及职务
吴亚三	彭龙三	男	1876年11月	高良公社永福大队军屯村		1925年参加农民运动，1927年在永福马头公山被杀害	德庆县高良农民自卫军队员
徐亚桂	徐乃兴	男	1873年6月	高良公社永福大队长迳村		1925年参加农民运动，1927年被杀害	德庆县高良农民自卫军队员
姚锦香	姚永金	男	1872年8月	高良公社永福大队长迳村		1925年参加农民运动，1927年6月在永福鹤山庙村被杀害	德庆县高良农民自卫军队员
陈仕通	陈亚六	男	1877年4月	高良公社永福大队长迳村		1925年参加农民运动，1927年6月在永福山羊陂被杀害	德庆县高良农民自卫军教练员
孔宪才	孔炎才	男	1885年12月	高良公社大同大队双乌村		1927年参加农民自卫军，同年11月在德庆县高良被杀害	德庆县高良农民自卫军队员
陈培谦		男	1891年8月	高良公社大同大队双乌村		1926年参加农民自卫军，1927年在德庆县高良被杀害	德庆县高良农民协会委员
陈瑞生		男	1867年7月	高良公社大同大队钵湖村		1925年参加农民运动，1927年被捕，在钵湖村边被敌人杀害	德庆县高良农民自卫军队员

（续表）

姓名	曾用名	性别	出生年月	所属镇村	政治面貌	革命情况简述	牺牲前所属单位及职务
徐日友		男	1901年7月	高良公社大同大队钵湖村		1927年参加农民自卫军，同年11月在德庆县高良被杀害	德庆县高良农民自卫军队员
陈亚社		男	1876年8月	高良公社大同大队钵湖村		1925年参加农民协会，1927年被捕，在钵湖村边被敌人杀害	德庆县高良农民自卫军队员
徐亚五		女	1887年11月	高良公社大同大队替马村		1925年参加农民协会，1927年在大同河儿口被杀害	德庆县高良农民自卫军队员
徐应麟	徐金泉	男	1876年3月	高良公社大同大队吏目村		1925年参加农民运动，1929年在高良大同金龙庙被捕后被杀害	德庆县高良农民自卫军教练、分队长
徐福庆	徐庆南	男	1889年3月	高良公社云利大队朋村		1926年参加农民自卫军，1927年11月在德庆县高良被杀害	德庆县高良农民自卫军干事
姚祝兴		男	1901年12月	高良公社石头大队都杰村		1926年参加农民自卫军，1927年9月18日在广西南宁被杀害	广西省梧州农民运动负责人
冯灼生		男	1901年5月	马圩公社东升大队		1926年参加农民运动，1927年在德庆县马圩被杀害	德庆县高良农民自卫军队员

（续表）

姓名	曾用名	性别	出生年月	所属镇村	政治面貌	革命情况简述	牺牲前所属单位及职务
江少洪		男	1890年7月	马圩公社马圩村		1926年参加农民运动，1927年在肇庆被杀害	德庆县高良农民自卫军队员
江积生	江灼生	男	1891年3月	马圩公社马圩村		1926年参加农民运动，1927年在肇庆被杀害	德庆县高良农民自卫军队员
江泽林		男	1900年9月	马圩公社罗宏大队云屋村		1926年参加农民运动，1927年在德庆县马圩云屋什埌峒被杀害	德庆县高良农民协会委员
刘翰平	刘太保	男	1905年4月17日	莫村公社平岗大队富善堂村	中共党员	1926年入党，1927年9月在肇庆被杀害	德庆县高良农民协会主任

抗日战争时期牺牲的德庆籍革命烈士名录[①]

姓名	曾用名	性别	出生年月	所属镇村	政治面貌	革命情况简述	牺牲前所属单位及职务
伦灼诒	亚三	男	1905年10月	金林水库区崩泥大队第二队		1927年参加农民协会，1940年11月在德庆县官圩被捕后于肇庆被杀害	

---

① 德庆县民政局提供。

（续表）

姓名	曾用名	性别	出生年月	所属镇村	政治面貌	革命情况简述	牺牲前所属单位及职务
梁买		男	1916年5月	高良公社旺埠大队旺埠村		1945年2月参加抗日自卫中队，同年秋在罗阳林村垌后山战斗中牺牲	德庆县高良抗日自卫中队队员
黎帝奴		男	1903年4月	高良公社万星大队鲍洞村		1945年2月参加抗日自卫中队，同年秋在罗阳村战斗受伤后牺牲	德庆县高良抗日自卫中队队员
陆进谦		男	1898年11月	高良公社金山大队黄羌村		1945年2月参加抗日自卫中队，同年秋在罗阳林村垌后山战斗中牺牲	德庆县高良抗日自卫中队队员

解放战争时期牺牲的德庆籍革命烈士名录①

姓名	曾用名	性别	出生年月	所属镇村	政治面貌	革命情况简述	牺牲前所属单位及职务
陈福元	陈伯庆	男	1930年5月	高良公社中雄大队埌头村		1946年参加游击队，1948年8月在德庆县高良被杀害	绥贺支队通信员

———————

① 德庆县民政局提供。

（续表）

姓名	曾用名	性别	出生年月	所属镇村	政治面貌	革命情况简述	牺牲前所属单位及职务
何永贞		男	1913年12月	高良公社冲口大队冲口村		1949年1月参加游击队，同年7月被捕后于德庆县监狱牺牲	绥贺支队战士
李棣兴	李沛兴	男	1923年4月	高良公社冲口大队第一队		1948年参加游击队，1949年7月在德庆县凤村攻打乡公所战斗中牺牲	绥贺支队战士
李广平		男	1911年8月	高良公社冲口大队冲口村		1948年参加游击队，1949年5月在德庆县城被杀害	绥贺支队战士
郭棣清	亚二	男	1913年7月	高良公社冲口大队埌吉村		1948年参加游击队，1949年7月在德庆县高良被杀害	绥贺支队战士
徐伟兴		男	1912年12月	高良公社冲口大队独山村		1948年参加游击队，同年6月在德庆县高良桥头被杀害	绥贺支队通信员
冯桂荣		男	1898年10月	高良公社大同大队碴马村		1948年参加游击队，同年8月在德庆县九市被杀害	绥贺支队战士
徐金华	徐二嫦	男	1913年10月	高良公社旺埠大队		1948年参加游击队，同年8月在广宁县南街镇被杀害	绥贺支队战士

（续表）

姓名	曾用名	性别	出生年月	所属镇村	政治面貌	革命情况简述	牺牲前所属单位及职务
冯沛然	冯流养	男	1923 年 4 月	高良公社万星大队蓝地村		1948 年参加民兵组织，1949 年 3 月在德庆县大湾头放哨时被枪杀	高良旺埠乡民兵
冯流买		男	1922 年 5 月	高良公社万星大队		1948 年 4 月参加游击队，同年 5 月在高良万星对面村战斗中牺牲	绥贺支队战士
徐亚八	徐八	男	1929 年 11 月	高良公社万星大队鸡春河村		1948 年 3 月参加游击队，同年 4 月在战斗中牺牲	绥贺支队炊事员
陈国昌		男	1917 年 3 月	高良公社万星大队炭平		1948 年 5 月参加游击队，同年 7 月在高良大寨古串村被杀害	绥贺支队战士
陈亚添		男	1919 年 3 月	高良公社五星大队石羊村		1948 年参加游击队，同年 7 月被捕后于德庆县监狱牺牲	绥贺支队战士
梁亚弄	梁惠宁	男	1917 年 7 月	高良公社五星大队石羊村		1948 年参加游击队，同年 7 月在高良大寨古串村被杀害	绥贺支队战士

（续表）

姓名	曾用名	性别	出生年月	所属镇村	政治面貌	革命情况简述	牺牲前所属单位及职务
陈伯娣		女	1921年6月	高良公社沙水大队凌角村		1948年参加抗暴义勇队，1948年12月在德庆县大同村金龙庙被杀害	绥贺支队通信员
陈阳	陈英才	男	1923年2月	高良公社大江大队红花咀村		1947年参加游击队，1949年1月在封川县被杀害	绥贺支队排长
陈癸九		男	1928年12月	高良公社云利大队第一队		1949年参加游击队，同年8月在德庆县高良被杀害	绥贺支队战士
江伯树		男	1935年8月	高良公社云利村		1948年2月参加游击队，1949年8月7日在莫村平岗村被杀害	绥贺支队通信员
谢靖民		男	1889年10月	高良公社大寨村		1927年参加农民运动，1945年11月在德庆县高良被杀害	绥贺支队战士
陆杏芳	陆亚弟	男	1900年11月2日	凤村公社红锋大队第一队		1947年参加游击队，1948年8月在封川县鲶鱼坑战斗中牺牲	绥贺支队战士
冯锦棠		男	1920年8月14日	凤村公社新红大队罗孔村		1947年参加解放军，1949年3月在济南战役中牺牲	解放军战士

（续表）

姓名	曾用名	性别	出生年月	所属镇村	政治面貌	革命情况简述	牺牲前所属单位及职务
陆伟		男	1920年7月20日	凤村公社新红大队正坑村		1949年参加解放军，同年9月在福建靖海九龙江战斗中牺牲	解放军战士
陈九		男	1920年4月24日	悦城公社翠塘大队石头湖村		1948年参加解放军，1949年9月在四川省茶县竹园铺战斗中牺牲	解放军战士
唐新	唐福桂	男	1926年1月	回龙公社回龙大队塘冲村		1947年参加游击队，1948年12月在德庆县上彭村筹粮时牺牲	绥贺支队总务
李木杨		男	1920年9月	马圩公社荣村大队		1947年参加游击队，1949年8月在德庆县鸡山战斗中牺牲	绥贺支队战士
何龙带		男	1929年4月10日	河口公社大同大队桐油根		1947年参加游击队，1949年6月在大剑洞反击国民党围攻时受伤被捕，在德庆县四平金被敌人杀害	绥贺支队战士

（续表）

姓名	曾用名	性别	出生年月	所属镇村	政治面貌	革命情况简述	牺牲前所属单位及职务
黎买	黎郁标	男	1930年3月5日	河口公社大同大队雷霞村		1947年参加游击队，1949年6月在大剑洞反击国民党围攻时受伤被捕，在德庆县四平金被敌人杀害	绥贺支队战士
陈树才		男	1932年3月17日	九市公社高村大队第一队		1948年参加游击队，1949年9月在德庆县凤村执勤时被杀害	绥贺支队战士

德庆县革命老区（镇）村分布情况表①

所属乡镇	所属村（居）委	老区村庄名称	所属时期	备注
高良	旺埠	旺埠	抗日战争时期	
		太坪	抗日战争时期	
		旺塘	抗日战争时期	原称太甲村
	大江	大甲口	抗日战争时期	
		井尾	抗日战争时期	
		埌岗	抗日战争时期	
		枫木埌	抗日战争时期	
		冷水	抗日战争时期	
		牛角塘	抗日战争时期	
	万星	鲍洞	抗日战争时期	
		大社根	抗日战争时期	
		埌头	抗日战争时期	
		蓝地	抗日战争时期	
		旱水埌	抗日战争时期	

① 德庆县民政局提供。

（续表）

所属乡镇	所属村（居）委	老区村庄名称	所属时期	备注
高良	万星	薝杏	抗日战争时期	
		沙罗埌	抗日战争时期	
		新屋洞	抗日战争时期	
		三公洞	抗日战争时期	
	和平	太平田	抗日战争时期	
		金板埌	抗日战争时期	
		新村	抗日战争时期	
		石龙坑	抗日战争时期	
		佛坑	抗日战争时期	
		南华坑	抗日战争时期	
	金山	旧屋岗	抗日战争时期	原称旧屋角村
		东坑	抗日战争时期	
		社山	抗日战争时期	
		矛田	抗日战争时期	
		官都田	抗日战争时期	
		山窑塘	抗日战争时期	
		陈裔	抗日战争时期	
	五星	丰堂	抗日战争时期	原称崩堂
		石羊	抗日战争时期	
		黄石降	抗日战争时期	
		磨刀坪	抗日战争时期	
		二坑	抗日战争时期	
	沙水	沙水	抗日战争时期	
		凌角冲	抗日战争时期	

（续表）

所属乡镇	所属村（居）委	老区村庄名称	所属时期	备注
高良	沙水	下坪	抗日战争时期	
	冲口	洞佛	抗日战争时期	
		冲口	抗日战争时期	
		佛料	抗日战争时期	原称佛科村
		南源	抗日战争时期	
	云利	云利	抗日战争时期	
		朋村	抗日战争时期	原称崩村
		山虾	抗日战争时期	
		茸草	抗日战争时期	
		金其埇	抗日战争时期	
		集塘	抗日战争时期	
	高良	平治	解放战争时期	
		古台	解放战争时期	
		老社	解放战争时期	
		涌芒	解放战争时期	由老社分出
		鸡田	解放战争时期	由老社分出
		地古坪	解放战争时期	由老社分出
		涌角	解放战争时期	由老社分出
		立保	解放战争时期	
	大寨	大寨	解放战争时期	
		古串	解放战争时期	
		罗白	解放战争时期	
		燕村	解放战争时期	
		替沙河	解放战争时期	

（续表）

所属乡镇	所属村（居）委	老区村庄名称	所属时期	备注
高良	大寨	诰赠洞	解放战争时期	由替沙河分出
		替玉	解放战争时期	由替沙河分出
		虾塘	解放战争时期	由替沙河分出
		光辉	解放战争时期	由替沙河分出
	联合	军田头	解放战争时期	
		佛子埇	解放战争时期	
		贵境	解放战争时期	
		回屋	解放战争时期	由贵境分出
		洞表	解放战争时期	由贵境分出
		岭脚	解放战争时期	由贵境分出
		大榄山	解放战争时期	由贵境分出
	云贞	云冷口	解放战争时期	
		半埇	解放战争时期	
		埇表	解放战争时期	
	罗阳	河口	解放战争时期	
		山根	解放战争时期	
		林村峒	解放战争时期	
		降底	解放战争时期	
	江南	龙村	解放战争时期	
		罗金	解放战争时期	
		社劳	解放战争时期	
		降埇	解放战争时期	
		大都塘	解放战争时期	

（续表）

所属乡镇	所属村（居）委	老区村庄名称	所属时期	备注
高良	大同	石佛	解放战争时期	
		吏目岗	解放战争时期	
		石子埇	解放战争时期	
		大岭山	解放战争时期	
		替马	解放战争时期	
		大同	解放战争时期	
		钵湖	解放战争时期	由大同分出
		双乌	解放战争时期	由大同分出
	永福	旺村	解放战争时期	
		替必塘	解放战争时期	由旺村分出
		新屋埇	解放战争时期	由旺村分出
		平南	解放战争时期	
		军屯	解放战争时期	由平南分出
		大段头	解放战争时期	由平南分出
		罗秋	解放战争时期	
		迳口	解放战争时期	由罗秋分出
		迳启	解放战争时期	由罗秋分出
	都合	都合	解放战争时期	
		回村	解放战争时期	
		象市	解放战争时期	
		冷水	解放战争时期	
		塘边	解放战争时期	
		少垌	解放战争时期	由塘边分出
		象牙	解放战争时期	由塘边分出

（续表）

所属乡镇	所属村（居）委	老区村庄名称	所属时期	备注
高良	新江	吉董	解放战争时期	
		挂榜	解放战争时期	由吉董分出
		蓬塘	解放战争时期	由吉董分出
		连宅	解放战争时期	
		蛤抱	解放战争时期	由连宅分出
		甘坡	解放战争时期	
		新江	解放战争时期	
		上宅	解放战争时期	由新江分出
		竹埇	解放战争时期	由新江分出
	石头	马棚	解放战争时期	
		栗里	解放战争时期	
		马六湖	解放战争时期	
		南阳	解放战争时期	
		新寨	解放战争时期	
		大辽坪	解放战争时期	由新寨分出
		石头	解放战争时期	
		都杰	解放战争时期	
	官村	官村	解放战争时期	
		大埌	解放战争时期	
		大降底	解放战争时期	
		枫木根	解放战争时期	由大降底分出
		东官塘	解放战争时期	由大降底分出
	中雄	中央	解放战争时期	
		埌头	解放战争时期	

（续表）

所属乡镇	所属村（居）委	老区村庄名称	所属时期	备注
高良	中雄	替埌	解放战争时期	
		荒田坑	解放战争时期	
新圩	大同	冲源	解放战争时期	
		雷霞	解放战争时期	由冲源分出
		寿地埌	解放战争时期	
		桐油根	解放战争时期	
		大步垌	解放战争时期	
		青榕	解放战争时期	
		下兰	解放战争时期	
		上兰	解放战争时期	由下兰分出
		赤土	解放战争时期	
	塘北	塘州	解放战争时期	
		江面	解放战争时期	
		江底	解放战争时期	由江面分出
		双足边	解放战争时期	由江面分出
		梅湾	解放战争时期	由江面分出
		合水河	解放战争时期	
	官车	铜古塘	解放战争时期	
		官车	解放战争时期	
		上柳	解放战争时期	由官车分出
		下柳	解放战争时期	由官车分出
		半塘	解放战争时期	
		格木坑	解放战争时期	由半塘分出
		凉羌塘	解放战争时期	由半塘分出
		鹿饭塘	解放战争时期	由半塘分出

（续表）

所属乡镇	所属村（居）委	老区村庄名称	所属时期	备注
官圩	官圩（社区）	石碑	解放战争时期	
		垌心	解放战争时期	
		霞垌	解放战争时期	
		睦村阁	解放战争时期	
		新安江	解放战争时期	
		云梳	解放战争时期	
		大雅	解放战争时期	由云梳分出
		平埌	解放战争时期	由云梳分出
		荷木岭	解放战争时期	由云梳分出
	崩坭	兰石	解放战争时期	
		谷埇	解放战争时期	由兰石分出
		孔埇	解放战争时期	由兰石分出
		蛤塘	解放战争时期	由兰石分出
		横垌	解放战争时期	由兰石分出
		大塘角	解放战争时期	
		牛尾埇	解放战争时期	
		大菡	解放战争时期	
		下菡	解放战争时期	
		沙河埇	解放战争时期	
		崩坭	解放战争时期	
		江底	解放战争时期	
	金光	坎头	解放战争时期	
		金银	解放战争时期	由坎头分出
		丽江	解放战争时期	由坎头分出

（续表）

所属乡镇	所属村（居）委	老区村庄名称	所属时期	备注
官圩	金光	半菁	解放战争时期	由坎头分出
		枫木菁	解放战争时期	由坎头分出
		山田峇	解放战争时期	
		大江	解放战争时期	
		埇表	解放战争时期	
	红中	高埌	解放战争时期	
		珠江	解放战争时期	
		筋竹	解放战争时期	
		新村	解放战争时期	
		冲源	解放战争时期	
		碑头	解放战争时期	
		大崩	解放战争时期	
		八仙垌	解放战争时期	
		古塘	解放战争时期	由八仙垌分出
		四马塘	解放战争时期	由八仙垌分出
	红光	江村	解放战争时期	
		森木根	解放战争时期	
		中山	解放战争时期	
		替连垌	解放战争时期	
		云摩	解放战争时期	由替连垌分出
马圩	马圩	马圩	解放战争时期	
		下迳	解放战争时期	
		格木根	解放战争时期	由下迳分出
		连塘	解放战争时期	

（续表）

所属乡镇	所属村（居）委	老区村庄名称	所属时期	备注
马圩	马圩	旺祥	解放战争时期	
		马步	解放战争时期	
		合石	解放战争时期	由马步分出
		苏村	解放战争时期	由马步分出
		社步	解放战争时期	
		舟霖	解放战争时期	
		独山儿	解放战争时期	由舟霖分出
		大方垌	解放战争时期	由舟霖分出
		康塘	解放战争时期	由舟霖分出
	诰赠	大建垌	解放战争时期	
		黄球埌	解放战争时期	
		垌尾埌	解放战争时期	
		大埇埌	解放战争时期	
		诰赠	解放战争时期	
		思罗	解放战争时期	
		植村	解放战争时期	
		三教	解放战争时期	
	罗横	罗横	解放战争时期	
		三华	解放战争时期	
		云屋	解放战争时期	
		高山	解放战争时期	
		大木根	解放战争时期	
		官村蒳	解放战争时期	由大木根分出

（续表）

所属乡镇	所属村（居）委	老区村庄名称	所属时期	备注
马圩	东升	半埇	解放战争时期	由大木根分出
		大立庙	解放战争时期	
		叉路口	解放战争时期	
		双水	解放战争时期	
		云植	解放战争时期	
		罗流	解放战争时期	
		埌山	解放战争时期	
		六胡坪	解放战争时期	
	荣村	荣村	解放战争时期	
		石步	解放战争时期	
		平坡	解放战争时期	
		下寮	解放战争时期	
		荣村埌	解放战争时期	
		大干头	解放战争时期	
		大道山	解放战争时期	
		腾埌	解放战争时期	
	上彭	山根	解放战争时期	
		上彭	解放战争时期	
		屋冲	解放战争时期	
		大降底	解放战争时期	
		平基塘	解放战争时期	由大降底分出
		和平	解放战争时期	
		大塘	解放战争时期	由和平分出
	大益	雷垌	解放战争时期	

（续表）

所属乡镇	所属村（居）委	老区村庄名称	所属时期	备注
马圩	大益	发甲	解放战争时期	
		秀林	解放战争时期	
		大较	解放战争时期	
		扶扫	解放战争时期	
		大益新村	解放战争时期	
	古垒	古垒	解放战争时期	
		平山	解放战争时期	
永丰	荔枝	龙湾	解放战争时期	
		度村	解放战争时期	
		罗翠	解放战争时期	
		龙迳	解放战争时期	
		荔枝	解放战争时期	
		葵源	解放战争时期	
		新地	解放战争时期	
		大塘	解放战争时期	
		六洛	解放战争时期	
		双龙	解放战争时期	
		衫坑	解放战争时期	
		竹洼	解放战争时期	
		驮孔	解放战争时期	
		含疏	解放战争时期	
	紫迳	紫迳	解放战争时期	
		茅田	解放战争时期	
		瞢雪	解放战争时期	

（续表）

所属乡镇	所属村（居）委	老区村庄名称	所属时期	备注
永丰	文善	文善	解放战争时期	
		富林	解放战争时期	
		红方	解放战争时期	
	新乐	新城岗	解放战争时期	
		永丰圩	解放战争时期	
		下泮月	解放战争时期	
		上泮月	解放战争时期	
		河良	解放战争时期	
莫村	富源	富源	解放战争时期	
		都逢	解放战争时期	
		牛岭	解放战争时期	由都逢分出
		汶苏	解放战争时期	
		凤山	解放战争时期	
		下围	解放战争时期	由凤山分出
		逢灯	解放战争时期	由凤山分出
	平岗	福善	解放战争时期	
		多盆	解放战争时期	由福善分出
		石榴	解放战争时期	由福善分出
		北门	解放战争时期	
		南门	解放战争时期	由北门分出
		春谷	解放战争时期	
		八元	解放战争时期	
		体仁	解放战争时期	由八元分出
		江边	解放战争时期	由八元分出

（续表）

所属乡镇	所属村（居）委	老区村庄名称	所属时期	备注
莫村	平岗	江埠	解放战争时期	
		南祝	解放战争时期	
		替花	解放战争时期	由南祝分出
		付六	解放战争时期	
	双楼	官地	解放战争时期	
		忠庆	解放战争时期	
		白石坑	解放战争时期	
		河源	解放战争时期	
		郭宅	解放战争时期	
		替鹊	解放战争时期	
		双楼	解放战争时期	
		大宁	解放战争时期	
		红光	解放战争时期	
		源盛	解放战争时期	
	扶赖	大罩	解放战争时期	
		上文	解放战争时期	
		凤脚	解放战争时期	
		岗咀	解放战争时期	
		围联	解放战争时期	
		竹围	解放战争时期	
		大岗	解放战争时期	
		柚柑岗	解放战争时期	
		良义	解放战争时期	
		岗顶	解放战争时期	

（续表）

所属乡镇	所属村（居）委	老区村庄名称	所属时期	备注
莫村	扶赖	畬妙	解放战争时期	
		白石岗	解放战争时期	
		围河塘	解放战争时期	
		东升	解放战争时期	
	古楼	古楼	解放战争时期	
		大报岗	解放战争时期	
	太宪	太宪	解放战争时期	
		大蒳	解放战争时期	
	大田	大田	解放战争时期	
		云首	解放战争时期	
		黄岗	解放战争时期	
		公正坪	解放战争时期	
		白马	解放战争时期	
凤村	禄村	禄村	解放战争时期	
		畬踵	解放战争时期	
		双陂	解放战争时期	
		汶靓	解放战争时期	
		罗鹤	解放战争时期	
	龙须	龙须	解放战争时期	
	农联	峒坑坪	解放战争时期	
		峒坑河	解放战争时期	
		横峒	解放战争时期	
		下畬窟	解放战争时期	
		鱼良咀	解放战争时期	

（续表）

所属乡镇	所属村（居）委	老区村庄名称	所属时期	备注
凤村	农联	象牙湖	解放战争时期	
	新生	双郭	解放战争时期	
		夏凤岗	解放战争时期	
	吉利	吉利	解放战争时期	
		下茜	解放战争时期	
		大坑	解放战争时期	
		山塘口	解放战争时期	
	桂村	双林	解放战争时期	
		桂村	解放战争时期	
		罗陇	解放战争时期	
		大埌	解放战争时期	
	匝村	匝村	解放战争时期	
		崩眉头	解放战争时期	
		双枝塘	解放战争时期	
		胜所	解放战争时期	
	新红	罗社	解放战争时期	
		罗格背	解放战争时期	
		罗孔	解放战争时期	
		中坑	解放战争时期	
	新星	新寨	解放战争时期	
		坎底	解放战争时期	
		迳口	解放战争时期	
		南坑	解放战争时期	
		狮子岗	解放战争时期	

（续表）

所属乡镇	所属村（居）委	老区村庄名称	所属时期	备注
凤村	大村	大村	解放战争时期	
		下河头	解放战争时期	
		上河头	解放战争时期	
九市	榄山	榄山	解放战争时期	
		二子朗	解放战争时期	
		新村	解放战争时期	
		枫木埌	解放战争时期	
		黄茄	解放战争时期	
		天湖蒳	解放战争时期	
	云朗	云朗	解放战争时期	
		上垌岗	解放战争时期	
		狗尾咀	解放战争时期	
		放田	解放战争时期	
		牛鼻咀	解放战争时期	
		较岗	解放战争时期	
		双佑	解放战争时期	
		石板	解放战争时期	
		山坑	解放战争时期	
	上垌	鸭利咀	解放战争时期	
		龙目	解放战争时期	
		山边	解放战争时期	
		上垌	解放战争时期	
		水对冲	解放战争时期	
		牛头塘	解放战争时期	

（续表）

所属乡镇	所属村（居）委	老区村庄名称	所属时期	备注
九市	上垌	塘坑	解放战争时期	
		塘口	解放战争时期	
		西演	解放战争时期	
		冲口	解放战争时期	
	江尾	江尾	解放战争时期	
		利孟	解放战争时期	
		步田	解放战争时期	
		牛律	解放战争时期	
		冲池	解放战争时期	
		冲黄坑	解放战争时期	
	上村	上村	解放战争时期	
		黎村	解放战争时期	
		连塘	解放战争时期	
		江边	解放战争时期	
		禾地仔	解放战争时期	
	高村	柑子坑	解放战争时期	
	扶号	大塘坪	解放战争时期	

为贯彻落实习近平总书记关于发扬红色资源优势，深入进行党史、军史和优良传统教育，把红色基因一代代传下去的重要指示，结合中国老区建设促进会《关于编纂全国1599个革命老区县发展史的安排意见》、广东省老区建设促进会和广东省老区建设办公室《关于印发编纂〈革命老区县发展史〉丛书有关文件的通知》等有关文件精神，德庆县委、县政府高度重视，决定编纂出版《德庆县革命老区发展史》。2018年5月8日成立了《德庆县革命老区发展史》编纂委员会（下称编委会），编委会顾问由县委书记、县长担任，编委会主任由分管老区工作的副县长担任。党史、县志、档案等部门负责人组成编委会办公室，聘请资深写作人员组成编辑部从事编纂工作。同时，该项工作始终由一名副县长直接负责筹备、组织、协调和指导，特别是对组建编委会办公室、编写人员的落实、修编经费的到位、办公场所的确定等给予大力支持和帮助，从而确保了编纂工作的顺利开展。

在编写过程中，编辑部以董瑞基主编的1998年版《中共德庆县党史》、谢富崇主编的1996年版《德庆县志》、欧清煜主编的2013年版《德庆县志》、县志办编写的2000—2019年《德庆年鉴》为主要素材，以发展为主线贯穿整个编写过程。编写时，第一是组织县直的发改、农业、交通、民政、林业、教育、工信、文广旅体等20多个部门提供编写原始资料。第二，查阅大量档案资料，参考和借鉴各种有关书籍、刊物。第三，在写作中多次不定时地组织有关部门召开征求意见会、写作座谈会、分析研讨会，尽力做到精益求精。从草拟编纂大纲到最后定稿，都充分发扬民主，集思广益，反复研究和论证，尽量提升写作质量，使之具有史实的完整性和可读性。第四，不定时地到老区镇（村）、革命遗址等实地调研，挖掘革命史实素材，虚心向离退休老同志、老区群众学习采访，了解当地的生产、生活情况。同时，编写人员还到广宁县开展学习交流。第五，定初稿之后，编委会办公室成立了由 9 人组成的审核小组，组长由县人民政府副县长张建球担任，执行组长由县政协原主席温爱民担任，经过审核人员的认真审核，形成审核意见稿，编写人员根据审核意见反复进行修补，数易其稿，然后交县委、县政府及有关部门审核，发放征求意见表。经上述一系列程序，最后付梓成书。该书的第二、三、四章由董瑞基执笔，第五章及附录一、二、三由徐社带执笔，第六、七章分别由冯公任、谢建德执笔，封底照片由温爱民摄影，其余内容及图片等均由编写人员共同完成，最后由县委党史研究室主任梁桂清统稿。

从 2018 年 5 月起至 2021 年 3 月，历时 2 年 10 个月的编纂过程，编写人员和其他工作人员对该项工作自始至终保持高度的责任心，保持对革命发展史、对党、对老区人民高度负责的态度，无论是查阅档案资料、收集历史素材，或是编写历史事件，始终坚持秉笔直书、一丝不苟的治史精神。特别感谢温爱民、余庆勇、岑瑞青、徐向光、王瑞强、李金波、李均阳、麦庭发、罗骏、陈碧信、陈剑彪、谈细育等为本书提供照片，使本书图文并茂。同时，特别感谢肇庆市编纂《革命老区发展史》指导小组、市民政局退休干部朱成祥等为书稿添墨修改，感谢孔子学校 13 位老师为书稿提供资料。

由于该书跨越的时间达一百年,涉及内容广,在编纂过程中有些章节只能粗略概述,难免存在不足之处,敬请读者批评指正。

《德庆县革命老区发展史》编纂委员会
2021 年 6 月